广东省社区教育和老年教育发展报告

(2018—2019)

马 林 何良胜 主编

·广州·

版权所有　翻印必究

图书在版编目（CIP）数据

广东省社区教育和老年教育发展报告（2018—2019 年）/马林，何良胜主编. —广州：中山大学出版社，2020.8
ISBN 978 - 7 - 306 - 07066 - 1

Ⅰ.①广…　Ⅱ.①马…②何…　Ⅲ.①社区教育—研究报告—广东—2018—2019②老年教育—研究报告—广东—2018—2019　Ⅳ.①G77

中国版本图书馆 CIP 数据核字（2020）第 228200 号

出 版 人：	王天琪
策划编辑：	杨文泉
责任编辑：	杨文泉
封面设计：	曾　斌
责任校对：	卢思敏
责任技编：	何雅涛
出版发行：	中山大学出版社
电　　话：	编辑部 020 - 84110283，84113349，84111997，84110779
	发行部 020 - 84111998，84111981，84111160
地　　址：	广州市新港西路 135 号
邮　　编：	510275　　传　　真：020 - 84036565
网　　址：	http://www.zsup.com.cn　E-mail：zdcbs@mail.sysu.edu.cn
印 刷 者：	佛山家联印刷有限公司
规　　格：	787mm × 1092mm　1/16　20 印张　360 千字
版次印次：	2020 年 8 月第 1 版　2020 年 8 月第 1 次印刷
定　　价：	58.00 元

如发现本书因印装质量影响阅读，请与出版社发行部联系调换

编 委 会

顾　　问：邢　锋　刘文清　孙　平　吴艳玲　邓　毅
主　　编：马　林　何良胜
编　　委：严　豫　王建根　郑智源　宋　雯　游晓琳
　　　　　贾鑫鑫　杨育均

前　言

为学习贯彻习近平新时代中国特色社会主义思想和习近平总书记重要指示批示精神，落实党的十九届四中全会提出的构建服务全民终身学习的教育体系的要求，进一步推动广东省社区教育和老年教育事业发展，加快广东省学习型社会建设步伐，广东省教育厅和广东开放大学组织开展了全省社区教育和老年教育发展情况调研，编撰了《广东省社区教育和老年教育发展报告（2018—2019年）》（以下简称《发展报告》）。

《发展报告》共分为6个大部分，分别是：

第一编"广东省社区教育和老年教育情况统计（2018年）"：为了全面了解广东省社区教育和老年教育发展的基本情况，省教育厅等部门先后印发了"《广东省教育厅关于开展2018年度社区教育统计工作的通知》（粤教职函〔2019〕27号）"和"《广东省教育厅、中共广东省委老干部局关于开展2018年度老年教育统计工作的通知》（粤教职函〔2019〕21号）"，组织开展全省社区教育和老年教育基本情况专项调研统计工作。调研统计工作所获得的数据是《发展报告》开展数据分析的重要依据。《发展报告》分9个专题对广东省社区教育和老年教育的基本情况做了统计分析，其中，重点统计分析了广东省各市、区（县）社区教育和老年教育专门管理机构的设置情况以及居委会（村）级基层办学网点建设的情况。

第二编"广东省社区教育和老年教育类别教育教学成果奖（2019年）"：2019年，广东省组织省级教育教学成果奖评选活动，在职业教育类下专门设置了"社区教育和老年教育"类别，单独设置评审指标体系和评审名额，属全国首创，也是广东省推进终身教育体系建设的一项重要创新。《发展报告》收录了2019年广东省教育教学成果奖"社区教育和老年教育"类别12项获奖成果的总结报告，比较全面地体现了近年来广东省在社区教育和老年教育工作方面取得的突出成果。

第三编"广东省社区教育和老年教育实践案例（2019年）"：《发展报告》

收录了12项社区教育和老年教育方面的实践案例，比较具体地体现了近年来广东省社区教育和老年教育基层工作方面有代表性的教育教学改革实践成果。

第四编"广东省社区教育实验区和示范区（2018年）"：广东省积极推动各县（区）参与社区教育实验区、示范区建设，截至2018年，我省共有国家级社区教育示范区5个、实验区10个，省级社区教育实验区85个。以县（市、区）为单位，全省（不含东莞市、中山市）获省级以上社区教育实验区称号的县（区、市）比例达到49%；以镇（街）为单位，东莞市、中山市获省级以上社区教育实验区称号的镇（街）比例达到66%。《发展报告》收录了我省各级社区教育实验区和示范区名单。

第五编"广东省社区教育和老年教育专项课题（2019年）"：2019年，广东省教育厅委托广东省成人教育协会组织继续教育专项课题立项工作，涵盖了社区教育和老年教育研究工作，是推进广东省终身教育和学习型社会建设理论研究的重要举措，提升了广东省继续教育科研课题研究工作的规范化程度。《发展报告》收录了2019年由广东省教育厅审批立项的专项课题名单（共10项）。

附录部分"社区教育和老年教育部分政策文件"：主要收录了国务院、教育部、广东省、广东省主要地级市和区（县）颁布的与社区教育和老年教育直接相关的部分政策文件。

广东省教育厅和广东开放大学组织了《发展报告》编撰团队，团队主要成员与分工为：严豫、王建根负责统筹统计工作，郑智源负责统筹编写事务，宋雯、游晓琳、贾鑫鑫负责统计内容、表格设计和协调相关统计事宜，杨育均负责统计系统开发、运行维护及数据处理，谢小兰、常鹏宇、李婧负责整理第一编"广东省社区教育和老年教育情况统计（2018年）"，陈丹燕、张园园负责整理第二编"广东省社区教育和老年教育类别教育教学成果奖（2019年）"，张祖、刘敏负责整理第三编"广东省社区教育和老年教育实践案例"，陈攘攘、黄静茵负责整理第四编"广东省社区教育实验区和示范区（2018年）"，贺璐璐负责整理第五编"广东省社区教育和老年教育专项课题（2019年）"，肖凡、单琪琨负责整理附录部分"社区教育和老年教育部分政策文件"，马林（华南师范大学）、何良胜（广东水利电力职业技术学院）负责全书的框架设计和统稿。编者对所有收录资料的格式都按统一标准做了处理，并对相关内容做了适当调整。

《发展报告》的编撰，得到了我省有关部门、各地、各有关单位的大力支持，多位专家学者也为编撰工作提供了支持服务。广东开放大学为《发展报告》提供了出版经费。

《发展报告》是广东省首份由教育行政部门组织的社区教育和老年教育发展报告，由于编撰工作团队的学术水平和工作经验有限，在规范性和学术性等方面如果存在不足之处，敬请批评指正，编撰团队将努力在后续工作中加以改进。

《发展报告》编撰工作团队

2019 年 11 月

目 录

第一编　广东省社区教育和老年教育情况统计（2018 年） …………… 1

广东省各市社区教育基本情况统计 ………………………………………… 3
广东省珠三角地区各市社区教育基本情况统计 …………………………… 10
广东省粤东、粤西和粤北地区各市社区教育基本情况统计 ……………… 16
广东省各市老年教育基本情况统计 ………………………………………… 22
广东省珠三角地区各市老年教育基本情况统计 …………………………… 30
广东省粤东、粤西和粤北地区各市老年教育基本情况统计 ……………… 37
广东省市级和区（县）级的社区教育管理机构设置情况统计 …………… 45
广东省各市、区（县）的居委会（村）级社区教育办学网点统计 ……… 49
广东省各市和主要区（县）、街（镇）的居委会（村）级老年教育
　　办学网点统计 …………………………………………………………… 58

第二编　广东省社区教育和老年教育类别教育教学成果奖（2019 年） ……… 61

广东省教育厅关于开展 2019 年广东教育教学成果奖评审工作的通知 …… 63
2019 年广东省教育教学成果奖（社区教育和老年教育类别）获奖
　　名单 ……………………………………………………………………… 65
搭建人才成长"立交桥"，服务学习型社会建设——广东特色终身
　　教育学分银行的探索与实践 …………………………………………… 67
"混合多元，学养结合"的老年教育模式探索与实践 …………………… 76
构建数量、质量、特色三维并举的广州老年教育公共服务供给体系
　　研究与实践 ……………………………………………………………… 83
多方联动，资源整合：广州社区学院四级办学网络的构建与实践 ……… 93

基于"五同促五感"教学理念的来穗老年人融入教育的探索与实践 …… 99
广州"四化双网"社区终身教育模式的构建与实践 …………… 107
"街坊学堂"社区教育品牌建设的实践与探索 ………………… 114
岭南文化融入社区教育的探索与实践 …………………………… 120
社区金融教育协同模式的创建与实施 …………………………… 125
助力服务全民终身学习体系,构建推进高水平学习型城市建设
——佛山开放大学"六个三"社区教育模式实践探索 ……… 133
政校社企联动、品牌项目引领的社区教育模式创新与实践 …… 140
"1+N"开放大学服务城乡社区教育发展的实践与研究 ……… 150

第三编 广东省社区教育和老年教育实践案例(2019 年) …… 159

基于"混合学习"策略的老年教育学习资源建设与应用 ……… 161
基于课程开发和科普活动的社区营养与健康教育探索 ………… 166
"1+2+N"社区家庭教育创新与实践 …………………………… 169
"新南海人·梦家圆"综合化社区教育服务模式探索 ………… 174
"互联网+社区教育"服务管理模式的探索 …………………… 180
依托"七夕文化"品牌推进社区教育的探索 …………………… 185
以研发为中心,跨校共享共建老年课程的探索 ………………… 190
基层乡镇社区教育课程建设探索 ………………………………… 193
党建引领,融合聚心,振兴文明新风——潮州市枫溪区打造老年教育
多元融合发展新模式 …………………………………………… 196
珠海社区教育"五维一体"模式的探索与实践 ………………… 203
"潮连社区教育特色小镇"的建设 ……………………………… 208
老年大学合唱课程体系的构建 …………………………………… 212

第四编 广东省社区教育实验区和示范区(2018 年) …………… 216

教育部职成司关于在部分地区开展社区教育实验工作的通知 … 218
教育部办公厅关于推荐全国社区教育示范区的通知 …………… 221

广东省的国家级社区教育示范区和实验区名单及广东省社区教育实验区名单 ································· 224

第五编　广东省社区教育和老年教育专项课题（2019年） ········· 228

广东省教育厅关于公布"广东省社区教育课程体系标准研究"等课题立项的通知 ································· 230

广东省成人教育协会科研课题管理办法（试行） ············ 232

附录　社区教育和老年教育部分政策文件 ························· 238

国务院办公厅关于印发《老年教育发展规划（2016—2020年）》的通知 ································· 240

教育部等七部门关于推进学习型城市建设的意见 ············ 249

教育部等九部门关于进一步推进社区教育发展的意见 ········ 255

广东省教育厅关于大力发展社区教育推进学习型社会建设的意见 ······ 262

广东省人民政府办公厅关于大力推动老年教育发展的实施意见 ······ 270

广州市教育局关于印发《广州市推进老年教育发展实施方案（2018—2020年）》的通知 ································· 273

关于印发《"十三五"期间珠海进一步推进学习型城市建设的若干措施（2016—2020年）》的通知 ································· 279

东莞市人民政府办公室关于印发《东莞市大力推动老年教育发展的实施方案》的通知 ································· 288

南沙区教育局关于印发《广州市南沙区推进老年教育发展实施方案（2018—2020年）》的通知 ································· 294

广州市天河区教育局关于印发《广州市天河区推进老年教育发展实施方案（2018—2020年）》的通知 ································· 299

第一编

广东省社区教育和老年教育情况统计
(2018年)

广东省各市社区教育基本情况统计

（1）广东省各市社区教育场地面积的具体情况如下：河源市767300.50平方米，佛山市625573.32平方米，江门市456068.16平方米，茂名市343367平方米，云浮市281182.70平方米，肇庆市280380.90平方米，东莞市256514.30平方米，梅州市187486.40平方米，清远市185604.90平方米，广州市141698平方米，汕头市130276.07平方米，揭阳市88507.60平方米，珠海市38784.22平方米，汕尾市28568平方米，惠州市27406平方米，阳江市20370平方米，潮州市7688平方米，深圳市6860平方米。湛江市、韶关市和中山市资料暂缺。参见图1。

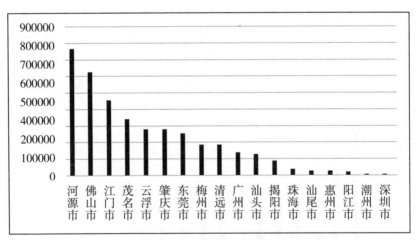

图1 广东省各市社区教育场地面积（单位：平方米）

（2）广东省各市社区教育专职教师数量的具体情况如下：佛山市1101人，揭阳市573人，肇庆市505人，清远市459人，东莞市433人，梅州市356人，云浮市304人，江门市286人，河源市262人，汕头市185人，广州市163人，茂名市108人，汕尾市80人，阳江市47人，惠州市20人，珠海市18人，潮州市 12 人,深圳市 4 人。湛江市、韶关市和中山市资料暂缺。参见图 2。

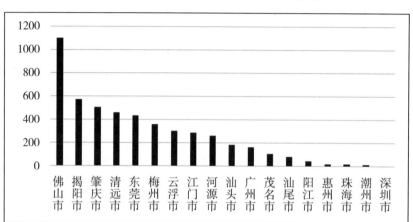

图 2　广东省各市社区教育专职教师数量（单位：人）

（3）广东省各市社区教育兼职教师数量的具体情况如下：佛山市 1251 人，河源市 1021 人，东莞市 1003 人，肇庆市 839 人，广州市 678 人，汕头市 677 人，清远市 659 人，梅州市 621 人，江门市 469 人，茂名市 319 人，珠海市 299 人，揭阳市 232 人，云浮市 164 人，汕尾市 138 人，阳江市 114 人，潮州市 85 人，惠州市 69 人，深圳市 41 人。湛江市、韶关市和中山市资料暂缺。参见图 3。

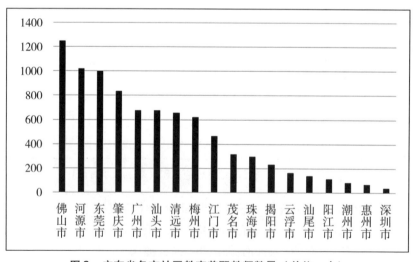

图 3　广东省各市社区教育兼职教师数量（单位：人）

(4) 广东省各市社区教育管理人员数量的具体情况如下：佛山市 434 人，河源市 351 人，汕头市 338 人，肇庆市 327 人，东莞市 300 人，梅州市 224 人，清远市 168 人，江门市 162 人，茂名市 158 人，广州市 126 人，深圳市 98 人，揭阳市 94 人，云浮市 78 人，汕尾市 71 人，珠海市 47 人，阳江市 45 人，潮州市 29 人，惠州市 22 人。湛江市、韶关市和中山市资料暂缺。参见图 4。

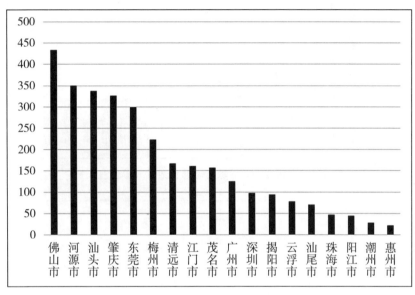

图 4　广东省各市社区教育管理人员数量（单位：人）

(5) 广东省各市社区教育志愿者数量的具体情况如下：东莞市 31670 人，肇庆市 23645 人，清远市 11422 人，佛山市 5765 人，江门市 5585 人，河源市 4905 人，阳江市 4160 人，广州市 4159 人，汕头市 1862 人，梅州市 1162 人，深圳市 915 人，珠海市 709 人，揭阳市 436 人，茂名市 356 人，云浮市 227 人，汕尾市 175 人，惠州市 125 人，潮州市 94 人。湛江市、韶关市和中山市资料暂缺。参见图 5。

(6) 广东省各市社区教育开设课程总数的具体情况如下：广州市 11348 门，东莞市 1786 门，汕头市 807 门，肇庆市 792 门，江门市 629 门，河源市 626 门，佛山市 584 门，梅州市 507 门，清远市 474 门，云浮市 470 门，揭阳市 332 门，茂名市 266 门，汕尾市 114 门，阳江市 96 门，珠海市 95 门，惠州市 57 门，潮州市 43 门，深圳市 30 门。湛江市、韶关市和中山市资料暂缺。参见图 6。

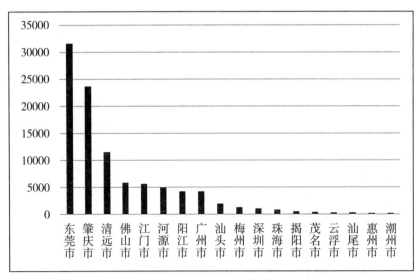

图5 广东省各市社区教育志愿者数量（单位：人）

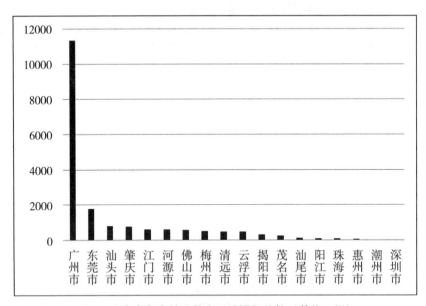

图6 广东省各市社区教育开设课程总数（单位：门）

（7）广东省各市社区教育经费投入总额的具体情况如下：佛山市56723145.60元，广州市44727006.50元，东莞市44556524.80元，肇庆市29681995.70元，云浮市 28401619.30 元，清远市 18856067 元，江门市 14230200.20 元，梅州市 11012566.90 元，汕头市 10919494.30 元，河源市 10816136 元，茂名市 10636107 元，揭阳市 5879730.60 元，阳江市 5581565 元，珠海市 3439000 元，深圳市 2606480 元，汕尾市 2374405 元，惠州市 2129600 元，潮州市 681011 元。湛江市、韶关市和中山市资料暂缺。参见图 7。

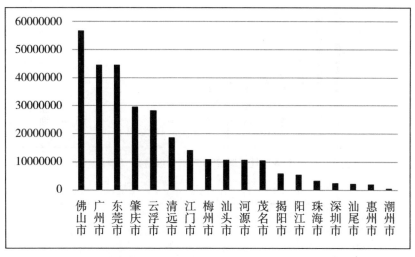

图 7　广东省各市社区教育经费投入总额（单位：元）

（8）广东省各市社区教育日常工作经费额（不含人头费和一次性建设投入）的具体情况如下：佛山市 23821579 元，东莞市 12562146.37 元，广州市 5777201.19 元，云浮市 3272652.85 元，江门市 3237012.40 元，肇庆市 2952958.30 元，清远市 1890677.50 元，河源市 1805193 元，汕头市 1503943.07 元，揭阳市 808840 元，茂名市 674215 元，梅州市 425711 元，阳江市 380605 元，汕尾市 164900 元，珠海市 150000 元，惠州市 119600 元，深圳市 115200 元，潮州市 91000 元。湛江市、韶关市和中山市资料暂缺。参见图 8。

（9）广东省各市社区教育专兼职教师和管理人员经费额的具体情况如下：佛山市 24038948 元，云浮市 20959692 元，广州市 17618741 元，东莞市 13393527 元，肇庆市 5470688 元，阳江市 3968450 元，梅州市 3214560 元，揭阳市 2671450 元，汕头市 1652470 元，清远市 1450141 元，江门市 1236442 元，珠海市 1009000 元，河源市 867628 元，汕尾市 493500 元，茂名市 370005 元，深圳市 113700 元，惠州市 107000 元，潮州市 36000 元。湛江市、韶关市和中山市资料暂缺。参见图 9。

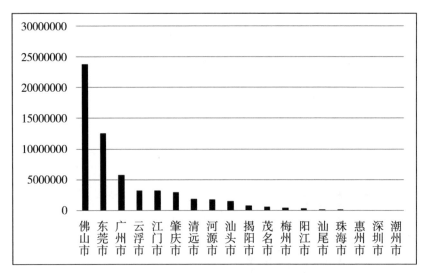

图 8　广东省各市社区教育日常工作经费额（单位：元）

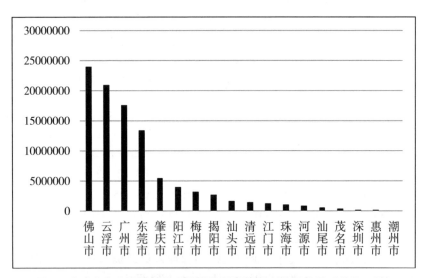

图 9　广东省各市社区教育专兼职教师和管理人员经费额（单位：元）

（10）广东省各市社区教育基础建设经费总投入额的具体情况如下：东莞市 23212679 元，肇庆市 20751930 元，广州市 18793049 元，清远市 14917480 元，佛山市 11597108 元，茂名市 10132045 元，江门市 9157783 元，揭阳市 8134214 元，河源市 8122799 元，汕头市 7400901 元，梅州市 7166980 元，云浮市 4099274 元，汕尾市 1880000 元，珠海市 1830000 元，阳江市 1189160 元，惠州市 653000 元，潮州市 396010 元，深圳市 102200 元。湛江市、韶关市和中山市资料暂缺。参见图 10。

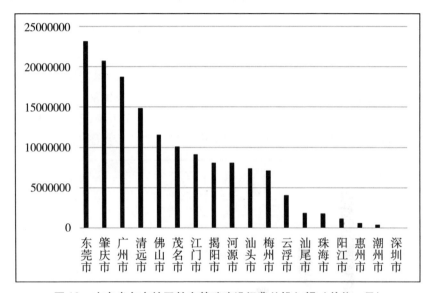

图 10　广东省各市社区教育基础建设经费总投入额（单位：元）

广东省珠三角地区各市社区教育基本情况统计

（1）广东省珠三角地区各市社区教育场地面积的具体情况如下：佛山市625573.32平方米，江门市456068.16平方米，肇庆市280380.90平方米，东莞市256514.30平方米，广州市141698平方米，珠海市38784.22平方米，惠州市27406平方米，深圳市6860平方米。中山市资料暂缺。参见图1。

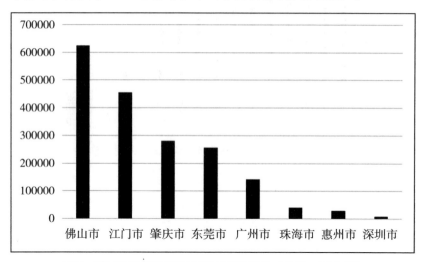

图1　珠三角地区各市社区教育场地面积（单位：平方米）

（2）广东省珠三角地区各市社区教育专职教师数量的具体情况如下：佛山市1101人，肇庆市505人，东莞市433人，江门市286人，广州市163人，惠州市20人，珠海市18人，深圳市4人。中山市资料暂缺。参见图2。

（3）广东省珠三角地区各市社区教育兼职教师数量的具体情况如下：佛山市1251人，东莞市1003人，肇庆市839人，广州市678人，江门市469人，珠海市299人，惠州市69人，深圳市41人。中山市资料暂缺。参见图3。

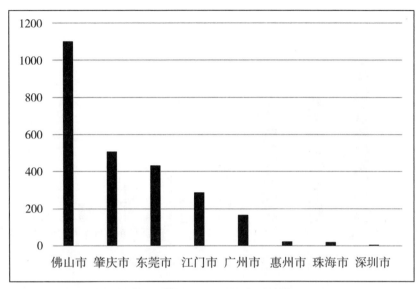

图2　珠三角地区各市社区教育专职教师数量（单位：人）

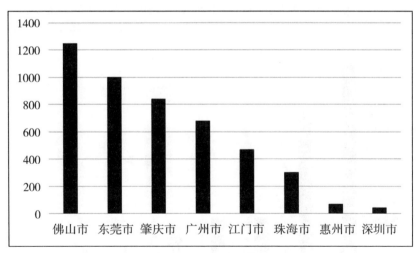

图3　珠三角地区各市社区教育兼职教师数量（单位：人）

（4）广东省珠三角地区各市社区教育管理人员数量的具体情况如下：佛山市434人，肇庆市327人，东莞市300人，江门市162人，广州市126人，深圳市98人，珠海市47人，惠州市22人。中山市资料暂缺。参见图4。

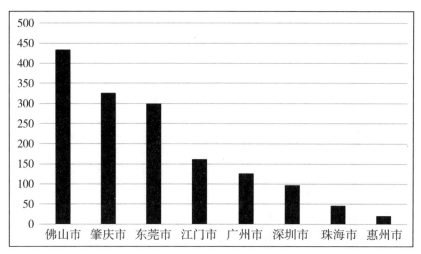

图4　珠三角地区各市社区教育管理人员数量（单位：人）

（5）广东省珠三角地区各市社区教育志愿者数量的具体情况如下：东莞市31670人，肇庆市23645人，佛山市5765人，江门市5585人，广州市4159人，深圳市915人，珠海市709人，惠州市125人。中山市资料暂缺。参见图5。

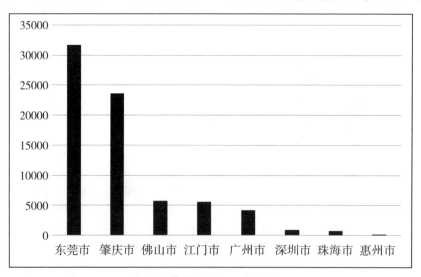

图5　珠三角地区各市社区教育志愿者数量（单位：人）

(6) 广东省珠三角地区各市社区教育开设课程总数的具体情况如下：广州市 11348 门，东莞市 1786 门，肇庆市 792 门，江门市 629 门，佛山市 584 门，珠海市 95 门，惠州市 57 门，深圳市 30 门。中山市资料暂缺。参见图 6。

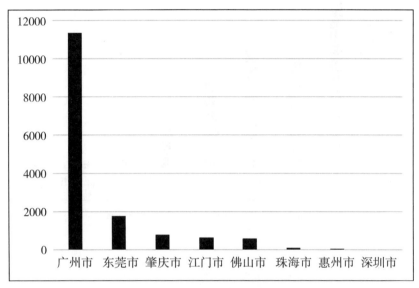

图 6　珠三角地区各市社区教育开设课程总数（单位：门）

(7) 广东省珠三角地区各市社区教育经费投入总额的具体情况如下：佛山市 56723145.60 元，广州市 44727006.50 元，东莞市 44556524.80 元，肇庆市 29681995.70 元，江门市 14230200.20 元，珠海市 3439000 元，深圳市 2606480 元，惠州市 2129600 元。中山市资料暂缺。参见图 7。

(8) 广东省珠三角地区各市社区教育日常经费投入额的具体情况如下：佛山市 23821579 元，东莞市 12562146.37 元，广州市 5777201.19 元，江门市 3237012.40 元，肇庆市 2952958.30 元，珠海市 150000 元，惠州市 119600 元，深圳市 115200 元。中山市资料暂缺。参见图 8。

(9) 广东省珠三角地区各市社区教育专兼职教师经费投入额的具体情况如下：佛山市 24038947.62 元，广州市 17618741.44 元，东莞市 13393527.31 元，肇庆市 5470687.50 元，江门市 1236442 元，珠海市 1009000 元，深圳市 113700 元，惠州市 107000 元。中山市资料暂缺。参见图 9。

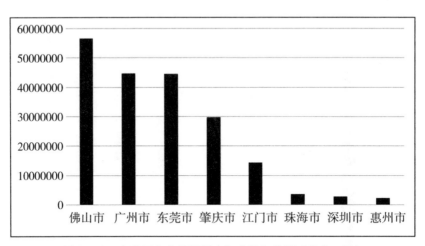

图7 珠三角地区各市社区教育经费投入总额（单位：元）

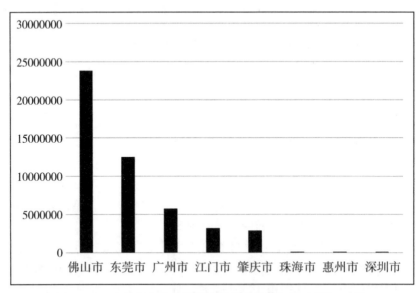

图8 珠三角地区各市社区教育日常经费投入额（单位：元）

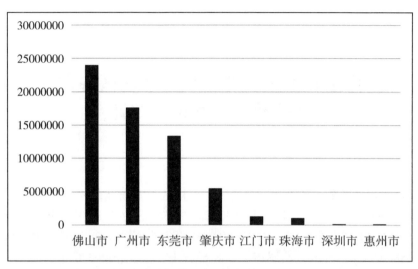

图 9　珠三角地区各市社区教育专兼职教师经费投入额（单位：元）

（10）广东省珠三角地区各市社区教育基础建设经费总投入额的具体情况如下：东莞市 23212679.19 元，肇庆市 20751929.90 元，广州市 18793049.10 元，佛山市 11597108 元，江门市 9157783.01 元，珠海市 1830000 元，惠州市 653000 元，深圳市 102200 元。中山市资料暂缺。参见图 10。

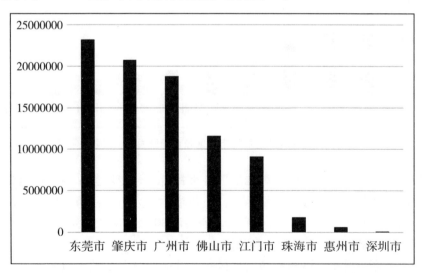

图 10　珠三角地区各市社区教育基础建设经费总投入额（单位：元）

广东省粤东、粤西和粤北地区各市社区教育基本情况统计

（1）广东省粤东、粤西和粤北地区各市社区教育场地面积的具体情况如下：河源市 767300.50 平方米，茂名市 343367 平方米，云浮市 281182.70 平方米，梅州市 187486.40 平方米，清远市 185604.90 平方米，汕头市 130276.07 平方米，揭阳市 88507.60 平方米，汕尾市 28568 平方米，阳江市 20370 平方米，潮州市 7688 平方米。湛江市、韶关市资料暂缺。参见图 1。

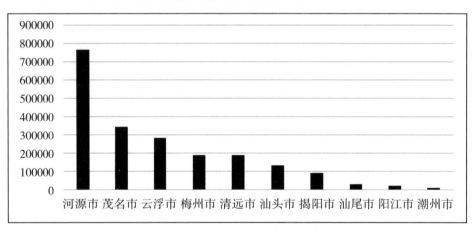

图 1　粤东、粤西和粤北地区各市社区教育场地面积（单位：平方米）

（2）广东省粤东、粤西和粤北地区各市社区教育专职教师数量的具体情况如下：揭阳市 573 人，清远市 459 人，梅州市 356 人，云浮市 304 人，河源市 262 人，汕头市 185 人，茂名市 108 人，汕尾市 80 人，阳江市 47 人，潮州市 12 人。湛江市、韶关市资料暂缺。参见图 2。

（3）广东省粤东、粤西和粤北地区各市社区教育兼职教师数量的具体情况如下：河源市 1021 人，汕头市 677 人，清远市 659 人，梅州市 621 人，茂名市

319人，揭阳市232人，云浮市164人，汕尾市138人，阳江市114人，潮州市85人。湛江市、韶关市资料暂缺。参见图3。

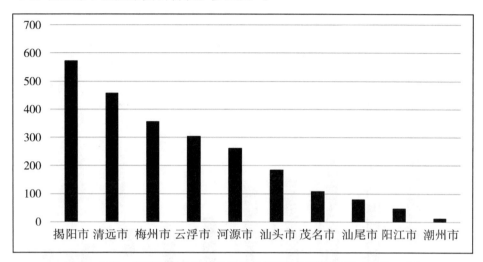

图2 粤东、粤西和粤北地区各市社区教育专职教师数量（单位：人）

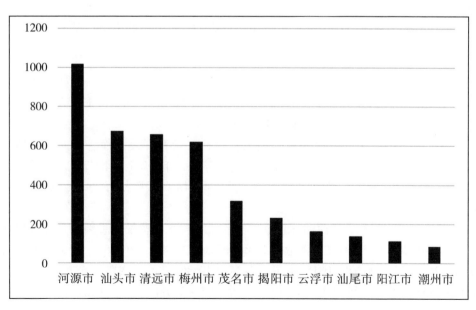

图3 粤东、粤西和粤北地区各市社区教育兼职教师数量（单位：人）

（4）广东省粤东、粤西和粤北地区各市社区教育管理人员数量的具体情况如下：河源市351人，汕头市338人，梅州市224人，清远市168人，茂名市158人，揭阳市94人，云浮市78人，汕尾市71人，阳江市45人，潮州市29人。湛江市、韶关市资料暂缺。参见图4。

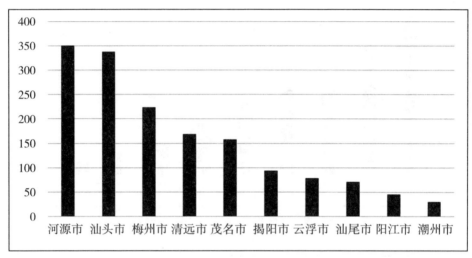

图4 粤东、粤西和粤北地区各市社区教育管理人员数量（单位：人）

（5）广东省粤东、粤西和粤北地区各市社区教育志愿者数量的具体情况如下：清远市11422人，河源市4905人，阳江市4160人，汕头市1862人，梅州市1162人，揭阳市436人，茂名市356人，云浮市227人，汕尾市175人，潮州市94人。湛江市、韶关市资料暂缺。参见图5。

（6）广东省粤东、粤西和粤北地区各市社区教育开设课程总数的具体情况如下：汕头市807门，河源市626门，梅州市507门，清远市474门，云浮市470门，揭阳市332门，茂名市266门，汕尾市114门，阳江市96门，潮州市43门。湛江市、韶关市资料暂缺。参见图6。

（7）广东省粤东、粤西和粤北地区各市社区教育经费投入总额的具体情况如下：云浮市28401619.30元，清远市18856067元，梅州市11012566.90元，汕头市10919494.30元，河源市10816136元，茂名市10636107元，揭阳市5879730.60元，阳江市5581565元，汕尾市2374405元，潮州市681011元。湛江市、韶关市资料暂缺。参见图7。

（8）广东省粤东、粤西和粤北地区各市社区教育日常工作经费额（不含人头费和一次性建设投入）的具体情况如下：云浮市 3272652.85 元，清远市 1890677.50 元，河源市 1805193 元，汕头市 1503943.07 元，揭阳市 808840 元，茂名市 674215 元，梅州市 425711 元，阳江市 380605 元，汕尾市 164900 元，潮州市 91000 元。湛江市、韶关市资料暂缺。参见图 8。

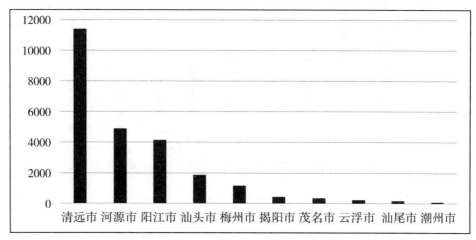

图 5　粤东、粤西和粤北地区各市社区教育志愿者数量（单位：人）

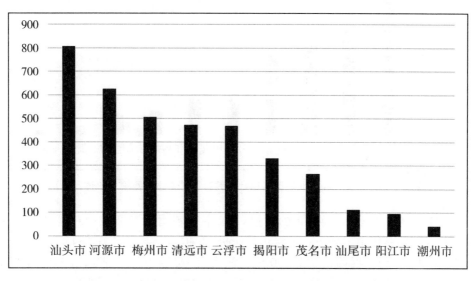

图 6　粤东、粤西和粤北地区各市社区教育开设课程总数（单位：门）

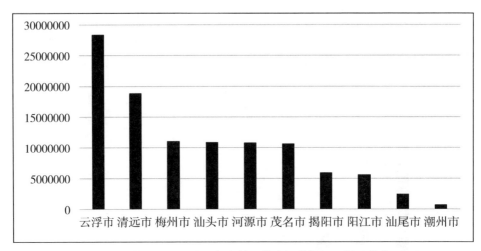

图7　粤东、粤西和粤北地区各市社区教育经费投入总额（单位：元）

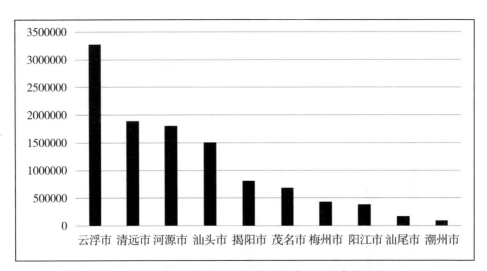

图8　粤东、粤西和粤北地区各市社区教育日常工作经费额（单位：元）

（9）广东省粤东、粤西和粤北地区各市社区教育专兼职教师和管理人员的经费投入额的具体情况如下：云浮市20959692.40元，阳江市3968450元，梅州市3214560.25元，揭阳市2671450元，汕头市1652470元，清远市1450140.50元，河源市867628元，汕尾市493500元，茂名市370005元，潮州市36000元。湛江市、韶关市资料暂缺。参见图9。

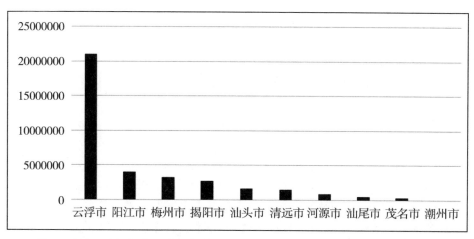

图9　粤东、粤西和粤北地区各市社区教育专兼职教师和管理人员的经费投入额（单位：元）

（10）广东省粤东、粤西和粤北地区各市社区教育基础建设经费投入额的具体情况如下：清远市14917480元，茂名市10132045元，揭阳市8134214.35元，河源市8122799元，汕头市7400901.22元，梅州市7166980.12元，云浮市4099274元，汕尾市1880000元，阳江市1189160元，潮州市396010元。湛江市、韶关市资料暂缺。参见图10。

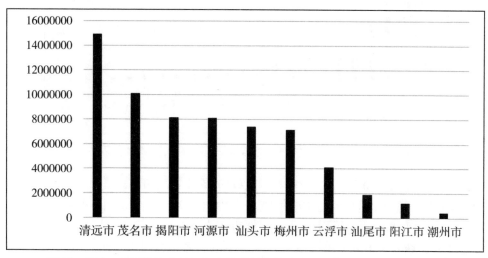

图10　粤东、粤西和粤北地区各市社区教育基础建设经费投入额（单位：元）

广东省各市老年教育基本情况统计

（1）广东省各市用于老年教育的教学场地面积的具体情况如下：广州市186180.38平方米，深圳市74132.51平方米，佛山市40878.85平方米，中山市37802平方米，东莞市37596平方米，汕头市31453平方米，茂名市26290平方米，珠海市23288平方米，江门市19000平方米，云浮市14032平方米，潮州市11392平方米，湛江市10597.20平方米，韶关市10535平方米，汕尾市8700平方米，惠州市8313平方米，梅州市8080平方米，清远市6600平方米，河源市2300平方米，揭阳市1610平方米，肇庆市400平方米，阳江市300平方米。参见图1。

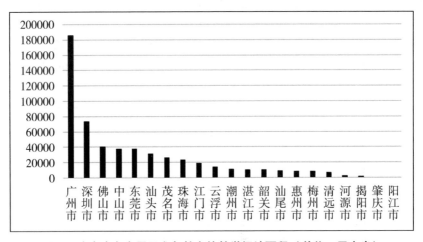

图1 广东省各市用于老年教育的教学场地面积（单位：平方米）

（2）广东省各市老年教育专职教师数量的具体情况如下：广州市425人，中山市25人，佛山市22人，韶关市18人，梅州市16人，江门市14人，汕头市12人，清远市12人，河源市4人，深圳市3人，东莞市3人，揭阳市2人，茂名市2人，珠海市1人，湛江市1人，云浮市1人，惠州市0人，阳江市0人，汕尾市0人，潮州市0人，肇庆市0人。参见图2。

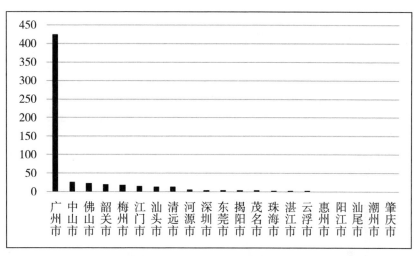

图 2　广东省各市老年教育专职教师数量（单位：人）

（3）广东省各市老年教育兼职教师数量的具体情况如下：广州市 1010 人，中山市 248 人，深圳市 243 人，江门市 221 人，佛山市 207 人，珠海市 189 人，汕头市 130 人，惠州市 128 人，茂名市 106 人，东莞市 103 人，韶关市 74 人，潮州市 59 人，云浮市 47 人，梅州市 45 人，湛江市 34 人，揭阳市 27 人，阳江市 18 人，河源市 18 人，清远市 18 人，汕尾市 7 人，肇庆市 6 人。参见图 3。

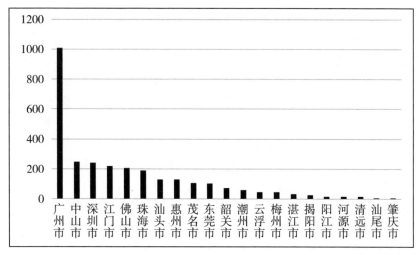

图 3　广东省各市老年教育兼职教师数量（单位：人）

（4）广东省各市老年教育管理人员数量的具体情况如下：广州市290人，中山市115人，珠海市79人，深圳市73人，汕头市63人，佛山市58人，东莞市37人，韶关市37人，茂名市34人，江门市30人，湛江市27人，梅州市24人，惠州市23人，潮州市22人，清远市22人，云浮市16人，揭阳市12人，阳江市5人，汕尾市3人，河源市2人，肇庆市2人。参见图4。

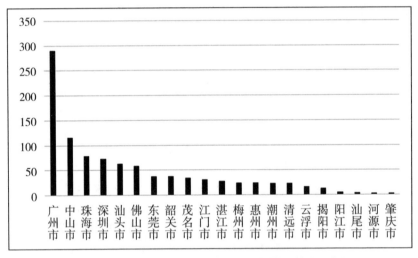

图4 广东省各市老年教育管理人员数量（单位：人）

（5）广东省各市老年教育志愿者数量的具体情况如下：江门市1860人，广州市1585人，深圳市672人，梅州市327人，汕头市269人，中山市210人，湛江市192人，惠州市162人，佛山市118人，云浮市110人，河源市100人，珠海市92人，汕尾市80人，东莞市52人，韶关市37人，揭阳市25人，茂名市23人，阳江市20人，肇庆市6人，潮州市0人，清远市0人。参见图5。

（6）广东省各市老年教育开设课程数量的具体情况如下：广州市1344门，珠海市462门，深圳市278门，佛山市247门，中山市214门，东莞市181门，汕头市116门，惠州市98门，江门市77门，茂名市67门，韶关市62门，梅州市60门，潮州市36门，云浮市32门，河源市30门，清远市30门，湛江市24门，揭阳市15门，阳江市15门，肇庆市5门，汕尾市4门。参见图6。

（7）广东省各市老年教育经费投入总额的具体情况如下：东莞市158050048元，广州市153368256.30元，汕尾市28280000元，珠海市21915206.58元，中山市13165061.13元，深圳市6968454.60元，云浮市5600000元，茂名市5204250元，湛江市4715000元，江门市4133500元，惠州市3998329元，汕头市3735729元，清远市3570010元，佛山市3514457元，潮州市3429585.17元，韶关市2690472.88元，梅州市2235038.30元，揭阳市1094400元，河源市650000元，阳江市250000元，肇庆市45000元。参见图7。

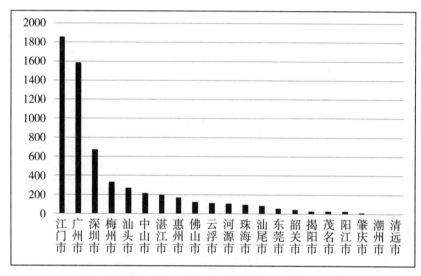

图5　广东省各市老年教育志愿者数量（单位：人）

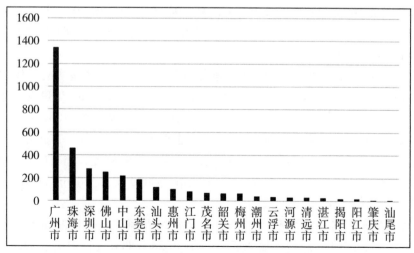

图6　广东省各市老年教育开设课程数量（单位：门）

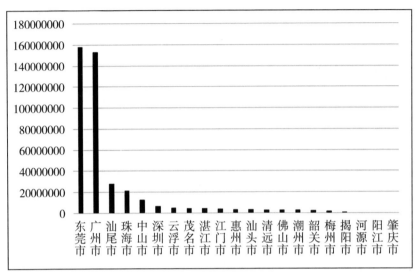

图7 广东省各市老年教育经费投入总额（单位：元）

（8）广东省各市老年教育日常工作经费额的具体情况如下：东莞市23010005元，广州市19367768.89元，珠海市5629292.86元，中山市1430836.40元，深圳市1333292.80元，惠州市1281365.73元，潮州市1135124.51元，佛山市904097.50元，梅州市900202元，汕头市850426元，江门市764000元，韶关市642816元，茂名市519120元，揭阳市516400元，云浮市405000元，清远市380000元，湛江市210000元，河源市150000元，汕尾市130000元，肇庆市37000元，阳江市0元。参见图8。

（9）广东省各市老年教育专兼职教师和管理人员投入经费额的具体情况如下：广州市43402056.26元，深圳市4472796.80元，珠海市4067889元，东莞市4030040元，中山市3005267元，江门市2371000元，佛山市2106787元，惠州市1944640.95元，韶关市1660508.88元，汕头市1259479元，茂名市1100664元，清远市920000元，梅州市854804元，云浮市525000元，潮州市488199元，河源市380000元，揭阳市318000元，湛江市200000元，汕尾市150000元，阳江市0元，肇庆市0元。参见图9。

（10）广东省各市老年教育基础建设经费投入额的具体情况如下：东莞市131010003元，广州市57533595.40元，汕尾市28000000元，中山市9228337.83元，云浮市4670000元，湛江市4305000元，清远市3870000元，茂名市

3334466元，梅州市2265032.30元，珠海市2200110.01元，潮州市1756261.66元，汕头市1620774元，深圳市1162365元，江门市998600元，佛山市460500元，韶关市387148元，惠州市272322.32元，揭阳市260000元，河源市120000元，肇庆市8000元，阳江市0元。参见图10。

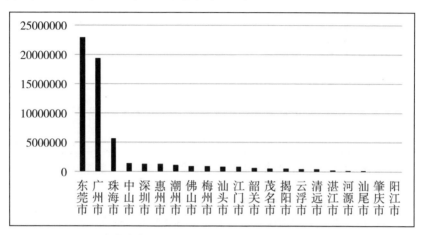

图8　广东省各市老年教育日常工作经费额（单位：元）

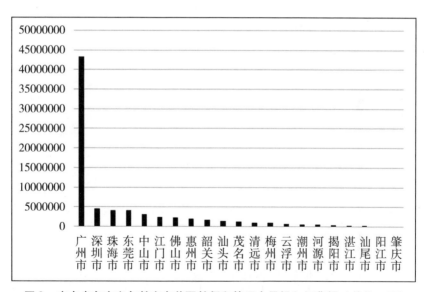

图9　广东省各市老年教育专兼职教师和管理人员投入经费额（单位：元）

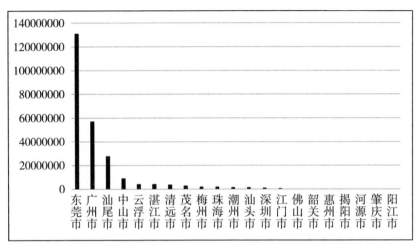

图 10　广东省各市老年教育基础建设经费投入额（单位：元）

（11）广东省各市老年教育在校学员数量的具体情况如下：广州市 85339 人，汕头市 15441 人，中山市 10260 人，深圳市 8669 人，珠海市 8202 人，佛山市 7813 人，茂名市 7540 人，江门市 5982 人，惠州市 5646 人，韶关市 5045 人，东莞市 3802 人，潮州市 3703 人，梅州市 3430 人，清远市 1274 人，云浮市 915 人，河源市 700 人，湛江市 680 人，阳江市 600 人，揭阳市 479 人，汕尾市 350 人，肇庆市 220 人。参见图 11。

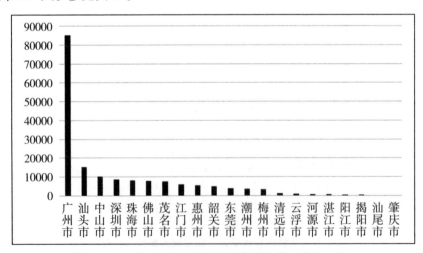

图 11　广东省各市老年教育在校学员数量（单位：人）

（12）广东省各市老年教育累计结业学员总数的具体情况如下：广州市344545人，茂名市144783人，深圳市118252人，珠海市114692人，东莞市63749人，汕头市62116人，佛山市42613人，韶关市38155人，江门市32000人，中山市31893人，梅州市26813人，惠州市18700人，潮州市11298人，湛江市7478人，河源市6000人，阳江市3000人，清远市2616人，汕尾市1900人，揭阳市1103人，云浮市295人，肇庆市220人。参见图12。

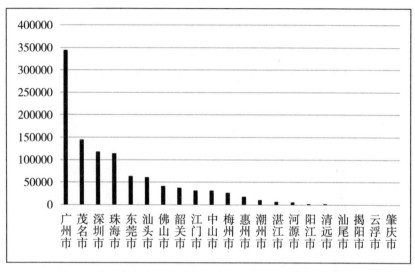

图12 广东省各市老年教育累计结业学员总数（单位：人）

广东省珠三角地区各市老年教育基本情况统计

（1）广东省珠三角地区各市老年教育教学场地面积的具体情况如下：广州市186180.38平方米，深圳市74132.51平方米，佛山市40878.85平方米，中山市37802平方米，东莞市37596平方米，珠海市23288平方米，江门市19000平方米，惠州市8313平方米，肇庆市400平方米。参见图1。

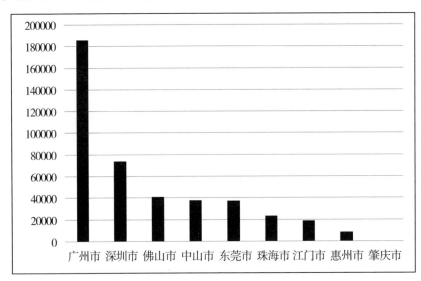

图1　珠三角地区各市老年教育教学场地面积（单位：平方米）

（2）广东省珠三角地区各市老年教育专职教师数量的具体情况如下：广州市425人，中山市25人，佛山市22人，江门市14人，深圳市3人，东莞市3人，珠海市1人，惠州市0人，肇庆市0人。参见图2。

（3）广东省珠三角地区各市老年教育兼职教师数量的具体情况如下：广州市1010人，中山市248人，深圳市243人，江门市221人，佛山市207人，珠海市189人，惠州市128人，东莞市103人，肇庆市6人。参见图3。

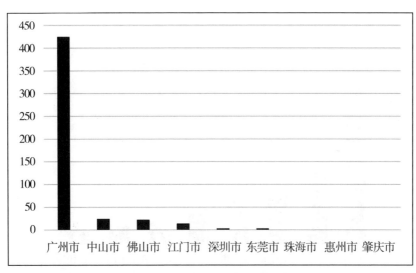

图2 珠三角地区各市老年教育专职教师数量（单位：人）

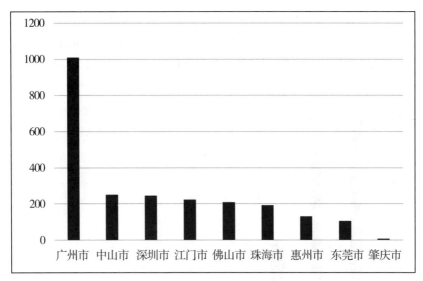

图3 珠三角地区各市老年教育兼职教师数量（单位：人）

（4）广东省珠三角地区各市老年教育管理人员数量的具体情况如下：广州市290人，中山市115人，珠海市79人，深圳市73人，佛山市58人，东莞市37人，江门市30人，惠州市23人，肇庆市2人。参见图4。

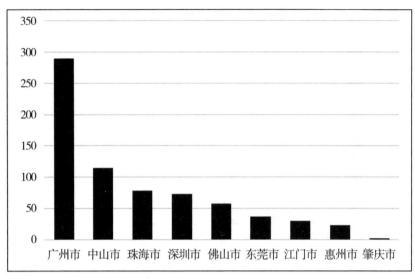

图4 珠三角地区各市老年教育管理人员数量（单位：人）

（5）广东省珠三角地区各市老年教育志愿者数量的具体情况如下：江门市1860人，广州市1585人，深圳市672人，中山市210人，惠州市162人，佛山市118人，珠海市92人，东莞市52人，肇庆市6人。参见图5。

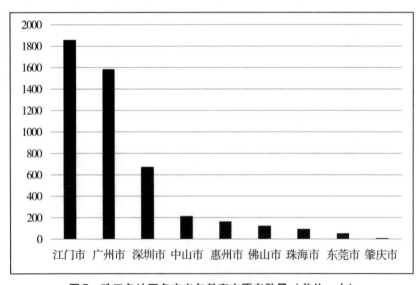

图5 珠三角地区各市老年教育志愿者数量（单位：人）

（6）广东省珠三角地区各市开设老年教育课程数量具体情况如下：广州市1344门，珠海市462门，深圳市278门，佛山市247门，中山市214门，东莞市181门，惠州市98门，江门市77门，肇庆市5门。参见图6。

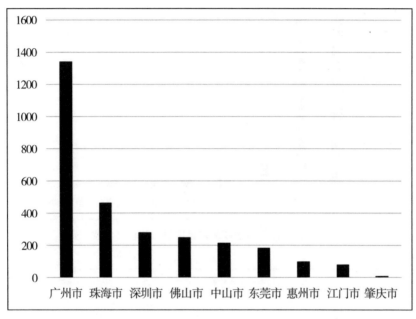

图6 珠三角地区各市开设老年教育课程数量（单位：门）

（7）广东省珠三角地区各市老年教育经费投入总额的具体情况如下：东莞市158050048元，广州市153368256.30元，珠海市21915206.58元，中山市13165061.13元，深圳市6968454.60元，江门市4133500元，惠州市3998329元，佛山市3514457元，肇庆市45000元。参见图7。

（8）广东省珠三角地区各市老年教育日常工作经费额的具体情况如下：东莞市23010005元，广州市19367768.89元，珠海市5629292.86元，中山市1430836.40元，深圳市1333292.80元，惠州市1281365.73元，佛山市904097.50元，江门市764000元，肇庆市37000元。参见图8。

（9）广东省珠三角地区各市老年教育的专兼职教师和管理人员经费额的具体情况如下：广州市43402056.26元，深圳市4472796.80元，珠海市4067889元，东莞市4030040元，中山市3005267元，江门市2371000元，佛山市2106787元，惠州市1944640.95元，肇庆市0元。参见图9。

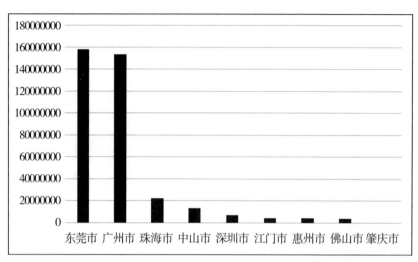

图 7　珠三角地区各市老年教育经费投入总额（单位：元）

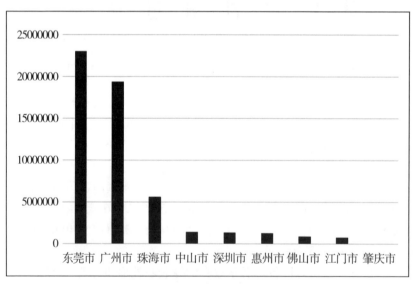

图 8　珠三角地区各市老年教育日常工作经费额（单位：元）

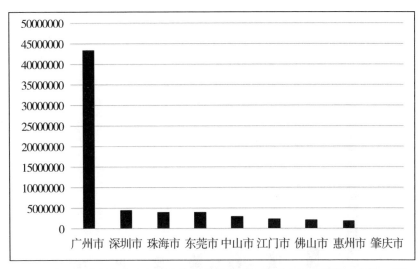

图 9 珠三角地区各市老年教育的专兼职教师和管理人员经费额（单位：元）

（10）广东省珠三角地区各市老年教育基础建设经费投入额的具体情况如下：东莞市 131010003 元，广州市 57533595.40 元，中山市 9228337.83 元，珠海市 2200110.01 元，深圳市 1162365 元，江门市 998600 元，佛山市 460500 元，惠州市 272322.32 元，肇庆市 8000 元。参见图 10。

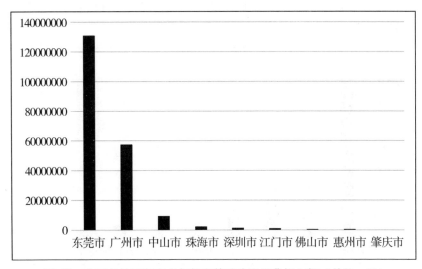

图 10 珠三角地区各市老年教育基础建设经费投入额（单位：元）

（11）广东省珠三角地区各市老年教育在校学员总数的具体情况如下：广州市85339人，中山市10260人，深圳市8669人，珠海市8202人，佛山市7813人，江门市5982人，惠州市5646人，东莞市3802人，肇庆市220人。参见图11。

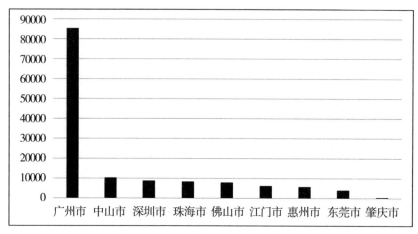

图11 珠三角地区各市老年教育在校学员总数（单位：人）

（12）广东省珠三角地区各市老年教育学员累计结业总数的具体情况如下：广州市344545人，深圳市118252人，珠海市114692人，东莞市63749人，佛山市42613人，江门市32000人，中山市31893人，惠州市18700人，肇庆市220人。参见图12。

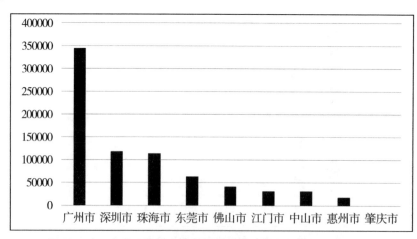

图12 珠三角地区各市老年教育学员累计结业总数（单位：人）

广东省粤东、粤西和粤北地区各市老年教育基本情况统计

（1）广东省粤东、粤西和粤北地区各市老年教育教学场地面积的具体情况如下：汕头市 31453 平方米，茂名市 26290 平方米，云浮市 14032 平方米，潮州市 11392 平方米，湛江市 10597.20 平方米，韶关市 10535 平方米，汕尾市 8700 平方米，梅州市 8080 平方米，清远市 6600 平方米，河源市 2300 平方米，揭阳市 1610 平方米，阳江市 300 平方米。参见图 1。

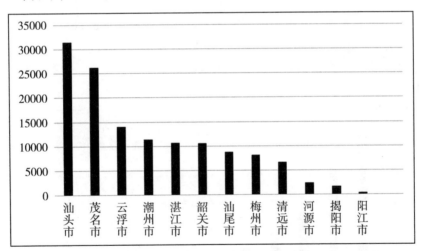

图 1　粤东、粤西和粤北地区各市老年教育教学场地面积（单位：平方米）

（2）广东省粤东、粤西和粤北地区各市老年教育专职教师数量的具体情况如下：韶关市 18 人，梅州市 16 人，汕头市 12 人，清远市 12 人，河源市 4 人，茂名市 2 人，揭阳市 2 人，湛江市 1 人，云浮市 1 人，潮州市 0 人，阳江市 0 人，汕尾市 0 人。参见图 2。

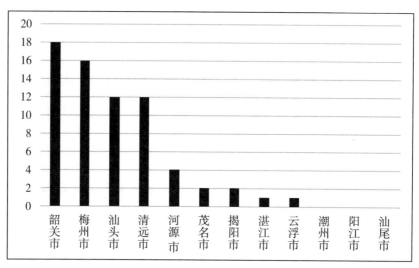

图2 粤东、粤西和粤北地区各市老年教育专职教师数量（单位：人）

（3）广东省粤东、粤西和粤北地区各市老年教育兼职教师数量的具体情况如下：汕头市130人，茂名市106人，韶关市74人，潮州市59人，云浮市47人，梅州市45人，湛江市34人，揭阳市27人，清远市18人，河源市18人，阳江市18人，汕尾市7人。参见图3。

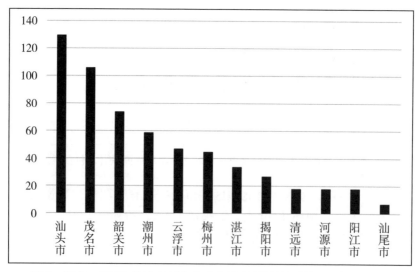

图3 粤东、粤西和粤北地区各市老年教育兼职教师数量（单位：人）

（4）广东省粤东、粤西和粤北地区各市老年教育管理人员数量的具体情况如下：汕头市 63 人，韶关市 37 人，茂名市 34 人，湛江市 27 人，梅州市 24 人，潮州市 22 人，清远市 22 人，云浮市 16 人，揭阳市 12 人，阳江市 5 人，汕尾市 3 人，河源市 2 人。参见图 4。

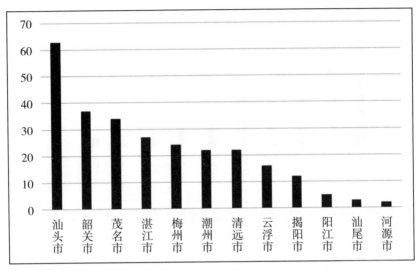

图 4　粤东、粤西和粤北地区各市老年教育管理人员数量（单位：人）

（5）广东省粤东、粤西和粤北地区各市老年教育志愿者数量的具体情况如下：梅州市 327 人，汕头市 269 人，湛江市 192 人，云浮市 110 人，河源市 100 人，汕尾市 80 人，韶关市 37 人，揭阳市 25 人，茂名市 23 人，阳江市 20 人，潮州市 0 人，清远市 0 人。参见图 5。

（6）广东省粤东、粤西和粤北地区各市开设老年教育课程数量的具体情况如下：汕头市 116 门，茂名市 67 门，韶关市 62 门，梅州市 60 门，潮州市 36 门，云浮市 32 门，河源市 30 门，清远市 30 门，湛江市 24 门，揭阳市 15 门，阳江市 15 门，汕尾市 4 门。参见图 6。

（7）广东省粤东、粤西和粤北地区各市老年教育经费投入总额的具体情况如下：汕尾市 28280000 元，云浮市 5600000 元，茂名市 5204250 元，湛江市 4715000 元，汕头市 3735729 元，清远市 3570010 元，潮州市 3429585.17 元，韶关市 2690472.88 元，梅州市 2235038.30 元，揭阳市 1094400 元，河源市 650000 元，阳江市 250000 元。参见图 7。

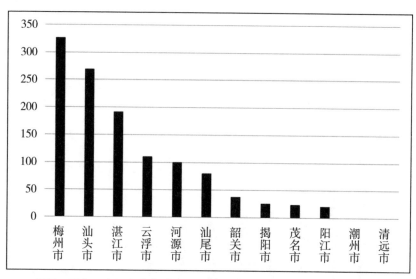

图5 粤东、粤西和粤北地区各市老年教育志愿者数量（单位：人）

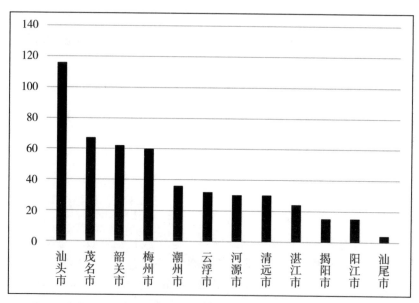

图6 粤东、粤西和粤北地区各市开设老年教育课程数量（单位：门）

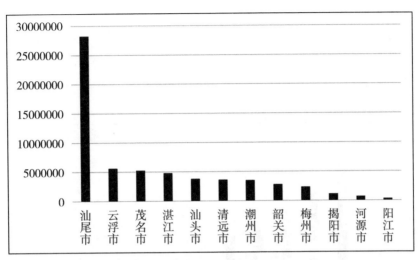

图7 粤东、粤西和粤北地区各市老年教育经费投入总额（单位：元）

（8）广东省粤东、粤西和粤北地区各市老年教育日常工作经费额的具体情况如下：潮州市1135124.51元，梅州市900202元，汕头市850426元，韶关市642816元，茂名市519120元，揭阳市516400元，云浮市405000元，清远市380000元，湛江市210000元，河源市150000元，汕尾市130000元，阳江市0元。参见图8。

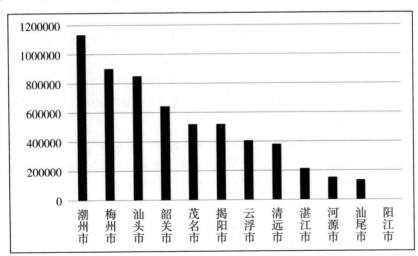

图8 粤东、粤西和粤北地区各市老年教育日常工作经费额（单位：元）

（9）广东省粤东、粤西和粤北地区各市老年教育教师和管理人员经费额的具体情况如下：韶关市1660508.88元，汕头市1259479元，茂名市1100664元，清远市920000元，梅州市854804元，云浮市525000元，潮州市488199元，河源市380000元，揭阳市318000元，湛江市200000元，汕尾市150000元，阳江市0元。参见图9。

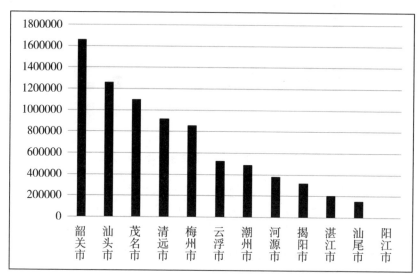

图9 粤东、粤西和粤北地区各市老年教育教师和管理人员经费额（单位：元）

（10）广东省粤东、粤西和粤北地区各市老年教育基础建设经费投入额的具体情况如下：汕尾市28000000元，云浮市4670000元，湛江市4305000元，清远市3870000元，茂名市3334466元，梅州市2265032.30元，潮州市1756261.66元，汕头市1620774元，韶关市387148元，揭阳市260000元，河源市120000元，阳江市0元。参见图10。

（11）广东省粤东、粤西和粤北地区各市老年教育在校学员总数的具体情况如下：汕头市15441人，茂名市7540人，韶关市5045人，潮州市3703人，梅州市3430人，清远市1274人，云浮市915人，河源市700人，湛江市680人，阳江市600人，揭阳市479人，汕尾市350人。参见图11。

（12）广东省粤东、粤西和粤北地区各市老年教育学员累计结业总数的具体情况如下：茂名市144783人，汕头市62116人，韶关市38155人，梅州市26813人，潮州市11298人，湛江市7478人，河源市6000人，阳江市3000人，清远市

2616人，汕尾市1900人，揭阳市1103人，云浮市295人。参见图12。

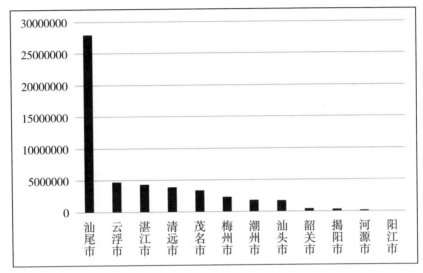

图10　粤东、粤西和粤北地区各市老年教育基础建设经费投入额（单位：元）

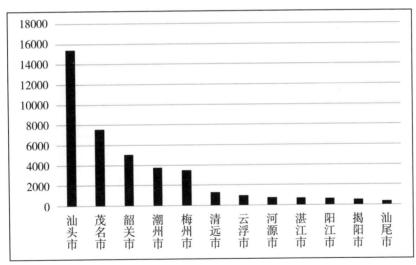

图11　粤东、粤西和粤北地区各市老年教育在校学员总数（单位：人）

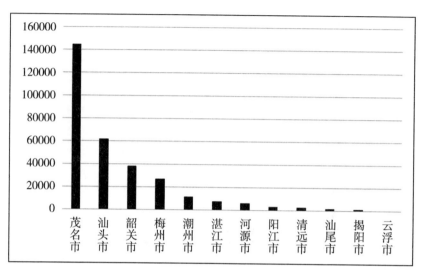

图12 粤东、粤西和粤北地区各市老年教育学员累计结业总数（单位：人）

广东省市级和区(县)级的社区教育管理机构设置情况统计

广东省市级和区(县)级的社区教育管理机构设置情况统计见表1、表2。

表1 广东省市级的社区教育管理机构设置情况

市	机构名称	共用或挂靠单位	联系电话
广州市	广州市社区教育服务指导中心	广州城市职业学院	020-86395687
佛山市	佛山市社区教育指导委员会	—	0757-82252338
东莞市	东莞市终身教育服务指导中心	东莞开放大学	—
江门市	江门社区大学	—	—

表2 广东省区(县)级的社区教育管理机构设置情况

市	隶属单位名称	机构名称	共用或挂靠单位名称	电话
广州市	番禺区教育局	广州市番禺区社区教育委员会	—	020-84613260
	黄埔区教育局	广州市黄埔社区学院	广东岭南职业技术学院	020-22305232
	海珠区教育局	海珠区社区教育学院	广州市广播电视大学海珠区分校	020-84078287
	天河区教育局	广州市广播电视大学天河区分校	—	020-38666527

续表2

市	隶属单位名称	机构名称	共用或挂靠单位名称	电话
清远市	连山壮族瑶族自治县教育局	连山壮族瑶族自治县教育局高中与中职教育股	—	0763-8733227
	英德市教育局	英德市社区学院	英德市职业技术学校	0763-2285819
	连州市教育局	连州市社区教育中心	连州市职业技术学校	0763-6608020
	清城区教育局	清远市清城区社区学院	清远市清城区教师进修学校	0763-3313344
	清新区教育局	清远市清新区社区教育领导小组办公室	清远市清新区教育局	0763-5820893
	连南瑶族自治县教育局	连南瑶族自治县社区教育工作领导小组	—	
肇庆市	广宁县教育局	广宁县社区教育中心	广宁开放大学	—
	封开县教育局	封开县社区学院	封开县开放大学	0758-6689195
	德庆县教育局	德庆县社区教育中心	德庆县开放大学	0758-7731482
	怀集县教育局	怀集县社区教育中心	怀集县职业技术学校	0758-5523517
	高要区教育局	高要区社区学院	肇庆市高要区开放大学	—
	鼎湖区教育局	肇庆市鼎湖区社区教育中心	—	
江门市	开平市教育局	开平市社区学院	开平开放大学	0750-2391566
	新会区教育局	新会区社区学院	新会开放大学	0750-6102055
	鹤山市教育局	鹤山市社区学院	鹤山开放大学	0750-8883542
	蓬江区教育局	蓬江区社区学院	江门开放大学	0750-3272372
	台山市教育局	台山市社区学院	台山开放大学	—
云浮市	云城区教育局	云城区教育局职业和成人教育股	—	0766-8828278

续表2

市	隶属单位名称	机构名称	共用或挂靠单位名称	电话
茂名市	高州市教育局	高州市社区学院	高州市第一职业技术学校	—
	电白区教育局	茂名市电白区社区教育学院	茂名市第一职业技术学校	—
	信宜市教育局	信宜市社区教育学院	信宜市开放大学	0668-8810649
汕头市	澄海区教育局	澄海区社区教育委员会	汕头市澄海区教育局	0754-85856052
	金平区教育局	金平区社区教育委员会	汕头市卫生学校（金平职业技术学校）	0754-87492491
	龙湖区教育局	龙湖区社区教育指导委员会	龙湖区教育局	0754-88995557
佛山市	南海区教育局	佛山市南海区社区教育工作领导小组	南海区社区学院（南海开放大学）	—
	禅城区教育局	佛山市禅城区社区教育指导委员会	—	0757-82092989
	顺德区教育局	顺德区社区教育工作指导委员会	—	0757-22328583
惠州市	惠阳区教育局	惠阳区社区教育指导服务中心	惠阳区开放大学	—
	惠东县教育局	惠东县社区教育指导服务中心	惠东县开放大学	—
汕尾市	陆丰市教育局	陆丰市社区教育委员会	陆丰市教育局	
潮州市	湘桥区教育局	湘桥区社区教育中心	湘桥区文化馆	0768-2228925
河源市	东源县教育局	东源县社区教育中心	东源县职业技术学校	0762-2828318
	和平县教育局	和平县社区教育工作领导小组	和平县教育局	—

续表2

市	隶属单位名称	机构名称	共用或挂靠单位名称	电话
阳江市	阳东区教育局	阳江市阳东区社区教育指导委员会	阳江市阳东区成人教育培训中心	0662-6621130
梅州市	蕉岭县教育局	蕉岭县教育局职业与成人教育股		—
	兴宁市教育局	兴宁市教育局职成股	—	—
揭阳市	揭西县教育局	揭西县社区教育工作领导小组	揭西县教育局	0663-5517202

广东省各市、区（县）的居委会（村）级社区教育办学网点统计

（1）广东省各市居委会（村）级社区教育办学网点数量的统计情况如下：肇庆市1071个，梅州市861个，清远市728个，河源市480个，江门市393个，东莞市281个，广州市278个，汕头市249个，云浮市229个，茂名市227个，阳江市166个，佛山市164个，汕尾市83个，珠海市56个，潮州市41个，揭阳市9个，深圳市8个，湛江市0个，韶关市0个，中山市0个，惠州市0个。参见图1。

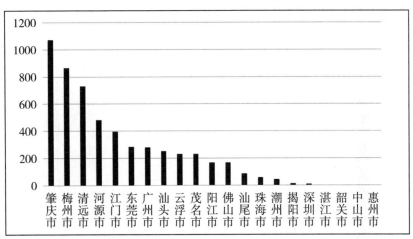

图1 广东省各市居委会（村）级社区教育办学网点数量（单位：个）

（2）广州市各区（县）居委会（村）级社区教育办学网点数量的统计情况如下：番禺区153个，黄埔区66个，增城区59个，海珠区0个，天河区0个，白云区0个，越秀区0个，南沙区0个，荔湾区0个，花都区0个，从化区0个。参见图2。

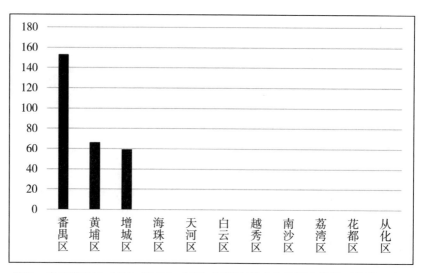

图2 广州市各区（县）居委会（村）级社区教育办学网点数量（单位：个）

（3）深圳市各区（县）居委会（村）级社区教育办学网点数量的统计情况如下：龙华区8个，南山区0个，罗湖区0个，光明区0个，龙岗区0个，盐田区0个，宝安区0个，坪山区0个，福田区0个。参见图3。

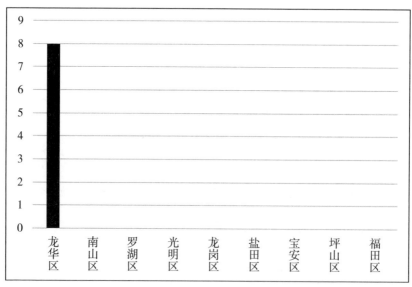

图3 深圳市各区（县）居委会（村）级社区教育办学网点数量（单位：个）

（4）珠海市各区（县）居委会（村）级社区教育办学网点数量的统计情况如下：香洲区 52 个，斗门区 4 个，金湾区 0 个。参见图 4。

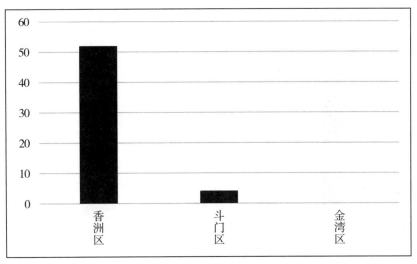

图 4　珠海市各区（县）居委会（村）级社区教育办学网点数量（单位：个）

（5）汕头市各区（县）居委会（村）级社区教育办学网点数量的统计情况如下：金平区 170 个，潮阳区 41 个，潮南区 32 个，澄海区 4 个，濠江区 2 个，龙湖区 0 个，南澳县 0 个。参见图 5。

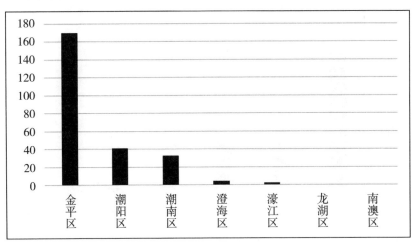

图 5　汕头市各区（县）居委会（村）级社区教育办学网点数量（单位：个）

（6）佛山市各区（县）居委会（村）级社区教育办学网点数量的统计情况如下：南海区142个，禅城区13个，顺德区9个，三水区0个，高明区0个。参见图6。

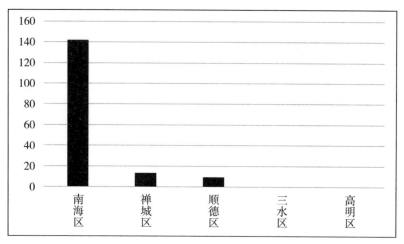

图6 佛山市各区（县）居委会（村）级社区教育办学网点数量（单位：个）

（7）河源市各区（县）居委会（村）级社区教育办学网点数量的统计情况如下：和平县245个，龙川县126个，东源县97个，连平县9个，源城区3个，紫金县0个。参见图7。

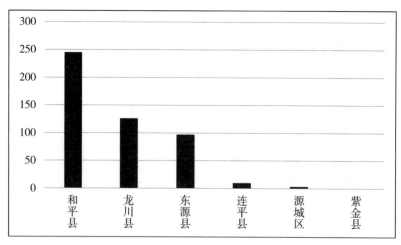

图7 河源市各区（县）居委会（村）级社区教育办学网点数量（单位：个）

（8）梅州市各区（县）居委会（村）级社区教育办学网点数量的统计情况如下：兴宁市421个，五华县242个，梅县区124个，大埔县74个，平远县0个，蕉岭县0个，丰顺县0个，梅江区0个。参见图8。

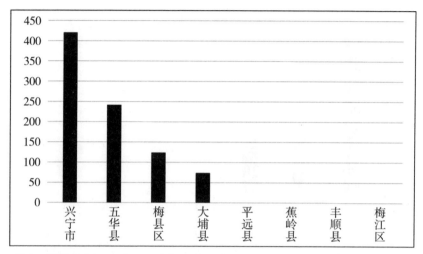

图8　梅州市各区（县）居委会（村）级社区教育办学网点数量（单位：个）

（9）汕尾市各区（县）居委会（村）级社区教育办学网点数量的统计情况如下：陆丰市83个，海丰县0个，陆河县0个，城区0个。参见图9。

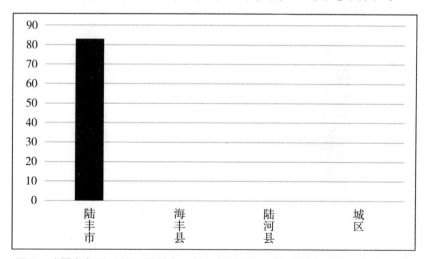

图9　汕尾市各区（县）居委会（村）级社区教育办学网点数量（单位：个）

（10）江门市各区（县）居委会（村）级社区教育办学网点数量的统计情况如下：台山市 227 个，新会区 82 个，鹤山市 81 个，开平市 2 个，蓬江区 1 个，江海区 0 个，恩平市 0 个。参见图 10。

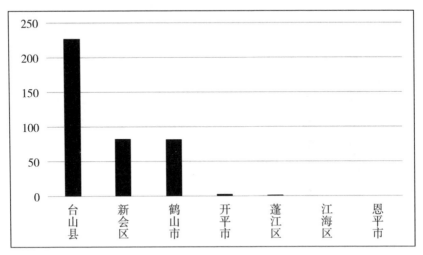

图 10　江门市各区（县）居委会（村）级社区教育办学网点数量（单位：个）

（11）阳江市各区（县）居委会（村）级社区教育办学网点数量的统计情况如下：阳东区 164 个，阳春市 1 个，江城区 1 个，阳西县 0 个。参见图 11。

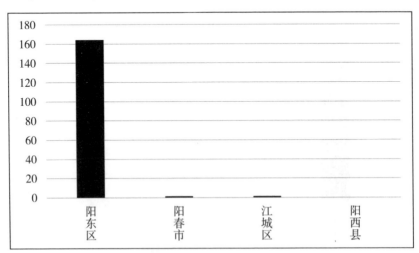

图 11　阳江市各区（县）居委会（村）级社区教育办学网点数量（单位：个）

（12）茂名市各区（县）居委会（村）级社区教育办学网点数量的统计情况如下：高州市211个，电白区16个，信宜市0个，化州市0个，茂南区0个。参见图12。

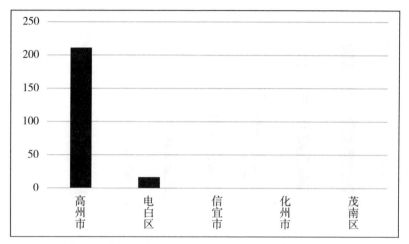

图12 茂名市各区（县）居委会（村）级社区教育办学网点数量（单位：个）

（13）肇庆市各区（县）居委会（村）级社区教育办学网点数量的统计情况如下：怀集县324个，高要区284个，德庆县192个，广宁县142个，封开县77个，四会市52个，鼎湖区0个，端州区0个。参见图13。

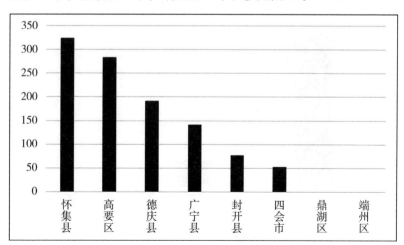

图13 肇庆市各区（县）居委会（村）级社区教育办学网点数量（单位：个）

（14）清远市各区（县）居委会（村）级社区教育办学网点数量的统计情况如下：连州市 174 个，清新区 162 个，阳山县 132 个，连南瑶族自治县 123 个，清城区 82 个，连山壮族瑶族自治县 52 个，英德市 3 个，佛冈县 0 个。参见图 14。

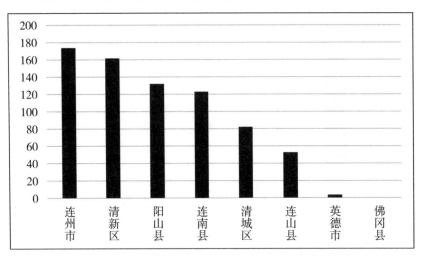

图 14　清远市各区（县）居委会（村）级社区教育办学网点数量（单位：个）

（15）潮州市各区（县）居委会（村）级社区教育办学网点数量的统计情况如下：饶平县 35 个，潮安区 6 个，湘桥区 0 个。参见图 15。

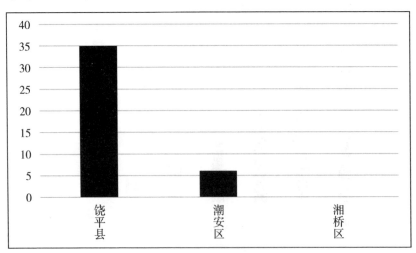

图 15　潮州市各区（县）居委会（村）级社区教育办学网点数量（单位：个）

（16）揭阳市各区（县）居委会（村）级社区教育办学网点数量的统计情况如下：榕城区9个，揭东区0个，惠来县0个，揭西县0个，普宁市0个。参见图16。

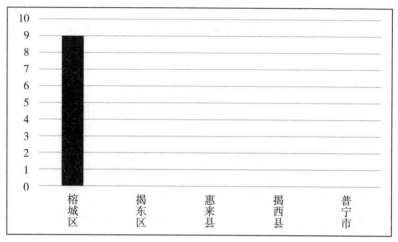

图16　揭阳市各区（县）居委会（村）级社区教育办学网点数量（单位：个）

（17）云浮市各区（县）居委会（村）级社区教育办学网点数量的统计情况如下：新兴县177个，云城区52个，郁南县0个，云安区0个，罗定市0个。参见图17。

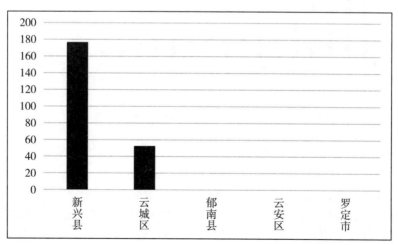

图17　云浮市各区（县）居委会（村）级社区教育办学网点数量（单位：个）

广东省各市和主要区（县）、街（镇）的居委会（村）级老年教育办学网点统计

（1）广东省各市老年教育办学网点数量的统计情况如下：广州市26个，中山市24个，汕头市23个，佛山市14个，深圳市9个，韶关市7个，茂名市6个，梅州市6个，惠州市5个，珠海市4个，东莞市4个，云浮市4个，湛江市4个，揭阳市3个，清远市3个，潮州市2个，江门市2个，河源市1个，汕尾市1个，阳江市1个，肇庆市1个。参见图1。

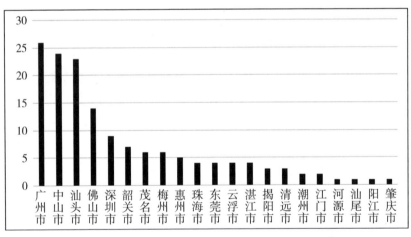

图1　广东省各市老年教育办学网点数量（单位：个）

（2）广州市各区（县）老年教育办学网点数量的统计情况如下：越秀区7个，天河区6个，海珠区4个，增城区4个，荔湾区2个，白云区2个，番禺区1个，南沙区0个，花都区0个，从化区0个，黄埔区0个。参见图2。

（3）中山市镇、街、市直的老年教育办学网点数量的统计情况如下：中山市乡镇老年大学办学网点为17个，街道老年办学网点为4个，市直老年办学点为3个。参见图3。

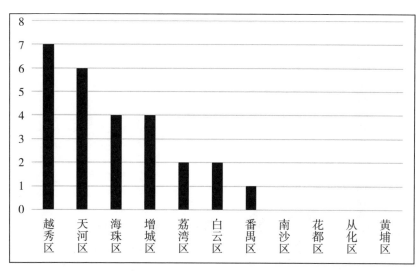

图2 广州市各区（县）老年教育办学网点数量（单位：个）

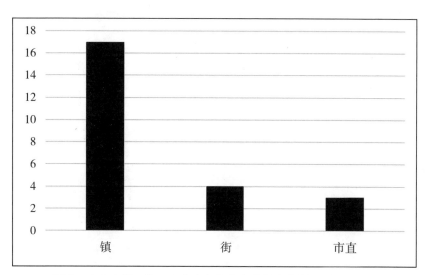

图3 中山市镇、街、市直老年教育办学网点数量（单位：个）

（4）汕头市各区（县）老年教育办学网点数量的统计情况如下：潮南区16个，澄海区2个，金平区2个，潮阳区1个，龙湖区1个，南澳县1个，濠江区0个。参见图4。

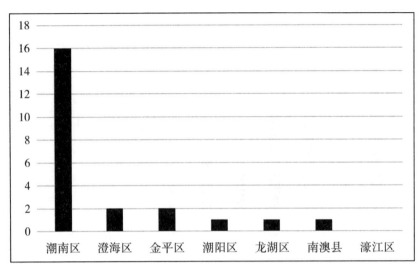

图4　汕头市各区（县）老年教育办学网点数量（单位：个）

［说明：除广州市、中山市和汕头市以外，广东省其他地级市上报的居委会（村）级老年教育办学网点资料不完整，因此，均未单独列图。］

第二编

广东省社区教育和老年教育类别教育教学成果奖（2019年）

广东省教育厅关于开展 2019 年广东教育教学成果奖评审工作的通知

粤教人函〔2019〕62 号

各地级以上市教育局，各高校，省直属学校：

为深入学习贯彻习近平新时代中国特色社会主义思想特别是总书记关于教育的重要论述，坚持把教育放在优先发展的位置，落实立德树人根本任务，加强教师队伍建设，加快推进教育现代化，办好人民满意的教育，根据《广东省教学成果奖励办法》等有关规定，决定开展 2019 年广东教育教学成果奖评审工作。现将有关事项通知如下：

一、评选类型

2019 年广东教育教学成果奖包括基础教育、职业教育、高等教育 3 个大类，实行分类申报。基础教育包括学前教育、义务教育、普通高中教育等；职业教育包括中等职业教育、高等职业（专科）教育、社区教育和老年教育；高等教育包括本科教育和研究生教育阶段的学历教育和非学历教育。其他类型的教育根据其所实施的教育层次，申报相应的教学成果奖。

二、评选原则

坚持贯彻落实党的教育方针，立德树人，有利于实施素质教育的导向；坚持以质量为核心，突出实践性和创新性的导向；坚持向一线教师倾斜，有利于鼓励教师终身从教的导向；坚持公开、公平、公正和专家评审原则。

三、申报要求

（1）个人申请广东教育教学成果奖的，应当主持并直接参与成果的方案设计、论证、研究和实践过程，并做出主要贡献。

（2）单位申请广东教育教学成果奖的，该成果应当体现单位意志，由单位派人主持方案设计、论证、研究和实践过程，并以单位为主提供物质技术条件保障。

（3）教学成果由两个以上单位或者个人共同完成的，由共同完成单位或个人联合申请。两个以上单位或者个人不在同一地市的，向成果主持单位或者成果主持人所在地市教育行政部门提出申请。

（4）推荐单位对推荐对象负责，择优推荐，对申报人选的政治表现、师德师风、廉政情况、申报材料严格把关，严禁弄虚作假，确保申报成果的质量和水平。

四、奖励数量

广东教育教学成果奖设特等奖、一等奖、二等奖，基础教育类、职业教育类、高等教育类各遴选表彰225项教学成果，共计675项。

五、其他事项

申报基础教育类、职业教育类、高等教育类教学成果奖的申报范围、材料要求及申报流程详见各教育教学成果奖申报指南（附件1、附件2、附件3）。

基础教育成果奖，联系人：叶振华，联系电话：020-37626456。
职业教育成果奖，联系人：詹宗超，联系电话：020-37626863。
高等教育成果奖，联系人：李成军，联系电话：020-37629463。

附件：1. 2019年基础教育教学成果奖申报指南
   2. 2019年职业教育教学成果奖申报指南
   3. 2019年高等教育教学成果奖申报指南

广东省教育厅
2019年3月22日

2019年广东省教育教学成果奖（社区教育和老年教育类别）获奖名单

获奖等级	主要完成单位	成果名称	完成人
一等奖	广东开放大学	搭建人才成长"立交桥"，服务学习型社会建设——广东特色终身教育学分银行的探索与实践	李江、刘文清、李雪婵、何丽萍、关燕桃、陈蕾、贺宪春、赵斯羽、李光先、黄思霞、刘超球、邓楚、张晶榕、何莎莎、曾炫云
一等奖	广东开放大学（广东理工职业学院）、深圳一格信息服务有限公司	"混合多元，学养结合"的老年教育模式探索与实践	刘文清、潘美意、吴结、王斯维、郑智源、张旭敏、周颖、卫庆国、陈晓岚、杨礼芳、李航
一等奖	广州市广播电视大学	构建数量、质量、特色三维并举的广州老年教育公共服务供给体系研究与实践	熊军、孙朝霞、谢宇、陈翼翀、崔珍珍、王洪兵、于燕、黄安心、张国杰
一等奖	广州社区学院（广州城市职业学院）、广州市番禺区社区分院（广州市番禺区工商职业技术学校）、广州市南沙区榄核镇社区学校（广州市南沙区榄核镇成人文化技术学校）	多方联动、资源整合：广州社区学院四级办学网络的构建与实践	张连绪、赵小段、刘楚佳、韩娟、郑玉清、吴勇、李坪、林向建、肖贻杰、余久宏、郭锦生

续上表

获奖等级	主要完成单位	成果名称	完成人
二等奖	顺德职业技术学院（顺德区社区学院）、佛山市顺德区教育局、佛山市顺德区中道改革研究所、佛山市顺德区现代社区治理研究中心	政校社企联动、品牌项目引领的社区教育模式创新与实践	王法勇、罗丹、周钦青、李健新、陈文静、谢华丰、徐作盈、赖觉怡、陈小艺、何劲和、何焕、胡辉贤、张智敏
二等奖	广东开放大学、广东省金融消费权益保护联合会	社区金融教育协同模式的创建与实施	王建根、冼宇航、宋雯、郑学艳、贾鑫鑫、林东鹏、杨育均
二等奖	广州市广播电视大学	广州"四化双网"社区终身教育模式的构建与实践	曾海、谭颖臻、洪亚楠、陈艳、赵宇丹、熊军、王洪兵、王学珍
二等奖	中山开放大学（广东开放大学中山分校）	"1+N"：开放大学服务城乡社区教育发展的实践与研究	官华、唐富根、刘曙芸、高明鸣、周俊英、刘烨、郝海涛、陈思、杨志平、叶倩菌、杨富云
二等奖	广州市越秀区社区教育学院一院	"街坊学堂"社区教育品牌建设的实践与探索	何敏聪、张东胜、颜世磊、李红伟、赖晓凤
二等奖	佛山开放大学	助力服务全民终身学习体系构建，推进高水平学习型城市建设——佛山开放大学"六个三"社区教育模式实践探索	孙静雅、何道宋、胡敬文、何颖燕、荣金凤、武茜璇
二等奖	广州社区学院（广州城市职业学院）、越秀区社区教育学院一院、番禺区社区教育中心	岭南文化融入社区教育的探索与实践	张介凡、刘楚佳、何敏聪、吴和清、张东胜、李敏、李坪
二等奖	广州市番禺区广播电视大学	基于"五同促五感"教学理念的来穗老年人融入教育的探索与实践	马福胜、张国杰、刘路莎、符敏妍、谭丽华

搭建人才成长"立交桥",服务学习型社会建设
——广东特色终身教育学分银行的探索与实践

广东开放大学

一、研究背景、意义及形成过程

(一)研究背景

目前,我国的学历教育、职业教育、继续教育条块分割、难以沟通衔接;多种教育质量标准并存、水平参差不齐;教育市场与人力资源市场脱节,育人标准与用人标准不融合。通过破解上述难题,实现各级各类教育间的沟通衔接,拓宽终身学习通道,搭建人才成长"立交桥"成为人民群众的迫切需求。

《国家中长期教育改革和发展规划纲要(2010—2020年)》提出"实现不同类型学习成果的互认和衔接,建立学习成果认证体系,建立学分银行制度"。党的十八届三中全会提出"试行普通高校、高职院校、成人高校之间学分转换,拓宽终身学习通道"。国家"十三五"规划提出"建立个人学习账号和学分累计制度,畅通继续教育、终身学习通道,制定国家资历框架,推进非学历教育学习成果、职业技能等级学分转换互认"。

2010年,国务院办公厅下达"建立学习成果认证和学分银行制度"的国家教育体制改革试点任务;2014年,广东省人民政府决定"建设广东终身教育学分银行",省政府计划投入4800万元支持该项目建设。

(二)研究意义

学分银行的建设是构建终身教育体系、构建学习型社会的重大举措,是我国教育改革和发展的重大任务,对实现学历教育与非学历教育、职业教育与培训及

业绩类成果的沟通和衔接，促进产教融合，推动教育教学改革，提高人才培养质量具有重大意义。

（三）形成过程

从2012年起，本项目组对国内外主要国家和地区的资历框架和学分银行进行了文献调研、实地考察，开展了比较研究。

2014年，广东省在高职院校教育教学改革A类项目"高职院校、普通高校、成人高校学分积累互认制度研究与实践"和广东省教育体制综合改革项目中，安排了"构建广东终身教育学分银行的研究与实践"项目。

在充分借鉴和研究的基础上，广东省教育厅形成了《广东终身教育学分银行建设工作方案》，于2014年11月提交省政府专题会议研究。省政府决定建设广东终身教育学分银行并授权广东省教育厅成立广东终身教育学分银行管理委员会。

2015年，广东终身教育学分银行管理委员会召开会议。广东省教育厅发文成立了专家委员会和学分银行管理中心，明确学分银行管理中心挂靠广东开放大学，具体负责学分银行建设的管理与运行。同年，学分银行网站开通，启动建设了终身学习档案库和资历成果库。（见图1）

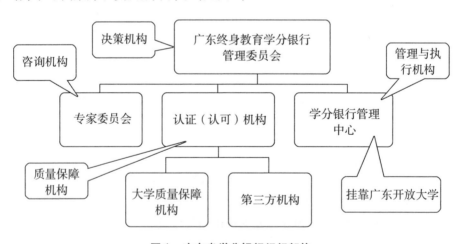

图1 广东省学分银行组织架构

2016年，广东省全面深化改革领导小组下达了"制定推进学习成果积累与转换工作的相关制度"任务；广东省高职院校教育教学改革A类项目"高职院校、普通高校、成人高校学分积累互认制度研究与实践"通过验收，启动了信息系统一期工程建设。

2016年，广东省质监局下达了地方标准修订项目"广东终身教育资历框架等级标准"。2017年，《广东终身教育资历框架等级标准》由省质监局正式发布。

2017年，省教育体制综合改革项目"构建广东终身教育学分银行的研究与实践"通过了验收。

从2016年起，广东省先后在中高职衔接"三二分段"、中职与高职一体化人才培养试点、现代学徒制、高职与本科衔接和开放教育等领域开展了资历成果认定与转换试点。

二、成果解决的教学问题及解决方法

（一）主要解决的教学问题

（1）如何保证公平公正。当前存在各类教育条块分割、教育市场与人力资源市场脱节、育人标准和用人标准不协调的问题，为了实现各级各类教育的沟通衔接，必须解决在共同尺度下的学分等值互认。

（2）如何实现可持续发展。学分银行可持续发展的关键是构建和创新体制机制。

（3）如何有效运行。学分银行是新生事物，急需研究解决有效运行问题。

（二）解决教学问题的方法

（1）构建学分银行运行的理论基础。率先提出资历框架是学分银行运行的制度基础和逻辑基础，明确学分银行实现资历成果的认定、积累与转换的本质要求是等值互认，其关键是要有共同尺度。

（2）创建政府主导、多部门协同的体制机制。建立省级层面的领导体制，省教育体制改革领导小组统筹领导、专家委员会咨询、管理委员会决策、省财政专项投入的领导体制和运行机制，实现可持续发展。

（3）首发广东资历框架。明晰资历成果的等级、资历类型及其相互之间的关系，明晰各等级标准，为各级各类教育沟通衔接提供了共同尺度和制度保障。

（4）建设信息系统。创新业务模型，建成国内首个基于资历框架，集管理、服务、协同功能于一体的学分银行信息系统，面向学习者和资历名册机构提供资

历成果认定与转换服务，支撑学分银行有效运行。（见图2）

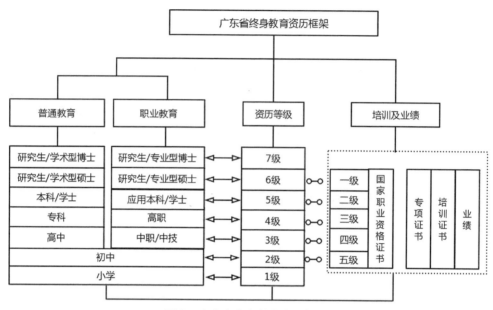

图2　广东省终身教育资历框架

三、成果的主要内容

（一）建构学分银行运行理论基础

本成果构建了学分银行运行的理论基础，明确了学分银行运行的核心机制是建立等值互认的共同尺度，因此，必须建立资历框架。通过资历框架，明确资历的等级、类型以及相互之间的关系，从而实现资历成果的认定与转换，实现各级各类教育的沟通和衔接。

（二）建立学分银行决策、咨询和执行机构

建立学分银行管理委员会、专家委员会和学分银行管理中心，作为学分银行的决策机构、咨询机构和执行机构。

（三）创新政府主导、多部门协同的体制机制

建立省教育体制改革领导小组统筹领导的领导体制、学分银行管理委员会决策的决策机制、省财政专项的投入机制以及"管、办、评"分离的质量保障机制，确保学分银行的顺利建设和运行。

（四）首发广东资历框架

按照"创建资历框架、实现不同资历成果的认定与转换"的理念，创建符合广东实际、初具特色的资历框架，明晰资历成果的等级、资历类型及其相互之间的关系，明晰各等级的标准，为学分银行运行奠定制度基础，为各级各类资历成果的认定与转换提供共同参照，为教育与人力资源市场搭建桥梁。（见表1）

表1 广东省终身教育资历框架等级标准

级别	知识	技能	能力
第1级	掌握工作或学习所需要的基本的常识性简单知识	具有完成简单任务的基本技能	能够在他人直接指导下完成简单的学习或工作任务
第2级	掌握工作或学习所需要的基础知识	具有应用相关信息和简单工具完成常规任务的基本技能	能够在他人的指导下在一定程度上自主地完成学习或工作任务
第3级	掌握某个工作或学习领域所需要的事实性和理论性知识	具有在某个工作或学习领域中，选择和应用相应的信息、工具和方法，解决具体问题和完成相应任务所需要的技能	能够在变化但可预测的环境中，基于工作或学习的指引进行自我管理，监督他人的常规工作，承担评价和改进或学习的有限职责
第4级	掌握某个工作或学习领域所需要的综合、专业、理论的知识，并了解知识应用的范围	具有创新性地解决抽象问题的综合的认知和实践技能	能够在不可预测的工作或学习环境中，履行管理和指导的职责，评估和改进自己和他人工作或学习的表现

续表1

级别	知识	技能	能力
第5级	掌握某个工作或学习领域所需要的高层次知识，对理论和原理进行批判性理解	具有在某个专业的工作或学习领域中，创新性地解决复杂和不可预测问题的高级技能	能够在不可预测的工作或学习环境中，管理复杂的技术或专业项目，承担管理个人和团队专业发展及做出决策的职责
第6级	掌握某个工作或学习领域中高度专业化知识，包括某些可作为原创思维或研究基础的前沿知识；对某个领域或交叉领域的知识形成批判性认识	具有在研究或创新中，为发展新知识、新工艺以及整合不同领域知识所需的专业化解决问题的技能	能够应对和改变复杂、不可预测、需要新策略方法的工作或学习环境，承担促进专业知识和实践发展或评估团队战略绩效的职责
第7级	掌握某个工作或学习领域以及交叉领域最先进的前沿知识	具有最先进的技能和方法，包括综合和评价，解决在研究或创新中的关键问题，扩展和重新定义已有知识和专业化实践	能够站在工作或学习（包括研究）的前沿，表现出高度的权威性、创新性、自主性、学术性和职业操守，能持续不断地形成新的理念和方法

（五）开展实践推广

依托信息管理平台，广东省为近59万学习者建立了终身学习账户，存入资历成果1256万个。开展资历成果认定与转换试点单位和专业包括：中高职衔接"三二分段"的11个学校的13个专业、中职与高职一体化人才培养试点7个中职学校的9个专业、现代学徒制2个专业、高职与本科衔接的4个专业。

（六）开发信息系统

根据资历成果认定与转换实践的需要，创新学分银行业务模式，开发了基于资历框架逻辑的信息系统，实现用户注册、成果提交、成果审核认定、审核结果查询、数据导入导出等功能，支撑终身学习账户建立、资历成果存储及资历成果认定与转换业务，为资历成果认定与转换提供信息技术支撑。同时，创新了国内首个基于资历框架的学分银行信息系统,为学分银行运行提供技术支撑。

四、成果创新点

(一)理论创新

率先提出资历框架是学分银行运行的制度基础和逻辑基础,明确了学分银行的功能是实现资历成果的认定、积累与转换,其本质要求是等值互认,关键点在于研制并确立共同尺度。

(二)体制机制创新

创新建立省教育体制领导小组统筹的领导体制、"六委厅两院六校"组成管委会集体决策的决策机制、专家委员会咨询的咨询机制、财政专项投入的经费保障机制,以及学分银行管理中心具体管理和运行的协同工作机制,有效地保障了多方协同推进学分银行建设,确保了工作的顺利开展。

(三)资历框架创新

广东省研制并由权威机构发布的地方标准《广东终身教育资历框架等级标准》填补了国内教育领域同类标准的空白,是中国大陆首个省级地方资历框架,成为广东学习型社会重要的基础性制度,为学分银行的运行奠定了制度基础,为各级各类资历成果认定与转换提供了参照,为教育和人才资源市场提供了沟通的桥梁。此资历框架的构建成为广东职业教育六大创新特色亮点之一,相关内容已写入《广东职业教育条例》。

五、成果推广应用成效

(一)面向广东,全面辐射

一是建立终身学习账户近59万,存入资历成果1256万,资历成果认定与转换制度的实施覆盖约10万人。

二是在广东开放大学与广州市财经职业学校等7个中职学校的中职与高职一体化人才培养试点的9个专业、广东理工职业学院与东莞市电子商贸学校等11

个学校的中高职衔接"三二分段"的13个专业中,开展中高职一体化资历成果认定与转换试点,依据资历成果认定与转换制度,学习者已有的课程、职业资格证书、技能竞赛、培训证书等资历成果均可认定为学分。

三是在高职与本科衔接中开展试点,在广东开放大学与高职院校的经济与金融、计算机科学与技术、土木工程、信息安全4个高职与本科衔接专业中开展资历成果认定与转换试点,学习者已有的国家职业资格证书、职业技能等级证书、培训证书、技能竞赛、非遗传承项目、职业经历、实习实践等资历成果均可认定和转换为学分。

四是在广东理工学院现代学徒制设立试点的市场营销、投资与理财2个专业中,开展了资历成果认定与转换试点,承认学习者已有的资历成果,打通学徒学历提升的通道。如投资与理财专业对"寿险职场"业务流程中"晨会早会""客服实战""团队拓展"等培训业务活动,与"职场课堂"体系"理论课程、技术课程和实践课程"等教学任务匹配,测算学分认证、转换对象、口径和比例,完成了7门技术技能课和5门岗位实践课程的认证和转换。

五是省教育厅发文推进高校学分认定和转换,可覆盖约300万学生。学历教育课程、在线课程学习证书、国家职业资格证书、职业技能等级证书、培训证书、技能竞赛、非遗传承项目、职业经历、实习实践、志愿服务、创新创业、科学研究、社会服务、文化传承、发明专利等资历成果均能计算为学分。

(二)学术影响广泛

一是成为了国家社会科学基金重点项目"国家资历框架研究"的重要成果。教育部学位与研究生教育发展中心委托项目组承担课题子项目"国家资历框架实践探索——以广东为例"的研究。二是本成果研究团队应邀在第26次广东省—新南威尔士州联合经济会议教育分论坛、构建终身学习立交桥和学分银行系统学术论坛、广东省教育研究联盟论坛等重要学术论坛上做了主题演讲,产生了广泛影响。

(三)获得广泛认可

一是获得了上级部门高度评价。国家质量技术监督局做出专题报道,称本研究项目"填补了我国教育领域的关于标准的空白。对教育教学改革起到重要推动作用"。教育部职成司和学位中心领导专程到广东调研,充分肯定了广东的做法。二是《广东省高等职业教育质量年报(2017年)》把首发国内第一个资历框架等级标准作为广东职业教育六大创新特色亮点之一。三是上海、江苏、云南和浙江等7省市教委（教育厅）和开放大学（电大）专程来广东学习交流。中国成人教育协会、国家开放大学和湖北广播电视大学等单位的领导和同行来校学习交流。四是香港资历架构秘书处、香港学术与职业评审局先后来粤洽谈两地资历框架对接，推动了粤港教育合作事宜。五是媒体广泛报道。例如，《南方日报》做整版报道，《中国质量报》等25家单位（媒体）官网进行了共28次报道。

（四）本成果写进《广东职业教育条例》

《广东省职业教育条例》第十五条明确规定"省人民政府教育行政部门应当建立和完善终身教育学分制度，通过学分积累、转移和互换，促进学历与非学历教育衔接连通、互通互认，推进非学历教育学习成果与职业技能等级学分转换互认，构建普通教育、职业教育以及业绩成果互认的终身教育资历框架体系"。

（五）应用前景广阔

一是省教育厅发文推进高校学分认定和转换，覆盖全省高校约300万学生；二是服务粤港澳大湾区教育合作，通过资历框架对接，为湾区资历互认和人才流动提供了制度基础，助力湾区教育合作；三是通过资历框架的国际对接，服务"一带一路"倡议和国际化发展战略。

（此项目获得2019年广东省教育教学成果奖一等奖，本文为项目总结报告的主要内容。）

"混合多元，学养结合"的老年教育模式探索与实践

广东开放大学（广东理工职业学院）

深圳一格信息服务有限公司

一、成果背景与形成过程

我国已进入人口老龄化社会。截至 2018 年年底，全国总人口 13.95 亿，60 岁以上老年人口已经达到 2.49 亿，占总人口的 17.9%；65 岁以上老年人口达 1.66 亿，占总人口的 11.94%（预计 2020 年 65 岁以上老年人口将达到 2.43 亿）。其中，广东省常住人口 11346 万人，65 岁以上老年人口 978 万人，占比 8.62%，略低于全国平均水平，主要是因为珠三角地区大量的年轻外来人口降低了老龄化比例。但是，广东省人口基数大，老龄人口规模大，全省有 65 岁以上老年人的家庭占家庭总数的 24.31%，也就是说每 4 个家庭就有 1 个家庭有 65 岁以上的老人。

近年来，随着我国经济社会的快速发展，城镇化、信息化、工业化社会的转型，人口结构的变迁，导致人口老龄化问题日渐凸显，整体呈现出老龄化、高龄化和空巢化的发展态势。未来 20 年，我国人口老龄化形势将更加严峻，"未富先老"的特征将会非常突出，对我国社会主义现代化进程产生全面而深远的影响。特别是老年人的精神文化和学习需求增长较快，发展老年教育的形势和任务更加紧迫，老年教育已经成为一个重大的教育问题乃至社会性问题。老年群体是社会和谐发展的重要因素，老年教育治理水平是衡量社会治理现代化水平的重要指标。老年教育作为终身教育体系中的必要组成部分，对构建完备的终身教育体系和建成学习型社会具有重要作用。开放大学是建设学习型社会的主要实施载体，

也承担着开展老年教育的办学使命与社会责任。

长期以来，广东开放大学肩负着推动全省学习型社会建设，构建终身教育体系的重任。2004年开办涉老专业，本团队在前期专业设置调研中，发现我省老年教育存在理念滞后、教育主体单一、内容过时、手段单一、资源供给不足、发展不平衡等问题。针对上述问题，本团队基于"健康老龄化"和"互联网+"理念，依托开放大学体系、信息技术和资源平台优势，探索混合多元的老年学习模式。本团队于2014年参加全国老年教育发展规划编制专题调研，负责起草调研总报告，通过进一步调研探索，于2015年1月形成了《"混合多元，学养结合"老年教育模式探索与实践方案》（以下简称为《方案》）。

《方案》基于"健康老龄化"和"互联网+"理念，依托开放大学体系、信息技术和资源平台优势，探索出混合多元的老年学习模式，满足老年人"老有所教、老有所学、老有所为、老有所乐"，实现老年人"人人皆学、时时能学、处处可学"。近年来，本成果团队深入贯彻《老年教育规划（2016—2020年）》和《广东省人民政府办公厅关于大力推动老年教育发展的实施意见》精神，借鉴国外和港澳台老年教育的先进理念和做法，深入开展了理论研究与实践探索，推动了方案内容不断完善，并取得了较突出的应用推广成效，受益面较广。

二、成果主要内容

（一）成果内容概述

"混合多元"。采取"线上线下"相结合，实现参与主体、课程内容、传播渠道、表现形式等多元化，保障老年人"人人皆学、时时能学、处处可学"。为服务老年人线上学习，建立起广东终身学习网，资源量达到6.63万学时。为满足特殊老年人居家学习需求，基于2015年立项的2个广东省教育体制综合改革项目"基于教育与培训融通的养老服务业人才培养研究与实践——基于广东的实践"和"广东省学习型城市建设的制度设计与实践探索——以穗中珠学习型城市圈构建为例"，联合中山大学与深圳一格信息服务公司、中山大学孙逸仙纪念医院开展校校合作、校企合作，共同开发了基于"互联网+居家学养"云服务平台，2016年获广东省应用型科技研发专项立项，政府资助经费300万元，企业投入资金8000万元。为满足老年学习资源供给，广东开放大学作为牵头单位，联合长沙民政职业技术学院等全国31家院校和相关企业，于2017年6月建成老年教育省级教学资源库，2018年7月成为职业教育国家级备选资源库。依托开放大学体系，50多家社区大学（学院、学校）发展老年教育，构建辐射全省城乡的老年教育网络；挂牌成立了广东老年大学、广东老年开放大学。本成果团队组织开展了优质老年教育资源进社区活动，受益面覆盖近百万老年人，如与省金融消费权益保护联合会、中国人民银行等合作开展金融教育进社区的活动，开发制作了相应老年教育课程；与省营养学会、省人民医院合作开展了膳食营养知识、老年养生知识进社区的活动；联合基层开放大学、社区大学和有关行业开展了自救互救知识进社区、非遗文化进社区、戏曲文化进社区、海洋知识进社区等活动。

以全纳教育理念开展"健康、快乐、时尚"的老年教育，实现了"学养结合，以课养心"的教学目标。利用本成果团队研制的"李秘书"智能终端盒子为老年人配备了学习、健康、生活、情感和安全5位"秘书"，可提供老年教育、健康评估、养生知识、预约挂号等66项有温度的服务，同时还可提供点课、点歌、点电影等延伸服务，推动了老年教育融入养老服务体系，丰富了居家老人的精神文化生活。

本研究成果实践4年以来，已有300多万老年人受益，涉老专业累计培养3000多名专业人才。从2016年起，本研究团队为省政府、省教育厅起草多个老年教育政策提供依据，成果获批教育部人文社科项目、省教育科研项目等多个老年教育科研项目。2018年，本研究成果获批老年教育省级社科研究平台。经开放大学体系、中国成人教育协会等单位的推广，本成果立足广东、辐射全国，推广价值高、受益面广。

（二）成果解决的主要教学问题

（1）老年教育主体单一、各自为政、教育规模受限制。现有老年教育办学主体单一，老年教育学习资源供给主体不足，以老年大学为代表的老年教育机构、民政部门等未形成多方协同合作，各自为政、组织松散、资源分散的现象仍存在。我国老年教育整体发展历史较短，总体办学规模偏小，各级各类老年教育机构基础办学条件较为薄弱，老年教育供给能力不强、质量不高，造成老年教育资源供给难以满足广大老年人日益增长的精神文化生活需求。

（2）老年教育教学资源缺乏、开放共享性不强、教学方式单一。目前，虽然各级各类老年教育机构已推出了一定数量针对老年学习者的学习资源，包括文本教材与学习资料、视频资源、网络课程资源等，但是，与其他教育类型的学习资源相比，仍存在整体数量偏少、种类局限、内容单调等问题，尤其是数字化资源缺乏，难以满足老年人因年龄经历、身体状况、文化层次、居住区域、经济状况、兴趣爱好等多元化学习需求。同时，老年教育存在学习类型、模式、路径单一等问题，不能适应老年人多样化、多路径、开放式、灵活性的学习需求，老年教育教学方法较少利用线上教学，很难达到老年人"人人皆学、时时能学、处处可学"的目标，特别是针对农村、外来、残障等特殊老年群体没有适用的老年教育教学方法。

（3）老年教育师资队伍数量不足、水平不高。目前，我国老年教育师资整体力量不足，从事老年教育的教师基本为兼职教师，老年教育机构普遍存在聘请教师困难、教师队伍不稳定、缺少社会名师的问题，尤其是针对老年学习者开设的艺术类、养生类等课程所需的师资更加匮乏。

（三）解决教学问题的方法

（1）利用广东开放大学体系办学优势和远程教育优势，创办了广东老年开放大学并形成了辐射城乡的老年教育网络，纵向贯通全省市县老年开放大学和社区教育办学资源，横向衔接企业、社会团体、社区服务中心等社会机构办学资源，充分利用学分银行打通不同层次学习成果的转换通道，扩大老年教育受众面，为老年人提供了便捷、可及的学习环境和学习资源。

（2）探索"线上线下混合教学"，增强教学内容的针对性和教学方法的灵活性，开发了居家养老健康智能云服务平台，解决了特殊老人接受教育的便捷性问题，在一定程度上实现了"学养结合"；建设优质老年数字化学习资源库，运用"多网融合"技术，使老年人可通过电脑、电视、移动设备等多终端学习，实现了多点互动直播教学，同时，开展了多种类型的老年教育活动，培养"健康老人、快乐老人、时尚老人"。

（3）开办涉老专业，培养老年教育专业人才；以学校师资为主，吸纳社会力量，建设了老年教育师资库；通过建立和共享社会教育讲师团队为各市县老年开放大学提供了师资。同时，组织社会工作（社区老年服务）、老年服务与管理等涉老专业学生参与老年教育社会服务，增强了老年教育的社会效益和经济效益。

三、成果的创新与特色

（一）通过方法创新，提高了老年教育优质资源的可及性

本项目邀请了名家名师，开发设计了太极拳、粤剧、旗袍文化、中医养生、中老年人健康知识、手机摄影与制作等具有特色的教学内容。通过"互联网＋居家学养"云服务平台，为居家老人提供了点歌、点课、电影等个性化学习活动。通过建设老年教育资源库，为老年人提供了一流的学习资源。

（二）通过平台创新，实现了老年教育泛在可选

依托"互联网＋居家学养"云服务平台、老年教育资源库、广东终身学习网等平台，汇聚国内外老年教育学习资源，以需求为导向，为老年人提供在线学习条件，丰富老年教育形式，让老年人可以居家学习。线下实体教学，开设艺术修养、身心健康及提升技能等课程，累计服务老年人达到 300 多万人次。此外，与行业协会合作，开展了老年金融消费、老年养生自救等资源进社区的活动。

（三）通过体系创新，扩大了老年教育的覆盖面

依托开放大学体系，已有 50 多家社区大学发展老年教育，构建了辐射全省城乡的老年教育网络，基本实现了老年教育城乡全覆盖，承担起全省开放大学体系老年教育的业务指导、教育示范、师资培训、资源开发、平台建设、理论研究、政策咨询和信息服务等工作。同时，引入其他社会机构，通过合作办学的形式建立了横向办学体系，面向老年人和养老服务从业人员开展了学历与非学历教育的新型老年大学，能够为老年群体提供"家门口"的老年教育服务。

四、成果的应用与推广

（一）输出模式，形成品牌

在全省开放大学体系推广应用本成果，如东莞开放大学建设"直播课堂"和"老年学堂"，线上线下互相融合，开展多种形式的老年教育活动，每年直接服务 1000 多人，辐射服务 5000 多人，其中"老年学堂"获 2018 年全国终身教

育品牌项目。肇庆开放大学将本成果模式结合当地实际，与企业开展"互联网+"老年教育进社区品牌活动，并承担了政府采购服务项目，制定了《肇庆市高新区老年教育方案》。江门开放大学将本成果模式本土化，依托江门终身学习网"邑学网"建设了老年网络学院。此外，"学养结合"模式还可延伸到旅游+老年教育、文化+老年教育、体育+老年教育等领域。

（二）办出成效，受众面广

依托省科技厅重大项目，本成果已申请发明专利 43 项、软件著作权 6 项，所研制的"李秘书"终端在全国各地广泛应用，如北京、上海、广州、深圳、武汉、长沙、成都、重庆、西安、太原、福州等城市，老年用户近 250 万，服务人次 2302 万人。本成果服务老年学习用户累计 300 多万人；开展优质老年学习资源进社区，受益近百万老年人；广东省终身学习网服务用户 60 多万人，老年教育教学资源库服务用户 1.5 万人；培养涉老专业人才 3000 余人，覆盖近百万老年人。

（三）领导关怀，政府肯定

近年来，时任省长朱小丹，省委常委黄宁生、叶贞琴等领导多次到广东开放大学进行调研，对我校开展老年教育工作给予充分肯定和高度赞扬；马兴瑞省长在我校办学 40 周年之际亲自批示，肯定了广东开放大学"以现代信息技术为支撑、以服务全民终身学习为宗旨，砥砺奋进、锐意改革"。在开放大学办学体系中推广"混合多元"老年教育模式，取得了较好成效，被省政府采纳，省政府印发的《关于大力推动老年教育发展的实施意见》中明确提出：支持各级广播电视大学和开放大学举办"老年开放大学"或"网上老年大学"。本成果研究团队主持了广东省老年教育相关政策文件的研制，并参与了教育部老年教育相关政策文件的研制，所提出的相关政策文件咨询建议均获得认可及采纳。

（四）社会认可，媒体关注

本成果研究团队在全国老年教育工作座谈会、老年教育"绿舟"高峰论坛、中国在线教育发展峰会等全国性老年教育会议上都做过专题报告，介绍本成果的应用经验。全国多个省、市开放大学（电视大学）多次到广东专题调研本成果的实践情况。本研究团队承办了甘肃、广西等省区的全省老年教育、社区教育工作者参与的社区教育、老年教育专题培训班。在广东省科技成果与产业对接会上介绍了本成果之一的居家养老健康智能云服务平台,获时任副省长袁宝成高度评价。"南方号"等主流媒体多次宣传报道本成果应用情况。

(五)学术研究,影响深广

本成果团队建立了全国开放大学体系首个省级老年教育社科研究基地。"基于教育与培训融通的养老服务业人才培养研究与实践——基于广东的实践""广东省学习型城市建设的制度设计与实践探索——以穗中珠学习型城市圈构建为例"2个项目获得省教育体制综合改革项目立项。"基于'互联网+社区居家养老监护'云服务平台研制与应用"获得省应用型科技研发专项立项。"改革开放以来我国老年教育政策变迁及执行成效研究"等2个项目获得省部级科研项目立项。本成果团队在省级以上学术刊物已发表论文10余篇。此外,广东开放大学还设立了广东远程开放教育基金项目和广东开放大学老年教育专项课题,近年来已资助老年教育相关科研课题近百项。

(此项目获得2019年广东省教育教学成果奖一等奖,本文为项目总结报告的主要内容。)

构建数量、质量、特色三维并举的广州老年教育公共服务供给体系研究与实践

广州市广播电视大学

本成果针对老年教育资源不足、入学机会不均等、教学效果不佳等问题,确立了"融入传统文化、体现岭南特色"的老年教育一流品牌的发展目标,拟定了"数量、质量、特色"三维并举的发展思路(见图1),构建了"市-区-街(镇)-居(村)"四级老年教育网络化办学系统,推动了老年教育均衡化、网络化发展,形成了三维并举构建广州老年教育公共服务供给体系的整体解决方案,包括发展实施方案、研究报告、教材、课件、论文、专著等。

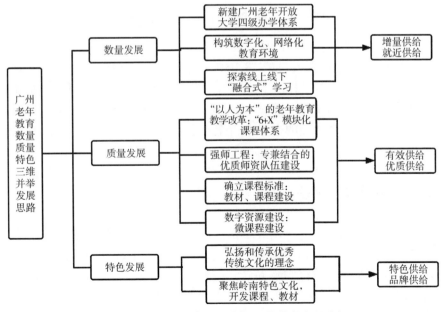

图1 "数量、质量、特色"三维并举发展路径

一、成果背景

（一）学习型社会建设的战略目标

党中央、国务院高度重视学习型社会建设。2010年，国务院发布了《国家中长期教育改革和发展规划纲要（2010—2020年）》，提出到2020年基本形成学习型社会的战略目标。在学习型社会建设的实践中，老年教育的重要性不断提升。2019年，中共中央、国务院印发了《中国教育现代化2035》，明确将发展城乡社区老年教育作为服务全民终身学习的现代教育体系建设的重要举措。

（二）人口老龄化问题与老年教育发展

在我国已经进入老龄化社会的背景下，党中央、国务院将发展老年教育作为应对人口老龄化问题的重要抓手。2016年，国务院办公厅印发了《老年教育发展规划2016—2020年》，使发展老年教育成为我国积极应对人口老龄化的基本战略。

（三）广州人口老龄化现状和老年教育发展目标

广州市的人口老龄化问题凸显。截至2017年，广州全市60岁以上老年户籍人口达161.85万，占户籍人口的18.03%；常住老年人口约200万。在此背景下，广州作为国家中心城市提出了高于国家规定的老年教育发展目标，具体要求是到2020年，50%以上的街（镇）建有老年学校，30%以上的居（村）建有学习点，经常性参与教育活动的老年人占全市老年人口的30%以上（国家规划目标为20%）。

二、成果形成及检验过程

2011年6月，国家教育体制改革试点项目"推进广州学习型社会建设"立项。2012年2月，经广州市政府常务会议审议，同意市教育局印发的《推进广州学习型社会建设试点项目实施方案》（穗教高教〔2012〕3号），明确了广州市广播电视大学（以下简称"广州电大"）为重要实施主体，开展包括老年教育在内的学习型社会建设，重点从更新理念、构建体制、改革机制、创新模式等方面开展了探索，初步形成了特色鲜明的广州学习型社会建设的框架模式和实践模式。该项目2014年度通过了广州市财政局绩效评价见（《广州市财政局关于市教育局财政支出项目自评报告的意见》（穗财绩〔2015〕75号））。同时，本成果依托该项目开展了创建老年教育供给服务体系的研究与实践。（见图2）

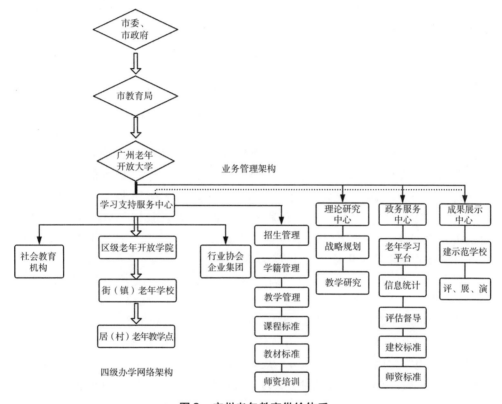

图2　广州老年教育供给体系

（一）成果形成期（2011年6月—2014年12月）

本成果团队依托国家教育体制改革试点项目已开展了三年多的研究，完成了《广州老年教育发展研究报告》，提出了广州老年教育存在供给数量不足、供给质量不高和供给特色不鲜明三大问题。在此基础上，本成果团队于2014年12月完成并印发了《广州终身教育供给体系建设方案（试行）》（以下简称《建设方案》）（穗电大远程教育处〔2014〕9号），明确了"数量、质量、特色"三维并举的发展思路；确定了三大实施路径：一是整合公办电大、行业企业和其他社会力量等多方教育资源，新建广州终身教育供给系统，实现老年教育增量供给和均衡发展；二是推动教学改革、课程、教材、资源建设，形成符合规律和适应需求的优质教育供给；三是聚焦粤剧、广彩、粤绣，开发微课、教材，形成岭南特色系列品牌。《建设方案》初步形成了"数量、质量、特色"三维并举构建广州老年教育公共服务供给体系的整体解决方案，成为标志性成果。

（二）成果实践检验期（2015年1月—2019年5月）

本成果的部分内容及政策建议已被政府采纳，作为《广州市推进老年教育发展实施方案（2018—2020年）》（穗教发〔2018〕25号）等广州老年教育供给体系建设政策文件的重要依据，获市财政专项资金支持（穗财编〔2019〕44号）。本成果先后在广州市天河、白云、南沙等区进行推广，取得了显著成效。建成了服务全市老年教育的国家开放大学（广州）老年开放大学（以下简称"广州老年开放大学"）及老年开放大学学院22所、街（镇）学校14所、居（村）教学点34个，建成"智能生活"等4个课程模块标准，开发教材25本、线下课程86门、线上11大类1466门微课程。通过课程班、大讲堂、线上线下直播课程等形式进行学习的老年学员累计高达约97万人次。

在实践检验阶段，本成果团队将研究继续深化，形成了《广州电大推进老年教育实施方案（2018—2020年）》（穗电大〔2017〕94号），明确了办好广州老年开放大学，推进广州老年教育发展的具体举措。本成果团队获批了国家开放大学重点课题——"以开放大学（电大）为依托的中心城市老年开放教育发展模式研究——以广州电大为例"，以及市教育局决策咨询课题——"广州老年教育发展与对策研究"。本研究成果和实践经验已成为广州老年教育走在全国前列的重要支撑。

三、成果主要解决的问题及解决问题的方法

（一）建设广州老年教育四级网络化办学体系，解决老年教育供给数量不足的问题

本成果团队经过研究发现，广州老年教育供给量不足和机会不均等的问题比较明显。老年教育"一位难求"的现象比较突出，供给对象偏重离退休干部。街（镇）、居（村）两级的基层老年教育学习网点比较缺乏。

相关部门采纳了本成果研究团队提出的合理建议,依托广州电大办学系统新建了广州老年开放大学,整合行业企业和社会力量等多方办学资源,建成了覆盖全市11区的"市(大学)-区(学院)-街(镇)(学校)-居(村)(教学点)"四级老年教育网络化办学系统。在办学实践中,将资源重点向街(镇)和居(村)倾斜,现有学院21所(各区至少1所)、街(镇)学校14所、居(村)学习点34个(见表1)。其中花都学院、南沙学院分别建成了5所街(镇)老年学校,率先完成了"50%的街(镇)建有老年学校"的建设目标。渠道下沉,有效增量供给,推动了广州老年教育均衡化发展。在办学上面向城乡各类老年人开放,打破了本外地户籍限制,取消了"干部身份"的入学门槛,有利于促进老年人接受教育的权利和机会均等。

表1 广州老年开放大学办学体系布点

学院 (21所)	天河学院、海珠学院、番禺学院、花都学院、增城学院、从化学院、黄埔学院、开发区学院、家庭服务学院、越秀轻工学院、广州港学院、南方人才市场学院、南沙学院、荔湾学院、天河东方学院、海珠琶洲学院、海珠滨江学院、白云中奥学院、白云定锐学院、白云金沙洲学院、白云丽影学院
学校 (14个)	天河区前进街道学校、天河区石牌街道学校、黄埔区红山街道学校、花都区花城街道学校、花都区秀全街学校、花都区新华街学校、花都区狮岭镇学校、花都区花山镇学校、南沙区万顷沙镇学校、南沙区黄阁镇学校、南沙区东涌镇学校、南沙区大岗镇学校、南沙区榄核镇学校、海珠区琶洲茶国荟学校
教学点 (34个)	花都区杏林社区教学点、花都区培英社区教学点、花都区桂花社区教学点、花都区四联村教学点、花都区雅宝社区教学点、南沙区南沙居委教学点、南沙区大塘村教学点、南沙区前进村教学点、南沙区同兴村教学点、南沙区榄核村教学点、南沙区大稳村教学点、南沙区新兴社区教学点、南沙区龙穴社区教学点、南沙区潭洲社区教学点、南沙区榄核镇榄核社区教学点、南沙区黄阁镇莲溪村老年教学点、南沙区东涌镇鱼窝头老年教学点、南沙区东涌镇小乌村老年教学点、南沙区东涌镇东涌村老年教学点、南沙区横沥镇新兴村老年教学点、南沙区横沥镇大元村老年教学点、南沙区平稳村老年教学点、南沙区黄阁社区居委老年教育点、南沙区大岗镇二湾社区居委老年教学点、南沙区大岗镇大岗村老年教学点、南沙区黄阁镇沙仔村老年教学点、南沙区东涌镇太石村老年教学点、南沙区凤凰社区老年教学点、南沙区横沥镇冯马一村老年教学点、南沙区东涌镇石排村老年教学点、南沙区榄核镇人民村老年教学点、南沙区榄核镇万安村老年教学点、南沙区横沥镇冯马三村老年教学点、南沙区上圫村教学点

（二）成果推动教学改革、课程、教材、资源建设，解决老年教育供给质量不高问题

本成果团队通过研究发现，广州老年教育的教学供给存在质量不高的问题，主要表现为类型单一、过度偏向休闲娱乐课程、课程结构缺乏体系和课程构建缺乏标准。

本团队推动有关部门以老年人学习特点和需求为基础，创建了"6+X"的课程模块化体系（"6"指6门必修专业课，"X"指多门选修课），包括课程标准、教材、微课程、数字化资源等内容。已建成"中老年保健与养生""声乐""智能生活""中国文学经典诵读"4个课程模块，开发教材25本，线下课程86门，线上11大类1466门微课程。每个模块课程还确定了两到三年的学制，修满学时可获得结业证书。模块课程除了该领域的专业知识外，还涵盖了心理健康、生命教育、隔代教育等各类通识课程，为老年学习者全面发展提供了较完整的知识结构。初步建成了符合老年教育规律和需求的结构化、体系化、规模化的老年教育课程资源，推动了广州老年教育内涵式发展，实现了优质教育资源供给。目前，广州电大老年教育"6+X"的课程模块化体系的探索在全国处于领先地位。

（三）成果打造融入传统文化、彰显岭南特色系列的老年教育品牌，解决老年教育供给特色不鲜明问题

本成果团队研究发现，老年教育课程资源供给存在同质化、特色不鲜明的问题。为此，本成果团队在开发通识性老年教育课程资源的同时，聚焦粤剧、广彩、广绣、榄雕、醒狮等岭南传统文化优质资源，开发了系列化微课程、教材等。目前，本成果团队已开发出了"广彩""广绣""榄雕""客家山歌"等课程，配套微课程181门、教材4套，形成了岭南特色系列的老年教育品牌。通过教育活动，充分发挥了老年人的人力资源优势，有利于传承和弘扬优秀传统文化。

四、成果的创新点

（一）理论创新

本成果团队借鉴2002年《老龄化马德里政治宣言》中提出的"充分的社会

参与"是积极老龄化的重要途径与思路，关注老年弱势群体参与学习的权利及老年人终身而全面的发展，将终身教育、积极老龄化、自我完善等理论应用到老年教育领域，并与广州老年教育实际结合，推动了老年教育从福利观向教育观的转变；将老年教育与社会参与理论相结合，形成了理论框架（见图3）：以各需求层次的教育活动支持老年人充分的社会参与，促进老年人全面发展，丰富和发展了老年教育的相关理论。

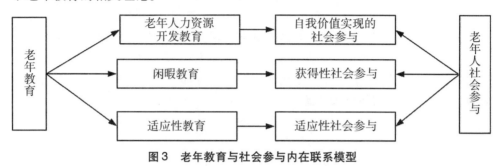

图3 老年教育与社会参与内在联系模型

（二）实践创新

本成果推动了运用市场运作机制，创新了以公办电大为主体、多元参与的四层级网络化办学系统建设。在建设中，政府对老年教育事业发展提供了政策及资金支持。广州电大发挥平台管理功能，规划用好政府专项资金，并引导运用市场机制，带动各类办学主体合力增加对老年教育的经费投入，此外，老年学习者也合理分担费用。广州电大下设各区公办分校系统，统揽广州市各区的老年教育组织、管理和实施，建设街（镇）、居（村）老年学习中心和站点，形成了覆盖全市、深入基层的老年教育供给网络。同时，广东省家庭服务业协会和广州港集团参与办学，有效增强了供给体系的活力，实现了从"公办电大"主体向"混合多元"主体、从"点状"供给到"网状"供给、从"单一政府"资源向"多元融合"资源的转变和增量的突破。2018年，老年教育培训增量达21.43万人次。

（三）方法创新

1. 将线下、线上平台建设相融合，创新办学系统管理方式

广州电大创建并管理的广州老年教育公共服务平台，是广州老年教育供给体系顶层战略设计的核心模块,依托广州电大服务全市老年教育,实现了"教、学、督、管、服"5个方面的功能。通过线下与线上载体的有机融合,为学习者、教学单位、政府主管部门等提供了"一站式"管理与服务。

2. 创新线下、线上载体相融合的"立体化"学习方式

线下学习方式:集大讲堂、课程班、游学、评展演为一体的教学载体。线上学习方式:以广州终身学习网(www.gzlll.cn)为基础,创建老年开放大学App、公众号、"学习地图"小程序,并结合触电直播技术等。学习平台注册老年学员累计达到2.5万人,触电直播课堂培训累计达到93.4万人次。《带好孙,教好孙——隔代教育好方法》《老年人学用智能手机》等部分教材还配套了数字化学习资源,实现了线上线下学习资源融合。(见图4)

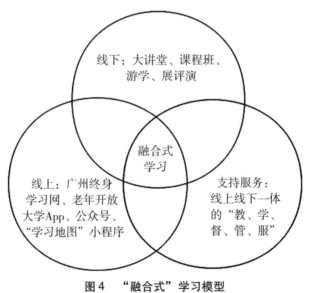

图4 "融合式"学习模型

五、成果的推广应用效果

(一)形成品牌

本成果团队依托国家教育体制改革试点项目,承担广州市学习型社会建设项目，开展老年教育研究，推动教学改革、课程、教材资源建设，形成了《广州老年开放大学办学准入及选点建设标准》（穗电大老教〔2018〕1号）、《广州老年开放大学系统管理办法》（穗电大老教〔2018〕2号），推动了教学改革、课程、教材资源建设，形成了"融入传统文化，彰显岭南特色"的广州老年教育公共服务供给体系品牌。目前，本成果团队已出版《学习型社会建设中的政府购买教育服务研究》等专著2部，公开发表论文20篇，其中核心期刊5篇。论文《社会参与理论下老年教育课程体系构建策略》获得中国老年大学协会表彰。"广州老年教育发展与对策研究"决策咨询课题获得市教育局立项，"以开放大学为依托的中心城市老年开放教育发展模式研究"获得国家开放大学"十三五"重点规划项目立项。

（二）惠及学员

广大老年学员参加学习和展演活动，获得感增强，有效地促进了和谐社会发展。根据对线下课程班和终身学习大讲堂老年学员的调查统计，学员整体满意度达97.75%，对课程设置满意率达98.01%，对教师授课质量满意率达97.55%，对教材满意率达96.58%。同时，有48幅书画摄影作品、20个文艺节目获表彰，学员摄影作品《兰花草》等获得全国社区教育摄影比赛优秀奖。

（三）政府采纳

本成果被政府采纳，成为制定《广州市推进老年教育发展实施方案（2018—2020年）》（穗教发〔2018〕25号）的重要依据。该方案明确了"扩大老年教育资源供给、丰富老年教育内容和形式、支持地方特色示范性老年教育学习体验基地建设"等举措，支持"广州电大举办'老年开放大学'，依托其分校网络，建设延伸至区、街（镇）、城乡社区的老年教育办学体系"，"依托广州电大积极开发整合远程老年教育多媒体课程资源，重点建设一批老年教育数字化精品学习资源"。广州电大的探索和实践取得了明显成效，市教育局在全市重要会议上充分肯定了广州电大已成为广州老年教育的重要支撑和担当主体。本成果团队在广州市2018年成人教育大会上做了《积极发展老年教育，构建广州终身教育体系》的专题报告，得到市教育局认可。广东电视台、《广州日报》等政府媒体对本成果进行了广泛报道。

（四）同行认可

本成果团队先后赴北京、福建等地介绍经验，并在各种重要会议上推广本成果。主要包括：2016年在联合国教科文组织全球学习型城市网络第一届成员大会上（杭州），代表广州市政府介绍运用"互联网＋教育"推动老年教育发展和学习型社会建设的经验；2017年在国家开放大学第二届非学历教育工作会上（厦门），以老年教育为主体内容做本成果推广；于2018年9月在国家开放大学首届全国老年教育教师高级研修班（北京）做了题为《时代、责任、担当——广州老年开放大学的实践与思考》的成果介绍；2018年在广州市成人教育大会上作成果推广。近年来，有来自福建、浙江、安徽、青岛、沈阳、成都等20多个省市320人专程前来我校交流学习。广州电大办学系统编写的教材《带好孙，教好孙——隔代教育好方法》，入选国家新闻出版广电总局和全国老龄工作委员会的优秀读物。

（此项目获得广东省2019年教育教学成果奖一等奖，本文是项目总结报告的主要内容。）

多方联动,资源整合:广州社区学院四级办学网络的构建与实践

广州社区学院(广州城市职业学院)
广州市番禺区社区分院(广州市番禺区工商职业技术学校)
广州市南沙区榄核镇社区学校(广州市南沙区榄核镇成人文化技术学校)

基于"社区教育网络是推进社区教育的组织支持系统,社区教育共享资源是推进社区教育的人力物力支持系统"的理念,广州社区学院从2009年5月成立以来,注重社区教育顶层设计,以推进广州学习型社会建设为己任,积极承担国家教育体制改革试点项目(编号04-119-174)中关于社区教育的改革试点工作,努力解决广州市社区教育实体网络不健全、共享资源不充分、推进机制运作不畅、本土特色不鲜明等问题。在研究和实践的基础上,2011年,我校起草制定了《推进广州学习型社会建设试点项目实施方案》(以下简称《实施方案》),提出了以广州社区学院系统为主体实施社区教育实体网络、资源开发、服务标准、评估体系以及指导社区教育活动的管理体制和运行机制。该方案实施7年以来,通过构建覆盖全市的社区教育"市—区—街(镇)—社区"四级办学网络,建立整合联动、购买服务、开放学习三大社区教育推进机制,创新职教社教联动发展、项目带动市场运作、文化引领特色三大社区教育运作模式,在实践运作层面和理论总结层面,均取得了可复制、可推广且富有特色的成果。

一、主要做法

(一)构建覆盖全市的社区教育网络

广州社区学院与全市11个区合作共建了社区教育分院,依托家庭综合服务中心、成人文化学校等教育文化机构,与越秀、番禺、白云、花都、黄埔、从化

等区的170多个街（镇）共同组建了社区分校，在基层社区设立了社区教学点，初步建成了覆盖全市的四级办学网络：广州社区学院（挂靠广州城职院）—区社区分院（挂靠区委党校、职业院校、少年宫、电大分校等）—街（镇）社区学校（挂靠文化站、社工服务站、乡镇成人学校等）—居（村）教学点。白云区共有640所教育机构参与了社区教育，番禺区、从化区、花都区分别有662所、168所、281所社区教育机构。

（二）制定社区教育机构运行制度

为了规范社区分院、分校和教学点的工作，保证各层次的老年教育机构有效运行，广州社区学院制定了分院、分校及教学点运行制度、学生（学员）管理规定、学籍管理制度、教学质量管理、师资队伍建设等一系列制度。同时，各社区分院还成立了由政府部门、学校、企业、社区等各方代表组成的理事会，制定了理事会章程，以确保社区教育办学系统的健康发展。

（三）严格社区分校和教学点准入标准

为了加强规范化、标准化建设，广州社区学院对办学指导思想、独立法人资格、管理结构和人员、办学经费、办学场地、专兼职教师队伍、教学设施设备、办学规模等提出了明确要求，以确保分校、教学点的建设规范、运作高效。

（四）组建专兼结合的社区教育队伍

通过整合各类学校、培训机构、社工组织等的人员，广州社区学院挖掘辖区内各类人才，组建了专兼结合的高素质社区教育工作队伍。仅白云区经整合就拥有社区专兼职人员和志愿者2000余人。为了规范队伍建设，广州社区学院制定了社区教育工作者专业能力标准、管理制度等，开展了系列专项培训。市教育局还依托我校成立了广州市社区教育工作者继续教育培训基地。

（五）共建共享社区教育课程资源

由我校牵头，整合高职院校、社区教育机构、社工组织等力量，开发出道德法制、职业技能、文化素养、生活休闲四大系列社区教育课程，共246门，并引进了100多门优质视频课程。为了做好课程开发工作，我校制定了课程建设标准、课程开发技术规范和管理办法。根据社区居民的学习需求，由政府、教学机构与社区三方共同开发与评价课程，初步形成了"社区本位—需求导向—动态生成"的社区教育课程开发模式。

（六）开发共享学习平台和社教资源库

我校建立了广州社区学院网站，开发了网上社教公共学习平台，建立了网络选课的"社区教育课程超市"，向全体市民开放。在学习目标设计、方向引导、过程管理、活动参与以及成果激励等环节，为学习者提供了一体化服务，同时整合了各方资源，建成了"就业创业""国学养成""卫生保健""食品安全"等26个资源库，实现了资源库与社区教育网站及平台的无缝对接。

（七）开展社区教育特色活动

各级社区教育机构结合自身特色开展各项特色活动，主要包括：专家学者主讲的"社区大讲堂"；志愿者提供的"学雷锋"系列服务；"释疑难解困惑"的专项咨询；看粤剧赏歌舞的"文化大餐"；依托政府部门组织的"读书活动月"；社区居民开展的"文明家庭"创建活动；少年儿童的"小鬼当家"教育活动；青少年群体的"心与心沟通"活动；女性群体的"关爱育龄妇女"活动；老年群体的"长者书院""长者乐团"活动；依托广州城市职业学院各专业资源开展法律、商贸、英语、计算机、旅游、食品营养与安全、汽车维修知识"进社区"系列活动；南沙区开展了"水乡文化""麒麟文化""星海文化""妈祖文化"活动；越秀区开展了"一街一品牌"广府文化活动；番禺区开展了"传承广绣技艺"活动；沙湾镇开展了"南国奇葩—沙湾飘色"活动。

二、教学成果的创新点

（一）建立了社区教育运作三大机制

一是整合联动机制。通过权限规定和制度约束，将社区教育各行为主体联系在一起，为共同目标协同行动，实现资源能效最大化、最优化。市编办批准在我校设立具有社区教育推进领导、协调权限的广州社区教育服务指导中心；市政府制定了实施方案，明确了推进责任主体、分管责任和具体任务，理顺了管理体制；我校依市府和市局授权，在实体网络构建、教育资源开发、教育活动指导方面，履行对各社区教育行为主体的整合与协调职责；我校成立了社区教育专家咨询委员会，把相关政府部门、试点区领导、专家学者、各界代表联系起来，发挥参谋、决策作用；在区、街（镇）组建由主要领导牵头、相关部门、社区和企事业单位参与的社区教育委员会，实现各部门、单位的整合联动；与全市 11 个区合作共建社区分院，整合各区各类教育资源；依托"家庭综合服务中心"等将各种社会组织联系起来，增强了社区教育服务力量。

二是购买服务机制。由财政出资，以政府部门等为主体，通过招投标方式选择教育服务提供者，为社区民众提供了专业化的教育服务。我校在购买服务活动运作中发挥咨询、中介、辅导、评估等支持作用。例如，将《实施方案》下达的总任务细化为构建教育网络、开展教育活动等具体任务，制定购买服务指南，明确购买服务目标；严格制定招投标程序和制度，严格开展经费管理，完善购买服务办法；扩大购买客体范围，将各类教育科研机构、家庭综合服务中心等都作为竞标客体对象，通过公平竞争选择最佳社教服务提供者；制定明晰的验收标准，强化项目评审、中期检查、结题验收等环节的考核评价，确保购买的服务达到预期效果。再如，白云区金沙、嘉禾等社区在购买服务前都确定了具体的"购买服务标的"；白云区恒福社区原本是区供销联社的下属组织，经过公平竞争，承接了京溪、金沙、永平等 8 个社区的教育服务工作。

三是开放学习机制。通过创建无障碍学习资源平台，运用多样化学习激励办法，鼓励、支持社区民众自主学习。例如，指导在越秀、海珠、黄埔等区开设社区图书馆；开通学院社区教育网，自我开发及多方引进各类课程 2000 多门，建成 26 个学习资源库，搭建起可自主选课的电子学习资源平台；探索建立"学分银行""课程超市"制度，开展"志愿时""免费养老时""学习币"实践试点，建立学习成果认可制度；有步骤、有重点地开展居民信息技术培训，普及手机、移动电脑等学习技术，提高居民的自主学习能力。

（二）创新了社区教育运作三种模式

一是职教社教联动发展模式，即正规教育与非正规教育互动互促融合发展。我校组织了由学院 25 名博士、247 名硕士、150 余名高职称教师组成的教师队伍，带领上万名学生投身于社区教育；开展了多层次、多类型、多样化社区教育活动，服务民众超过百万人次；利用学院人才、课程资源为社区开发了三大系列 200 余门课程，建立了多个网上资源库；在普遍建立学习型社区的基础上，打造了国学特色社区、岭南文化社区等特色创意社区。同时，学院也借社区教育走出了校门，拓宽了办学视野；教师在参与社教过程中，更新了教育观念；学生在服务社区社会实践中，进一步端正了世界观、人生观、价值观。

二是项目带动市场运作模式,即行政运作与市场运作结合。2012年,我校接到"试点项目"推进任务后,尝试引进市场运作机制,将总任务分解为10个方面细化后发标招标,在370余人次中推进了50个子项目、建设了69门课程;进一步总结经验后,完善了发标竞标规则,向社区、兄弟院校开放"竞标市场",审定了131个子项目并予以立项。在对子项目进行整合、审验后,将项目完成情况与总任务进行比对研究,针对重点难点问题,确定了10个"重要项目",向更广范围发布了招标信息,吸引多方专业团队参与竞标,最终圆满完成了"试点项目"。该模式调动了社会各方的精干力量,降低了成本,提高了实效。

三是文化引领特色创建模式,即以特定文化为导引,定向创建特色学习型社区。该模式的运作进程是"凝练特色文化—引领创建活动—养成特色文化—达致创建目标"。例如,我校创建国学特色社区的实践具体包括:①以国学带头人为骨干,邀请相关领导、专家组成国学教育专家咨询委员会,指导协调国学特色社区创建工作;②从优秀传统文化中提炼出以"仁为核、义为尚、礼为要、智为重、信为本、孝为先、和为贵"为中心内容的价值观,作为总体引导;③在荔湾、越秀等区选择传统文化积淀相对丰厚的街道、小区、学校、博物馆等,整合资源建立基地;④在选定社区以传统文化为主体,运用国学元素,营造国学文化氛围;⑤在选定社区讲解国学经典、导读蒙童读本、领诵语录诗词,教授传统技艺;⑥举办"国学活动日""国学读书会",开展粤曲表演、岭南剪纸等活动;⑦选择热心又有一定特长的居民,定向提高其文化素养,培养其成为书画会、茶艺会、国乐会、粤曲会等小组的骨干。

三、成效与推广

(一)通过本成果的实施推动,广州社区教育成效显著

全市11个区都被评为广东省社区教育实验区,其中,越秀区和番禺区被评为全国社区教育示范区,海珠区和黄埔区被评为全国社区教育实验区;广州市每年划拨专项经费支持社区学院发展;广州市每年参加社区教育活动人次数超过1000万人次,越来越多的居民通过家门口的社区学院、社区学校或村(社区)教学点获得更多的学习机会,社区居民参与率、认可度和满意度都达到广东省社区教育实验区评估标准。我校自主开发了《中老年膳食营养与健康》等社区教育课程共246门,服务人数近10万人次;培训专职社区教育工作者4200多人次;打造了具有广

州特色的"街坊学堂"等社区教育品牌项目84项。《人民日报》以"探路广州社区教育：终身学习就在家门口"为题，报道了广州的社区教育特色。

（二）社区教育成果得到了政府的肯定

教育部职成司领导认为我校"在职业院校服务社区教育工作中走在了全国前列"，委托我校起草了《教育部关于职业院校服务社区教育工作的指导意见》；广东省社工委将我校"社区教育"项目确定为省社会创新试点项目；受广东省教育厅委托，协助完成了广州市花都、增城、白云、从化、天河、南沙等区以及韶关、东莞等市的广东省社区教育实验区调研检查工作。广州市政府委托我校承担广州市社区教育服务指导中心和广州市社区教育工作者培训基地的工作；广州市教育局委托我校起草《关于推进我市社区教育网络建设的意见》、撰写《广州市社区教育发展报告》等。

（三）通过著作、论文、报告等形式，辐射同行，在全国产生了积极影响

目前，我校编著出版的《创新社区教育发展推动学习型社会建设》一书已印刷两次，我校还编辑出版了《广州市社区教育发展蓝皮书》（2013—2014年）和《广州市社区教育发展蓝皮书》（2015—2016年），公开发表了社区教育论文20篇，并定期编辑印发《广州社区教育》。我校的社区教育研究成果备受关注，由吴盛雄、陈乃林等撰写的《我国社区教育研究40年（1978—2017年）状况与反思》一文认为，我校社区教育文献产出量全国排名第3；四川师范大学卢德生等撰写的《我国社区教育研究十年（2006—2015年）现状与反思》一文认为，我校社区教育文献产出量排名第2，仅次于华东师范大学。知名专家陈乃林、叶忠海、朱涛分别以学院为案例，在《职教论坛》等权威期刊发表论文推广我校办学经验。

我校应邀在全国社区教育资源建设推进会、全国成人教育科研机构工作委员会年会和省市相关会议上介绍经验；当选为全国成人教育科研机构工作委员会副理事长、全国社区教育专业委员会常务理事、广东省社区教育专业委员会副理事长单位。我校与华南师范大学共建成人教育学研究生培养基地。北京市教科院、广东省开放大学等省内外20多家单位前来我校学习交流。《人民日报》《光明日报》《南方日报》《羊城晚报》《信息时报》等多家新闻媒体报道了我校社区教育的成果。

（此项目获得2019年广东省教育教学成果奖一等奖，本文是项目总结报告的主要内容。）

基于"五同促五感"教学理念的来穗老年人融入教育的探索与实践

广州市番禺区广播电视大学

2010年11月,广州市广播电视大学(以下简称"广州电大")立足国家教育体制改革全局,紧密结合学校实际,以《推进广州学习型社会建设》国家教育体制改革试点项目为契机,积极承担了广州老年教育发展的主要职责,成为推动区域老年教育发展的重要主体。

广州市番禺区广播电视大学(以下简称"番禺电大")作为广州电大系统的成员和建设学习型番禺的主力军,积极启动以老年教育为抓手的学习型社会理论和实践研究工作。为了满足老年人的精神文化和学习需求,进一步推进广州学习型社会的良性发展,推动广州老年教育的持续健康发展,番禺电大展开基于"五同促五感"教学理念的来穗老年人融入教育的探索与实践。

一、成果产生的背景与意义

近年来,广州实施更加积极主动的开放战略,"漂"在广州的既有年轻人,也有不少老年人。来穗老年人初到广州,往往会出现语言不通、缺乏科学育儿方法、法律意识不强、对本地文化了解不足以及受孤独感和焦虑感困扰等实际问题。因此,针对来穗老年人开展融入教育是一项重要的任务,对于积极应对人口老龄化,推动老年教育持续健康发展,维护社会和谐稳定具有重要意义。

广州市政府计划用两年时间将番禺区创建为"广州市来穗人员服务管理示范区"。示范区的建设,标志着融合计划进入实操层面,也是高层次融合开始的重要标志之一。番禺区广播电视大学承担了来穗人员融合行动计划中融入教育的相关工作,针对来穗老年人融入教育可及性不强、教学内容缺乏针对性和适用性、课程资源不够系统化等问题,提出了"五同促五感"教学理念,建立全方位的来穗老年人融入教育课程体系，促进来穗老年人的获得感、价值感、安全感、归属感和幸福感普遍提升，进一步提高了来穗老年人的社会参与程度。

二、成果研究的基础

（一）理论研究基础

"五同促五感"教学理念是构建来穗老年人融入教育体系的理论出发点（见图1），将来穗老年人作为目标群体，形成了以"粤讲粤好""隔代教育""护老有法""岭南文化大讲堂""幸福课堂"等课程为核心的课程体系，从促进来穗老年人语言趋同、价值认同、制度认同、文化认同和心理认同入手，建立基于现代信息技术的来穗老年人融入教育O2O（线上—线下）教学模式，提升来穗老年人的获得感、价值感、安全感、归属感和幸福感，促进来穗老年人深度融入广州社会。

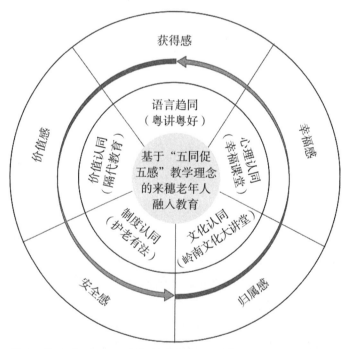

图1 基于"五同促五感"教学理念的来穗老年人融入教育体系

(二) 实践基础

老年教育的研究，国内外已形成了不少成功的教育教学理念和实践范例，但关于老年人群融入教育体系的构建尚处于空白状态。

广州是国家中心城市，来穗人员数量较多，其中来穗老年人的比例逐年上升。2011—2013年，项目组聚焦于来穗老年人这一特殊群体，分析将其融入广州的必要性和可行性，提出了项目的基本原则和总体目标。2014—2015年，项目组面对来穗老年人语言不通、缺乏科学育儿方法、法律意识不强、对本地文化了解不足以及饱受孤独感和焦虑感困扰等实际问题，以"粤讲粤好""隔代教育""护老有法""岭南文化大讲堂""幸福课堂"等培训课程为切入点，确立了"五同促五感"的教学理念（五同：语言趋同、价值认同、制度认同、文化认同、心理认同；五感：获得感、价值感、安全感、归属感、幸福感）。2016年，番禺电大出台《基于"五同促五感"教学理念的来穗老年人融入教育实施方案》，推动本成果进入深化实践阶段。

三、成果实践情况

(一) "粤讲粤好"——形成语言趋同

2016年6月，来自番禺区教育局、番禺区来穗局、番禺电大、广东人民出版社、暨南大学汉语方言研究中心、番禺社区教育学校等单位的代表100余人参加了"粤讲粤好"——粤语公益培训项目启动仪式。"粤讲粤好"以番禺社区教育系统的学校为培训基地，在全区范围内开展粤语公益培训。在番禺电大开设多个课程班的同时，"粤讲粤好"项目在来穗老年人群较为密集的街（镇）、社区实行"送教上门"，采取面授学习＋自主学习的模式，充分利用数字化资源和全媒体的优势，为老年学习者提供了全新的学习体验。截至2017年，参加粤语面授学习的老年学员达3200多人次，微信群内老年学员960多人，通过"触电新闻"App观看直播的学员达16万人次（其中来穗中老年人群占大多数），"粤讲粤好"微信公众号内数字化学习资源的使用量持续上升。2018年，"粤讲粤好"课程采取分层教学的模式，由原来单一的"一刀切"班级转变为"基础班"和"提高班"并存的班级模式。老年学员之前反映的"跟不上""太简单"等问题得到一定程度的解决。同时，授课教师根据不同学员的情况自定步调、因材施教，实施个性化教学。

（二）"隔代教育"——建立价值认同

2016年9月，针对当前老年教育师资欠缺、课程不足的问题，本项目组以常见的家庭问题——隔代教育为切入点，开展了"带好孙，教好孙——隔代教育好方法"培训项目。隔代教育系列课程以案例教学为主，向老年学员传递科学的育儿理念，推广正确的隔代教育观念和知识，发挥祖辈育儿优势，对促进孩子的健康成长和家庭的和睦相处有着重要的意义。2017年年初，为改善老年教育课程资源供给短缺的状况，我校组织开发了隔代教育系列教材，推动番禺区老年教育课程的规范化发展。2017年10月，《带好孙，教好孙——隔代教育好方法》教材入选国家新闻出版广电总局和全国老龄委办公室联合向全国老年人推荐的优秀读物（全国共45本）。截至2018年，以番禺电大、街（镇）社区学校、社区（居村）学习室为基地，项目组在全区共开办超过20场"隔代教育"讲座，规模达到2000人以上；同时结合教材内容，建设并整合了一批隔代教育的数字化资源，包括20个配套的教学视频，通过番禺终身学习网、番禺社区教育微信公众号、《番禺日报》、番禺电台、番禺电视台和番禺网等媒体进行传播，形成了立体式的推广，产生了较大的社会效益。

（三）"护老有法"——增强制度认同

关注老年人的权益保护，通过分析现实中涉老典型案例，解读相关法律条文，增强了老年人的法律意识和应对各种侵权的能力，提升了老年人的生活质量。从2017年开始，番禺电大法学专业教师联合专业律师团队开展老年教育之"我的权利我做主"系列教材和微课的设计与制作工作；同时，进行"护老有法"系列课程的设计和规划，包括线上与线下的教学组织宣传。例如，组成微信学习群；代表律师、社区辅导员参加互助团队；定期发送法律资讯；回复老年学员提出的各种法律问题。培训内容主要围绕"财产侵权"和"人身侵权"两大部分展开，通过教学让老年学员们提高维权意识，并教会学员如何预防上当受骗。2018—2019年，"护老有法"老年课程班开班，专业律师团队授课，老年学员按季度报名，一个季度可享受共16次课，每次课两个小时。课程根据来穗老年人的身心特点，结合现行法律法规，从人身、财产、婚姻、子女等角度结合社会热点问题为老年人讲授专业法律知识，提供了专业法律服务平台，完善了有针对性的法律援助，帮助老年学员解决了生活中遇到的各种法律疑难问题，得到来穗老年群体的一致好评。

（四）"岭南文化大讲堂"——培育文化认同

为了促进来穗老年群体进一步融入广州，番禺电大以岭南文化为桥梁，通过公益大讲堂的讲座，增强了老年学员的归属感和自豪感。被誉为中国四大名瓷之一的广彩是南粤传统文化的璀璨明珠，为使来穗老年居民领略广彩的魅力，番禺电大携手广彩非物质文化遗产传承人开设了广彩系列讲座。老年学员们获取了独特的艺术体验，领略了岭南非物质文化遗产文化的魅力。广绣是一门以广州为中心的珠江三角洲民间刺绣工艺，跻身于"中国四大名绣"，以构图饱满、肌理细腻、色彩浓艳、装饰性强见长。番禺电大通过开办广绣特色课程，使来穗老年群体有机会欣赏广绣佳作，体验广绣针法，参加广绣研学等活动，引领老年学员体悟岭南传统工艺之美。

（五）"幸福课堂"——实现心理认同

按照国务院办公厅《老年教育发展规划（2016—2020年）》中的相关要求，应该高度重视老年群体的情感和心理需求，番禺电大从积极心理学的角度，鼓励老年人结交朋友、投身于社区活动、减少老年人的孤独感，并且构建了综合体验学习型的"幸福课堂"项目。以提升社区老年群体的生活质量为目标，通过丰富的课程设计促进老年人的身心健康，引导学员形成社区学习共同体，鼓励老年人再次积极参与家庭教育和社会活动，服务奉献社会，重现自身价值，同时增强自身的幸福感。通过该项目的实践，构建了一个可行的社区体验学习、幸福养老的实践模式，开发出了具有一定应用价值的课程资源，通过做好老年学员的教育服务，让老年学员获得良好的学习体验。实践课堂结束后，管理人员进一步完善了社区学习共同体的跟踪工作，为社区老年群体搭建长期交流的学习平台，并引导他们进入服务社会的志愿者行列。本成果探索了老年群体幸福感教育的问题，创新了提升老年人幸福感的综合型体验学习的路径。

四、成果主要解决的教学问题及解决教学问题的方法

（1）本成果解决了来穗老年人融入教育的教学内容缺乏针对性和适用性的问题。它根据来穗老年人的身心特点和实际需求，考量来穗老年人群与在穗户籍人群之间在语言、价值、制度、文化、心理等方面的差异，设计开发了"粤讲粤

好""隔代教育""护老有法""岭南文化大讲堂""幸福课堂"等目标明确、富有成效的培训课程。

（2）本成果弥补了来穗老年人融入教育的可及性不强的问题。充分开发了线上线下学习资源，构建了来穗老年人融入教育O2O（线上—线下）新型教学模式，实现了学习准备、学习环境、学习支持以及学习评价等方面的融合，有效扩展了教学时空，让来穗老年人处于时时能学、处处可学的便利环境之中，从而进一步提升了教学效果。

（3）本成果解决了来穗老年人融入教育的课程资源系统化程度不高的问题。从来穗老年人语言趋同、价值认同、制度认同、文化认同、心理认同这五个方面着手，以"认同"促进"感受"，建立规范的来穗老年人融入教育课程体系。课程目标明确，课程资源针对性强，促进来穗老年人全方位深度融入广州。

五、成果的创新点

（1）创建了全方位的来穗老年人融入教育课程体系，是全国老年教育领域的首创。本成果基于现存问题，结合我校实际，通过建立专业化、个性化、优质化的来穗老年人融入教育课程体系，促进来穗老年人对广州社会的语言、价值、制度、文化、心理等多方面认同，从而实现综合素质的提升，进而打破融入广州的屏障。番禺电大主持编写并正式出版的两本老年教育教材，发行量达到7000册。其中，《带好孙，教好孙——隔代教育好方法》教材入选国家新闻出版广电总局和全国老龄委办公室联合向全国老年人推荐的优秀读物。

（2）创立了基于现代信息技术的来穗老年人融入教育O2O（线上—线下）教学模式，在全国处于前列。充分利用计算机技术和网络技术，在开设多个面授培训班的同时，App和微信公众号及时发布学习资源，微信学习群随时交流互动，直播平台同步播放课堂实况，来穗老年人可以通过线上线下多种方式进行学习巩固，形成泛在学习的氛围。据统计，参与线下课程的来穗老年人达到50人/课时以上，线上同步直播惠及2万~3万人/场，其中大部分参与者是老年人。

（3）创新了来穗老年人融入教育分类分层的教学方式，为老年教育开辟了有效路径。鉴于来穗老年人多种多样的学习需求，项目组设置了包括粤语、隔代教育、法律等丰富多彩的课程，让来穗老年人根据自己的兴趣和需求进行自主选择，实行分类教学。因为来穗老年人现有学习基础差异较大，根据来穗老年人已有学习水平分设基础班和提高班，做到因材施教，实施分层教学。

六、成果的推广应用效果

(一) 实际效果

在广州市范围内开展教学活动140多场,同时借助"全民终身学习活动周"等推广活动,持续扩大影响力。参与面授课程的来穗老年人总数达到5600人次,其中72%的来穗老年人全程参与了五类课程。根据教学满意度调查结果,来穗老年人对课程表示非常满意的比例达到96%,在此过程中,老年学员们的获得感、价值感、安全感、归属感、幸福感程度较之前提升了88%,并表示愿意更多地参与社会公益事业和志愿服务活动。

(二) 政府肯定

2015—2018年的番禺区政府年度工作报告多次提及番禺电大社区教育(老年教育)的成果。在番禺区政协第十四届第三次会议上,《广州市番禺区多种主体参与推动老年教育的探索与研究》的提案得到正式立案。同年,该提案参与广州市"献一策"活动,得到市政府高度重视。2017年,番禺电大被评为番禺区社区教育先进单位。"粤讲粤好——粤语培训"获番禺区"终身学习活动品牌"、广州数字化社区学习三星精品项目;2018年,《带好孙,教好孙——隔代教育好方法》获番禺区"终身学习活动品牌"。

(三) 同行辐射

本成果引起同行的广泛关注和积极反响。合肥电大、无锡开放大学、天河电大、花都电大、增城电大等10多所市内外电大专程来我校学习和借鉴成果经验。本成果团队连续两年在"中国社区教育数字化资源论坛"上进行成果汇报,获得广泛认可。

(四) 学术认可

本成果团队在省级以上学术刊物发表论文共8篇,单篇论文下载量达到800次以上;完成校区级课题6项,并顺利结题。

(五) 社会评价

本成果受到主流媒体的广泛关注。番禺终身学习网、番禺社区教育微信公众号、《番禺日报》、番禺电台、番禺电视台和番禺网等媒体对番禺电大老年教育工作进行了专题报道。

(此项目获得2019年广东省教育教学成果奖二等奖,本文为项目总结报告的主要内容。)

广州"四化双网"
社区终身教育模式的构建与实践

广州市广播电视大学

一、成果概况

党的十八大以来，国家高度重视"完善终身教育体系、建设学习型社会"的战略意义。我校根据教育部、省、市统一部署，承担了国家教育综合体制改革试点项目"推进广州学习型社会建设"（数字化学习），提出了"建家门口的大学""学习在你身边"的理念，2011年6月获得了教育部"终身学习公共服务平台模式研究及示范应用"广州子项目立项，2014年12月完成了项目研究报告，并出台了建设广州学习型社会（数字化）、职工教育网、中小学教师继续教育网等一系列实施方案，整合资源，建立了"天网"应用集群。

实践"四化双网"（以数字化、标准化、专业化、品牌化的理念，打造"天网+地网"体系）社区终身教育模式，以"互联网+"理念重塑终身学习新形态，构建"教育超市型"协同供给智能枢纽，建立智慧、泛在、多元学习支持服务机制，面向全市社区居民、职工、专业人员开展终身教育，满足了国家中心城市大规模、差异化、个性化的优质学习需求。

至2019年，天网集群8个平台注册用户超过58万人；汇聚资源508.2 TB，课程数超过1.2万门；整合建立"地网"，即广播电视大学（以下简称"电大"）60所分校、24个社区数字化学习中心和13个企业职工服务站；形成教材、著作、论文等68部（篇）。"天网"集群网页学习访问总量超过6000万，"地网"培训参与人数超过74万人。

二、"四化双网"社区终身教育模式的形成

(一) 设计理念

"四化双网"社区终身教育模式,即以数字化、标准化、专业化、品牌化的理念打造"天网+地网"体系,以"互联网+"理念重塑终身学习新形态,建立学习支持服务多元保障机制,服务广大市民终身学习。

(1) 以"数字化"的技术构建"时时能学"的天网体系。"时时能学"的天网体系指的是应用先进的数字化技术,构建数字化学习应用集群的软件基础设施和资源环境,包括基础网络运营环境、海量数字化学习资源、优质数字化教育项目以及数字化教务教学管理系统、综合门户运营管理平台。社会各级各类的教育受众可以通过搭建的天网体系,突破时空限制,获取所需的数字化教育资源和服务。

(2) 以"标准化"的理念铺设"处处可学"的地网终端。"处处可学"的地网终端指的是在公众聚集点(如社区、大型企业)建设落地式数字化网络学习环境。地网终端以标准配置建设在学习者身边,为学习者提供体验、咨询、服务、应用的数字化网络教育。地网终端作为一种便民的数字化学习环境,也为数字化终身教育产品服务推广提供延伸渠道。采取整合社会各类优质教育资源的高集成化建设模式,包括整合政府行业、企业、各类教育机构现有的场地和设施等硬件资源以及课程和项目等软教育资源,建设标准配置的数字化学习示范中心,又称为数字化教育超市。建成的数字化教育超市有3种类型:一是与政府行业、社区街道合作,建设扎根生活社区、面向社区居民的社区数字化教育超市;二是与企业合作,建设扎根生产企业、面向企业职工的企业数字化教育超市;三是与高校合作,建设扎根高校园区、面向高等教育群体的高校数字化教育超市。

(3) 以"专业化"的服务支撑"优质资源"的规模应用。优质的数字化教育产品和环境需要通过"专业化"的数字化教育服务给予支撑、推广和应用。数字化学习应用集群结合教育受众对教育产品的需求、选购、应用及认证,以先进的技术和教育手段提供优质服务,为教育受众提供良好的数字化终身教育体验,从而促进数字化学习应用集群海量、优质资源在区域范围内的规模化应用。

(4) 以"品牌化"的策略营造"人人皆学"的社会氛围。优质教育的发展通常经过3个阶段:标准化、特色化和品牌化。广州数字化学习应用集群致力于

将自身打造为区域范围内产品丰富、服务全面、平台先进的数字化学习公共服务体系品牌,通过紧抓品牌质量、突出品牌特色、加强品牌宣传和推广,成为人人熟知、人人可用的区域数字化学习公共服务大平台,营造出社会范围内"人人皆学"的良好学习氛围,让终身学习成为一种社区大众文化。

(二) 存在的问题及解决方法

(1) 基于"互联网+"理念,构建"双网"社区终身教育体系,解决了原社区终身教育体系无法承载和满足千万级人口城市大规模全民学习需求的问题。应用先进的数字化技术,可以构建公共服务平台软硬件基础设施,整合海量教育资源,为教育受众提供零门槛、突破时空限制的数字化教学,即建设"天网";依托电大系统深入社区的优势,在社区和企业按统一标准建设实体数字学习中心,以教育超市的形式开展"连锁经营",帮助广大市民,特别是弱势群体学习者高效享受数字化学习的福利和便捷路径,即建设"地网"。"天网"和"地网"相互补充,有效结合,实现了社区终身教育的无缝覆盖,使泛在学习平台成为市民"家门口的大学"。

(2) 基于智慧教育理念,构建了丰富、智能、精准的教学体系,解决了原社区终身教育体系无法满足人群差异化、多元化、个性化学习需求的问题。以教育受众的需求为导向,分群分类宏观规划面向不同受众群体的数字化学习社区:企业职工的学历提升和技能培训;专业技术人员的继续教育和知识更新;社区老年人的丰富生活和健康文娱等。细化社区学习内容,提供多元的学习机制,支持移动端、PC端、有线电视网络等多终端学习。建立多元化、成体系、分类别、持续更新的优质教育资源库,构建智能化的学情调研和评价体系,对特定群体进行需求画像,研制了支持自主选择和智能推荐的"淘宝式"课程超市,多元、高效、智能、精准地推送个性化教学内容,实现了"学习就在你身边"。

三、创新点

(一) 以数字化、标准化、专业化、品牌化的"四化"理念实施社区教育

基于泛在学习理论,深入分析社区教育的特点,本成果团队创新性提出了"四化"理念指导教学及服务;以数字化技术打造智慧化的社区终身教育体系,

铺设构建"时时处处"的天网体系和地网终端，遵循标准化理念开展建设和服务；进一步探索出大数据、智能测评、移动互联等新技术持续迭代创新应用于数字化集群，为教育受众创设智慧化的学习环境；结合教育受众对教育产品的需求、选购、应用以及认证，以先进的技术和教育手段提供了优质化和专业化的教学支持服务体系，为教育受众提供了良好的数字化终身学习体验，支撑海量优质资源的规模化应用；打造区域教育产品丰富、服务全面、平台先进的数字化教育公共体系系列品牌，以品牌化推广策略营造"人人皆学"的终身学习生态体系。表1为数字化应用集群的平台信息。

表1 数字化应用集群的平台

应用名称	网址	服务人群
广州终身学习网	http://www.gzlll.cn	广州市全体市民
广东职工教育网	http://www.gdzgjy.com	广东省企事业单位
广州职工教育网	http://www.zhigongjiaoyu.com/	广州市企事业单位
求学圆梦网	http://gzdd.ouchgzee.com/login	企业职工和农民工提供学历与技能全面提升服务
全网络课程平台	http://ys.gzedu.com/psktt/	开放教育学习者
普适课程学习网	http://www.gzteacher.com	广州市全体市民
广州市中小学教师继续教育网	http://southteacher.com/	广州市全体中小学教师
南方教师在线	http://southteacher.com/	华南区域中小学教师
广州市工会干部培训网络学院	http://www.zyjyee.com	广州市工会干部

（二）以"教育超市型"智能枢纽协同供给教育资源

本成果团队通过对社区终身教育系统进行宏观设计和微观运行指导，以适合的教育项目为抓手，组建了数字化学习应用集群，整合优质教育资源，融合形成以系统（system）、软件（software）、资源（resource）、渠道（channel）、客户（service）为基础架构，以教学（teaching）为纽带，凝聚合作伙伴（partner）的"互联网+"大平台，构建了政府主导、电大教学支持、企业技术服务、社区学习中心落地的协同供给"SSRCS+T+P"长效机制，形成了终身教育共同体，并借鉴"淘宝"先进理念,搭建起联结教育提供方和教育受众的智能枢纽,实现了海量教育资源的高效汇聚、重组分配和精准推送。

本成果建有成熟的远程教育网络环境和硬件系统支撑平台和系统服务;具有完备的教育和管理软件平台体系、软件服务;具备高质、高效、规模的资源生成能力和资源服务;开拓机关、企业、社区、家庭多个教育服务领域,学习渠道服务;提供了完善的学习者学习支持服务设施、学习支持服务;具备了开展规模数字化教学服务的能力、数字化教学服务;整合社会多方资源,共同实践了数字化教育公共服务,与合作伙伴共建共享数字化平台。

四、成果的推广应用效果

(一) 建设应用

本成果团队整合建成广州终身学习网、广州职工教育网等8个平台的集群,汇聚资源508.2 TB,建设12000门网络课程,纸质教材6部;在电大60所分校基础上新建24个社区数字化学习中心和13个企业职工服务站,注册用户超过58万人次,"天网"集群网页学习访问总量超过6000万,"地网"培训参与人数达74万人次。广州市中小学教师近15万人实名注册,2017年,学习参与率已超过98.8%,结业率98.0%,年培训量108万人次,课程满意率普遍在90%以上,满足了市民对各层次学历与非学历的学习需求。

(二) 典型案例

近年来,广州数字化学习应用集群先后在多个行业领域开拓创新数字化教育应用,引领了广州学习型社会建设。

1. 案例1:人人皆学、时时能学、处处可学——全民终身学习教育

广州数字化学习应用集群全面支撑覆盖广州市各行业开展百万级的数字化学习应用。"广州终身学习网"以广州为中心,面向珠三角地区,服务于广州2000多万市民学习者,致力于打造广东省社区终身学习模式。

2. 案例2:精英引领、辐射大众——政府行业数字化教育

广州数字化学习应用集群致力于区域范围内为公职人员的终身学习和行业继

续教育提供数字化教育和教育公共支持服务，率先开展了中小学教师、公务员、专业技术人员数字化继续教育，并以此为核心带动了旅游从业人员、普法人员、工会干部、部队官兵等各类人群数字化教育的开展，营造了以"精英引领、辐射大众"的终身学习氛围。其中"广州市中小学教师继续教育网"累计实现 300 多万人次选课、培训和学分登记，参训率达到 98%，实现年培训超过 108 万人次。

3. 案例 3：发展老年教育，点亮老年生活新篇章——老年教育项目

大力发展老龄服务事业和产业已成为每个城市开放大学的重要发展方向。我校近年启动了老年教育培训项目，从课程设置、师资选择、上课地点等各方面做了全面的安排，深受老年学员的欢迎。

（三）成果辐射全国

本成果团队注重成果提炼总结和新理论、新技术的引入，形成编著 4 部，论文 58 篇。教师培训创建了"南方教师在线"平台，实现了对江西等八省市的教师培训，每年达到 30 万人次。职工教育形成具有特色的"广州模式"，2018 年，教育部、全国总工会以"求学圆梦行动"向全国推广我校开展职工教育经验。

（四）政府认可

2011 年 12 月 24 日，在教育部主办的 2011 年继续教育数字化学习资源共享与服务成果展览会上，时任国务委员刘延东亲临我校数字化学习成果展区，对广州市在构建终身教育体系和建设学习型社会进程中的引领示范作用予以赞赏，寄语广州学员"好好学习，上好网校"！2011 年 8 月 17 日，教育部示范司司长许涛表示：你们开展的广州教师培训工作在全国具有引领示范作用。

"广州职工教育网"被中华全国总工会于 2011 年 12 月授予"全国职工教育培训优秀示范点"，获赞职工教育"广州模式"，继而推广形成"广东职工教育网"及"中国职工教育网"，并上升为全国性的"求学圆梦行动"，获各级各类培训资质，并于 2012 年入选教育部"中小学教师国家级培训计划"。

（五）权威媒体深度报道

2016 年 11 月，人民网、《工人日报》深度报道基于"广州职工教育网"的职工"求学圆梦行动"教学成果。《中国教育报》报道我校实施广州市 15 万中小学教师信息素养培训,称赞"开启广州模式,累累硕果"。

2018年12月,"2018年南都教育联盟教育年会暨广东教育创新十大优秀案例致敬分享会"中,我校参与申报的成果荣获"广东教育创新十大优秀案例"。

(六)专家高度认可

在全国性交流大会中国远程教育学术圆桌论坛上,与会专家高度评价本成果,教育部专家中央电大副校长严冰赞其为"广州模式",在国内"是先行者、引领者"。2016年7月,国家教育咨询委员会委员郝克明鼓励我校"广州要当好排头兵,更好为当地经济社会发展和学习型社会服务"。

(此项目获得2019年广东省教育教学成果奖二等奖,本文为项目总结报告的主要内容。)

"街坊学堂"社区教育品牌建设的实践与探索

广州市越秀区社区教育学院一院

一、成果背景与基础

越秀区是广州市中心城区,历史文化底蕴深厚,基础教育优势显著,是广东省教育强区。越秀区社区教育起步于20世纪80年代,发展于20世纪90年代,2009年依托区委党校成立越秀区社区教育学院一院,统筹全区18岁以上社区居民的社区教育工作,在社区教育开展和推广的过程中面临着主体单一、师资力量缺乏、内容形式单一、宣传力度不足、社会辐射效应和影响力不够等问题。

自2013年3月起,越秀区社区教育学院一院开展社区教育品牌——街坊学堂的创建活动。"街坊学堂"品牌建设是以越秀区社区教育学院一院为主要实施主体,围绕我区的中心工作和任务,以践行社会主义核心价值观,全面提升社区居民综合素质和道德水平为核心理念,整合区域内、外优质教育资源,开发适合我区社区教育发展的社区教育课程。"街坊学堂"课程的开发和推广,进一步激发和满足了广大居民参与终身学习的需求,提升了社区文明程度和居民文化素养,深化了具有越秀特色的学习型社区、学习型企业和学习型家庭建设,促进了社区居民的自由全面发展,有助于推动文明幸福社区建设再上新台阶。

二、成果主要内容

(一)发挥政府在社区教育中的主导作用,构建有效的管理体制和运行机制

越秀区在区委党校的基础上,建立了越秀区社区教育学院一院,将18岁以

上社区居民的社区教育工作纳入区委党校的工作职责，通过干部教育与社区教育双轮驱动，构建起有效的"政府统筹领导、教育部门主管、有关部门配合、社会积极支持、社区自主活动、群众广泛参与"的社区教育管理运行机制。社区教育学院一院在区委、区政府的大力支持下，充分依托其区内行政资源链接上的优势，进一步完善了社区教育三级工作网络，以区社区教育学院一院为龙头，街道分院为支撑，居委社区学校为阵地，形成了社区教育三级工作网络，在组织建设层面对"街坊学堂"这一越秀特色社区教育品牌建设提供了强力的机制保障。

（二）整合利用区域优质社区教育资源，打造具有本土地域特色的社区教育载体

"街坊学堂"源于社区居民，服务于社区居民，其鲜明的特色是坚持街坊文化的草根性和本土性，形成具有浓郁越秀特色的社区教育课程，是区别于其他社区教育品牌的特质。一方面，通过区社区教育学院一院的统筹指导，提升了"街坊学堂"课程内容的多样性和本土化，不断提升社区教育特色课程开发的层次和水平；另一方面，将各街道分院原有的社区教育品牌整合起来，形成了点面结合、重点突出、覆盖面广的"街坊学堂"社区教育课程开发体系。

首先，发挥街道分院的工作积极性，指导其树立地域特色社区教育品牌。近年来，各街道分院根据辖区居民的特点和需要，积极开展居民乐于参与的社区教育与文体活动，形成了具有浓厚地域特色的精品课程，打造出了"一街一品牌"。如大东街道分院为加强外来人员的教育管理，开展了外来工融入社区的"金雁学校"等社区教育特色品牌系列活动，坚持教育长抓不懈，被广东省社会治安综合治理工作现场会评为全省优秀榜样。大塘街道分院利用辖区红色史迹资源开展的特色教育，打造了"红色讲堂"、社区国学院课堂、秉正文化广场等社区教育基地。

其次，积极培优推优，提高"街坊学堂"优秀社区教育课程的知名度。区社区教育学院一院结合课题的研究，推出了一系列有地域特色、人群特色和项目特色的课程。以幸福、低碳、智慧为主题，推出了"广府文化知多少""身边的法律知识""礼仪知识""四时养生保健""冬病夏治三伏灸""低碳生活三字经""垃圾分类生活更美好"。"净化网络环境""电脑基本知识"等课程受到了社区居民的欢迎。我校每年还在"街坊学堂"的推广过程中，选取优质的特色课程申报全国社区教育特色课程，以提高越秀区社区教育课程的知名度。光塔街道分院的"粤语讲古"和珠光街道分院的"广东音乐"两门特色课程已成功获

得"全国优秀特色课程"称号。特色课程"广府文化知多少，文化自觉行多远"入选首批广州市优秀人文社会科学讲座，荣获广州市社区教育优秀课程一等奖。"粤剧文化""开心学汉语""做一名知礼行礼守礼的好市民""弟子规与我的责任"荣获广州市社区教育优秀课程二等奖。"低碳生活——从我做起""社区安全知识""合唱"荣获广州市社区教育优秀课程三等奖。"华城之夏社区夏令营特色课程"荣获广州市社区教育优秀课程优秀奖。

此外，在推广社区教育课程的同时，我校根据越秀区中心工作要求，结合社区居民学习需要，组织科研力量编写了具有越秀特色的社区教育课程教材，并在广大社区居民中宣讲推广。近年我校共编印了《低碳生活三字经》《传承文明共享幸福——名人谈工作、教子和健康》《越秀十美》《越秀博物馆文化概览》《根深叶茂独秀南粤》《社区安全知识读本》《儒林芳草：广州书院史话》《网络文明知识手册》等14套21册社区教育读本，并在"街坊学堂"中开设了相关课程，在18个社区教育分院开展宣讲活动，有助于推进市民终身学习理念的树立和学习型城区、学习型家庭的建设。

（三）建设体验式学习基地，创新社区教育学习形式

越秀区社区教育通过优化社区资源，积极建设集学习教育、议事协商、社会组织培育等多功能于一体的社区教育体验式学习基地，把体验式学习与课堂学习相结合，使街坊学堂逐渐成为居民协商共治、共同学习成长、培育社会主义核心价值观的主阵地之一，已成为越秀区社区教育发展的新模式。积极探索区域特色教育开展途径和方法，充分利用区内爱国主义教育基地、历史文化古迹、廉洁教育基地、自然人文景观等设施，在原有开放和服务的基础上，建设社区教育体验式学习基地。通过各基地，我校经常性地开展街坊学堂讲座、师生进社区、老街坊游广府学习圈等社区教育活动。目前，我校一共建设了以下8个学习基地：万木草堂、区委党校党史廉政教育馆、越秀区食品药品真假鉴别与宣传教育基地、北京街都府社区广府文化会馆、珠光街八旗博物馆、黄花岗街军事科普微型博物馆、白云街广府本草博物馆和珠光街左邻右里居民体验式活动中心。体验式学习基地已逐渐成为居民共同学习成长、协商共治、建设品质社区、培育社会主义核心价值观的主阵地之一。

（四）内引外联，深入链接，构建越秀特色社区教育师资库

社区教育学院一院通过内引外联，不断深化拓展，整合了越秀区丰富的教育

资源，构建优质的具有越秀特色的社区教育师资库。

首先，加强与辖内集团单位横向联系，形成资源共享共建。各街道分院与辖区相关机关团体单位结成社区教育共建关系。积极与社会教育机构合作，推动政府主导与社会参与相结合，利用"外脑"专业师资力量进行课程开发。例如，农林街道分院定期聘请中山大学北校区的专家教授，在"街坊学堂"中增设疾病预防、中老年人保健、生殖健康知识等专题培训讲座；聘请辖区内老干部、老战士、老专家、老教师、老模范为社区青少年开展青少年心理辅导专题讲座，不断丰富课程内容。农林街道分院与中大星城职业计算机培训学校合作，建立农林地区计算机培训中心，在教学设备、师资力量、教学计划等方面展开合作，并利用社区劳动保障服务中心等提供的用人求职信息为学员提供长期培训，形成了"培训、考核、就业"一条龙特色服务。

其次，重视社区教育的师资队伍建设，构建越秀特色社区教育师资库。越秀区社区教育学院一院在推进"街坊学堂"品牌建设过程中，非常注重社区教育师资队伍建设，提升社区教育专干的职业素质与业务能力，不断完善越秀特色社区教育师资库。社区教育学院一院每年定期举办业务技能培训班，通过培训学习，部分社区教育专干已经迈向讲台，成为社区教育师资队伍中的新成员。

最后，在特色课程开发过程中，将授课效果好、受社区居民欢迎的授课老师聘为客座讲师，同时，吸纳热心社区公益事业、有一定专长的人员进入社区教育志愿者队伍。例如，大东街道分院以40名教师为主体，建设社区教育讲师团；华乐街道分院挂牌"中山大学继续教育培训基地"。从2016年起，我校每年都与广州市城市职业学院合作，征集到"街坊学堂"授课的老师。4年来已组建包括40名老师的城市职业学院讲师团。如今越秀区已初步形成了一支以专职人员为骨干、以志愿者为主体的学科门类较为齐全的社区教育师资队伍，极大地拓展了特色课程开发主体范围。

（五）加强品牌宣传力度，扩大品牌社会辐射效应和影响力

区社区教育学院一院在推广"街坊学堂"社区教育品牌过程中，对品牌进行形象设计，创作品牌之歌，并运用网络网站、微信新媒体等多种媒体传播介质，提升了品牌的社会影响力和美誉度。

一是凝聚"街坊学堂"品牌的精神内核。统一设计具有广府文化显著特色的标志，与区委宣传部合作创作"街坊学堂"主题曲，对提升"街坊学堂"品牌的鉴别度和美誉度起到了非常重要的作用。二是引入新媒体，开通"街坊学

堂"微信公众号。"街坊学堂"微信公众平台是区社区教育学院一院借助微信向广大社区居民提供社区教育信息发布、微课程学习、学习社区建设服务的一个社区教育公众化平台。这既是区社区教育学院一院积极贯彻实施"互联网+"战略，助力社区居民实现终身学习的重要举措，也是构建我区新型社区教育数字化教学平台的一项重要内容。目前，"街坊学堂"微信公众平台有街坊学堂、学习基地和学习社区等三大板块共九大部分的内容，有力地促进了越秀区社区教育数字化教学平台建设，满足了广大社区居民方便获取社区教育信息和课程的需求。三是借助政府部门的社会公信力，与有关部门合作对"街坊学堂"品牌进行宣传推广。从2014年11月至2017年12月，我校与区委宣传部、区文明办合作开办街坊文明公开课"街坊学堂"，打造了面向社会公众的公益性学习交流平台，扩大"街坊学堂"的社会辐射效应和影响力。

三、成效与推广

我校充分运用教材、文献、档案、音乐和视像等生动形式，结合近年来广府文化研究成果，开发出具有本土文化特色且内涵细分的广府文化系列课程和教材，向社区居民推广广府文化，具有创新意义和示范作用。其中，具有本土特色的特色课程"粤语讲古"和"广东音乐"荣获全国优秀特色社区教育课程。"广府文化知多少，文化自觉行多远"入选首批广州市优秀人文社会科学讲座，荣获广州市社区教育优秀课程一等奖。"粤剧文化"和"开心学汉语"获得优秀课程二等奖。《广府文化知多少》《儒林芳草：广府书院史话》《闲话南粤先贤》等一批具有广府特色的教材已正式出版推广，提高了广府文化的影响力。

经过6年多的实践，"街坊学堂"形成了较强的品牌价值，社会居民满意度和社会影响力都有了较大提升。"街坊学堂"每年共开展各类培训活动约200次，参加人数超过20万人次，社区教育覆盖面不断扩大，社区居民的参与度也不断提高，有效地推动了社区教育的深入发展。2014年1月，越秀区被教育部评定为"全国社区教育示范区"。辖区内北京街、黄花岗街、大东街、流花街和大塘街共5条街道被评为全国社区教育示范街道，大塘街被评为全国社区教育学习型街道。本成果先后共有10项课程获得全国、省、市的优秀课程，共编印出版14套社区教育教材。立项相关课题研究8项，并获得了广州市社区教育优秀案例一等奖、广东省社区教育优秀案例优秀奖。

本成果对解决社区教育的实际教学问题具有较强的实践指导价值，在全国范围得到了推广应用。近年,广州市黄埔区和南沙区、湖南省常德市、福建省福州市鼓楼区、北京市丰台区和延庆区等社区学院先后到我区"街坊学堂"体验式学习基地参观体验与调研交流,扩大了本成果的影响力。

(此项目获得2019年广东省教育教学成果奖二等奖,本文为项目总结报告的主要内容。)

岭南文化融入社区教育的探索与实践

广州社区学院（广州城市职业学院）
越秀区社区教育学院一院
番禺区社区教育中心

一、成果简介

岭南文化是中华优秀传统文化的重要组成部分，积淀着岭南人民的精神追求和物质成果，是当地社会和经济发展的重要源泉。把优秀岭南文化教育融入社区教育是办好继续教育、加快建设学习型社会、大力提高国民素质的重要内容。党的十九大提出，"完善公共文化服务体系，深入实施文化惠民工程，丰富群众性文化活动，深入挖掘中华优秀传统文化蕴含的思想观念、人文精神、道德规范，结合时代要求继承创新，让中华文化展现出永久魅力和时代风采"，充分挖掘开发和利用具有当代价值和世界意义的岭南文化并将其融入社区教育，创建社区教育的岭南文化特色，对推进当地社会治理、经济发展和文化繁荣，具有重要的意义，也是推动粤港澳大湾区建设的重要举措。

针对社区教育缺乏特色、缺乏有效抓手和实施路径、缺乏吸引力和影响力、缺乏运作和保障机制等问题，本成果团队提出将时代先进文化与地域特色文化紧密结合，以岭南特色文化环境增强社区教育吸引力和凝聚力，开展以文化引领的社区教育，制订发展规划、工作方案、工作指引和制度，创建社区教育机构、师资库、教材、体验基地，创建地域文化特色的社区教育品牌，使岭南文化成为社区教育的重要载体。

2009年，广州城市职业学院经广州市政府批准加挂"广州社区学院"校名，确立了推进社区教育的主体地位。2011年，我校承担"试点工程"，开始探索先进文化与地域特色文化结合融入社区教育理念，与越秀区社区教育学院一院、番禺区社区教育中心共同探索完成本成果，于2012年进入实践与检验期。2015年，我校发表的《提升公民素质，创建学习城市，构筑"幸福广州"——推进广州学习型社会建设（社区教育）试点项目结题报告》，总结了岭南文化（特别是广府文化）融入社区教育的方向。

经过9年的实践探索，本成果团队创建了具有岭南文化特色的社区教育课程24门（包括广府文化、客家文化、潮汕文化），编写出版了教材17本；创新了教学模式和运用机制，建设了体验式学习基地7个，培育建设了社区学习共同体一批（特色品牌4个），创建了数字化学习平台网站、微信公众号，开发上传了微视频、网络课程和推文，完成了课题4项，发表了论文5篇。

本成果受益社区居民约210万人次，提升了社区居民综合文化素质，打造出一批具有岭南本土文化特色的社区教育品牌。例如，"街坊学堂""一街一品牌""一社区一特色""本色番禺"等，成为广州市建设学习型城市可推广的经验，越秀区与番禺区均被评为"全国社区教育示范区"，为全国社区教育的品牌建设提供了重要支撑。

二、成果主要解决的教学问题及解决教学问题的方法

（1）针对社区教育缺乏特色的问题，本成果扎根本土、面向时代，立足社会主义核心价值观，提出将时代先进文化与地域特色文化紧密结合，以岭南特色文化增强社区教育的吸引力和凝聚力。

（2）针对社区教育内容缺乏教学体系的问题，教学方式缺乏吸引力和实效性的问题，本成果构建了以"广府文化、客家文化、潮汕文化"为教学内容的课程体系，采用"理论讲授""生活体验""生活实践"的教学方式。

社区教育富有地域特色并有创造性，但因没有现成规范，内容不一。本成果构建了以岭南文化的"广府文化、客家文化、潮汕文化"为教学内容，以岭南文化内涵、先贤、史话、文学、古迹、工艺、民俗和音乐等居民喜闻乐见的内容开发课程体系，组织编写和出版了系列课程的全部教材和读物，采用课程讲授、体验式学习基地、文化系列活动相结合的教育方式，定期上课与培训相结合、理论与实践相结合、课堂与休闲相结合、知识与娱乐相结合，既符合社区居民的学习规律，又能实现文化素质教育的"教—学—养—用"一体化的目标。

（3）针对社区教育缺乏切实可行的运作和保障机制的问题，本成果建立了"制度—机构—师资—教材"多元保障体系。

本成果制订了社区教育发展规划、工作方案、工作制度和课程指南,番禺区社区教育中心制定《广州市番禺区社区教育工作指引》,为岭南文化融入社区教育的运行和保障机制提供了规范化依据;创建了师资库、教材、岭南文化体验式学习基地,整合了公共岭南文化古迹与教育场所,为岭南文化融入社区教育落地提供有力保障。网站、微信等信息化媒体的运用,为社区居民了解信息和学习提供了保障。

三、成果的创新点

(一) 创建岭南文化融入社区教育理念、特色课程体系与系列教材

本成果提出了岭南文化融入社区教育理念,以优秀传统文化引领特色社区育人模式。创建了岭南文化特色课程24门,并构建了教学课程体系:总论(广府文化探秘、客家文化探秘、潮汕文化探秘);思想与宗教文化(岭南先贤、越秀宗教文化);教育文化(广州书院史话);景观文化(越秀十美、越秀博物馆文化);文学艺术(广府文化、广东音乐、广东粤剧、广东曲艺、粤曲、广绣、广彩);民俗文化(广东点心、广东灯谜、粤语讲古)。其中,"粤语讲古""广东音乐培训"被评为全国社区教育特色课程。

本成果创建了与课程对应的岭南文化特色教材17本(正式出版6本)。其中,番禺区特色教材《雁过留声》《余音绕梁》获得华东地区科技出版社优秀科技图书二等奖。

(二) 创新岭南文化融入社区教育的模式和机制

(1) 本成果采用了理论讲授—基地体验—系列活动相结合的教学方式。

(2) 本成果整合公共资源,创建了学习体验基地;培育了特色社区学习共同体,打造品牌,发挥引领效应,建立了自主、互助、长效可持续发展机制;创建了岭南文化学习体验基地,如广府文化会馆、本色文化及民间工艺体验馆;培育并打造了特色社区学习共同体品牌,如广府音乐学堂、广府本草健康学堂。带动了居民自主、互助和长期学习。

(3) 本成果创建了信息化教学平台,建立了网站、微信公众号,用以发布岭南文化微视频、网络课程和教学信息,居民可实时随地学习。

(三) 创立岭南文化特色社区教育品牌

越秀区以打造 18 街道"一街一品牌""一社区一特色"为目标展开社区教育，打造了 35 个特色精品社区，如珠光街以广府音乐为特色，北京街以广府庙会节庆为特色，洪桥街以客家山歌为特色，创立了"街坊学堂""本色番禺"两大岭南文化特色社区教育品牌。

四、成果的推广应用效果

(一) 育人成效

本成果的社区居民受益面广，能够提升社区居民文化素质和幸福感。参与岭南文化活动的社区居民约 210 万人次。仅 2018 年度，越秀区共开展培训活动 240 次，参加人数达到 28 万人次，发放宣传书籍 8600 册，宣传品 2000 多份；番禺区开设培训 272 场，参加人数达到 71876 人次，发放宣传书籍 5000 册，宣传品 1.5 万份。同时，相关网站、微信公众号成为居民了解教育活动和参与学习重要的平台。微视频《承广绣遗韵 铸社区上品》《陶艺进社区活动》分别获得第二届全国"传统文化进社区"微视频大赛二等奖和三等奖。

(二) 特色社区教育品牌创建和推广

越秀区开展"一街一品牌""一社区一特色"社区教育活动，打造了 35 个具有鲜明岭南文化特色的精品社区，特色社区教育品牌"街坊学堂""本色番禺"成为广州市建设学习型城市可推广的经验。越秀区与番禺区均被评为"全国社区教育示范区"，为全国社区教育的品牌建设提供了重要支撑。

(三) 同行辐射与社会评价

全国多个社区教育学院前来参观学习。例如，北京延庆社区教育学院、丰台社区教育学院、湖南常德社区教育学院、福州思明社区学院、广州黄埔社区学院和南沙社区教育学院到越秀区"街坊学堂"和学习体验基地参观学习。

全国多位专家前来调研并进行经验推广。中国成人教育协会副会长陈乃林到越秀区学院调研并给予充分肯定，社区教育专家叶忠海在《广州市建设学习型城市特色和创新的研究报告》中专章介绍越秀区广府文化社区教育并作为经验推广。广东电视台《岭南星空》栏目对"广府文化知多少"课程主讲者和教材编著者进行专访,广州文明网、荔枝网对"街坊学堂"文化活动进行传播。

(此项目获得2019年广东省教育教学成果奖二等奖,本文为项目总结报告的主要内容。)

社区金融教育协同模式的创建与实施

广东开放大学
广东省金融消费权益保护联合会

一、成果背景与基础

（一）成果背景

《面向 21 世纪教育振兴行动计划》提出："开展社区教育的实验工作，逐步建立和完善终身教育体系，努力提高全民素质。"《国家中长期教育改革和发展规划纲要（2010—2020 年）》再次强调"广泛开展城乡社区教育、加快各类学习型组织建设，基本形成全民学习、终身学习的学习型社会"。

2005—2008 年，我省开放大学系统建立了第一所面向基层的社区大学——佛山社区大学。基层社区教育面临着三个问题：①无资源无内容：无专业资源用于社区教育；②无模式无方法：社区教育可借鉴的模式不多；③无师资缺经费：单靠学校的师资力量有限，做好社区教育勉为其难。因此，需要进行新的教学探索，选择整合资源、协同发展的路径。

（二）成果基础

我校承担了全国"十一五"教育规划子课题"社会教育资源共享与电大继续教育和社区教育模式研究"（2009 年结题）和中央广播电视大学科研课题"广播电视大学推展社区教育的实践与研究"（2011 年结题）。课题研究论文的主要观点如下。

（1）用于社区教育的社会教育资源可分为行政性教育资源、机缘性教育资源、商业性教育资源、公益性教育资源和内源性教育资源。

（2）合作共享资源开展社区教育应遵循公益性、多赢性、收益多样性和项目推进性等原则。

（3）社会教育资源具有存在的客观性与利用的主观性、显性与隐性、形式多样性和来源广泛性、作用多重性和功效系统性等特点。资源整合应注意寻求有形的和无形的政策资源、利用直接和间接的工作资源、挖掘显性和隐性的行业企业资源、寻求社区内外部的资源和寻求教育系统自身资源等。

在课题实践中，课题组发现了以下问题：金融领域剧烈起伏、房价快速上涨、国际金融风暴加剧唤醒了居民的金融意识，金融纠纷与诈骗多发，所以，金融消费权益保护任务非常繁重。经与中国人民银行广州分行联系磋商，双方形成了合作开展社区金融教育的共识，着手研究制定实施方案。结合共同的任务，双方从以下方面开展了探索与实践。

①以融合开放为原则，探索社区教育与金融知识普及教育和金融消费权益保护工作相融合的资源整合利用策略。

②以对接共享为方法，构建基层边远地区金融教育资源供给路径。

③以灵活创新为手段，开展金融教育教学形式与方法改革的实践。

2015年1月，形成了多方协同开展社区金融教育的新模式实施方案。

二、成果主要内容

（一）成果描述

双方协同的主要特征是"各级开放大学与各地联合会（协会）平行对接，进一步对接街道社区；教学工作与金融消费权益保护工作要求相融合，教学能力与权益保护岗位技能相融合"。

在协同过程中，开放大学系统搭建平台，成功引入银行系统的力量，这既解决了自身社区教育经费和人力有限的问题，也解决了金融知识普及教育落地难的问题；激发了金融系统参与社区金融教育的积极性，有助于开展社区教育教学方法创新实践；引入资金打造社区金融讲堂和社区金融读书角两大阵地，实现了常态化教学；依托银行业"金融知识普及＋金融消费权益保护＋创业扶持"模式，改变社区金融教育与居民金融生活脱节状况，打造社区教育服务民生通道，推动解决了居民关心的金融消费权益保护等切身利益问题和居民创业发展扶持问题，夯实了社区金融教育的群众基础，服务社会治理。（见图1）

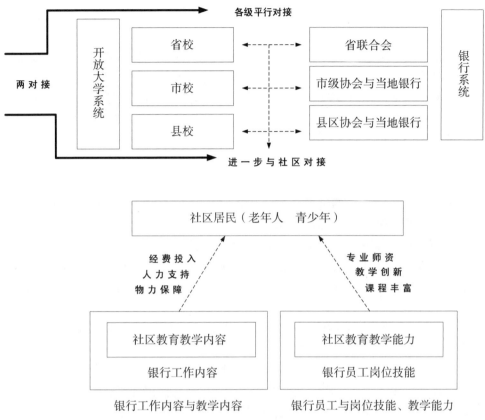

图1 广东省社区金融教育协同模式

1. 运行机制

本成果发挥了广东开放大学在办学系统中的引领作用和消费权益保护联合会在金融行业的影响力，自上而下一级帮助一级、本级联合实施。在全省多地建立了两个系统的协调领导小组，制定本地实施方案，确定责任人、联络员和绩效考核办法。大型活动联动开展、地方项目自主开展、省级层面支撑发展。

协同模式抓住了基层特别是偏远地区开放大学有强烈的社区教育工作热情与力量偏弱的现实矛盾、基层银行有金融知识普及和消费权益保护的工作要求但缺少工作途径的矛盾。将矛盾放置在社区金融教育这一契合点上加以化解，激发了双方特别是基层的积极性，确保了总体设计在基层落地，机制顺畅。

2. 运行动力

在银行业看来，社区金融教育有利于促进良好金融秩序的建立，适当的资金投入是必要的。首先，要完成开放大学与银行平行对接，并进一步对接社区；其次，要实现教学工作与金融消费权益保护工作要求相融合，教学能力与权益保护岗位技能相融合。只有调动了行业积极性，才能解决经费、师资、资源建设问题。两融合与两对接相辅相成，运行动力来自两个系统的内部。

（二）模式操作

用"两对接"和"两融合"解决了运行机制和运行动力问题，在模式操作中，实施方案以面向"两重点"、依靠"两阵地"、瞄准"两服务"开展工作。

"两重点"：服务重点人群，从社区居民需求出发，特别关注青少年和老年人。通过进社区、进学校、亲子金融知识大赛（进家庭）、公益讲堂、金融夜校、专题讲座和培训、创业大赛等形式，丰富了金融知识普及的教学形式和渠道。

"两阵地"：以社区金融读书角和金融讲堂为主要阵地，扎根社区。采用灵活多样教学手段，实现教学常态化。

"两服务"：服务基层社区教育工作，服务金融行业相关工作，促进了社会治理。模式创设的工作机制为基层偏远地区社区教育提供师资、经费和教学上的帮助和指导，使基层偏远地区开展社区教育工作的信心增强。

与行业协同的社区金融教育不同于过去由社区学校开展的教学，其最大的特征是金融行业的深度参与。因此，社区居民在学习金融知识的同时也可以解决金融生活中遇到的问题，经过联合会主导的社区调解，属于权益受损的问题顺利得到了解决。社区居民更加乐意参与社区金融教育。协同模式既服务了基层社区教育，也服务了普惠金融工作。居民、学校、行业的认可，夯实了社区金融教育的群众基础，使得协同模式能够可持续发展。

本成果制定了评审指标，开展评比检查和学习效果调查，及时反馈跟踪。

三、成果解决问题及方法

(一) 解决了基层金融知识普及"落地难"问题

一方面金融知识普及工作存在难落地的问题；另一方面，社区金融教育存在社区学校缺师资、经费和场地的问题。

本成果通过社区教育平台，依照两对接两融合模式，分级成立了协调领导小组，制定了本地实施方案，打造了"开放大学＋联合会＋金融机构＋街道社区＋中小学"社区金融教育实施主体。把社区金融教育融入银行工作中，落实在基层开放大学考核中，细化到街道社区的计划中，走进中小学第二课堂中，体现在对居民的服务中，实现了多方协同、成功落地。

(二) 解决了社区金融教育教学方法单一、难以持续问题

社区金融教育存在教学形式单一的问题，较少考虑居民年龄和文化程度参差不齐的现实；而银行的金融知识宣传声势大于效果，难免出现"一阵风"的现象。

本成果把社区金融教育教学能力建设融入银行业金融消费权益保护工作岗位的技能要求中，建立评比机制，激发了教师的教学积极性。教学方式不断创新。打造了社区讲堂、建设社区金融读书角两个主要阵地，特别是面向青少年和老年人精准施教，解决了社区金融教育可持续发展问题。

(三) 解决了社区金融教育与居民金融生活脱节问题

社区学校的金融教育存在不够规范和专业的问题，难以有效帮助社区居民解决金融问题。

本成果协同学校与银行，采取课后答疑、一对一解惑的教学方式，具体解决居民个人遇到的金融问题，必要时引入调解机制，把问题化解在社区。本项目方案中设计了创业培训的内容，为社区居民讲解金融扶持政策。本成果在肇庆辅导培育扶持了11个创业项目，推动了社区金融教育服务与金融扶持并举，把金融教育融入社会治理。

四、成果的创新与特色

（一）"两对接两融合"，为社区教育资源落地建立范式

实现各级开放大学与各地联合会（协会）平行对接，进一步对接街道社区；教学工作与金融消费权益保护工作要求相融合，教学能力与权益保护岗位技能相融合，创造性地把银行工作与社区教育相结合，调动了全省银行系统对社区教育的深度参与。

本成果组织了"省市县"三级开放大学与各级金融机构平行对接，分级成立协调领导小组，制定本地实施方案，打造了"开放大学＋联合会＋金融机构＋街道社区＋中小学"社区金融教育多元实施主体，实现了大型活动联动开展、地方项目自主开展、省级层面支撑发展。

本成果体现了创新开放共享理念和九部门文件"顶层设计与基层创新良性互动、有机结合。培育多元主体，引导各级各类学校和社会力量积极参与社区教育"要求。

（二）扎根社区精准施教，为社区教育教学方式提供示范

本成果由于银行系统的加入，使社区教育的资金、人力压力得到缓解，有条件针对不同人群精准定制课程内容和教学方法。协同模式激发了银行系统员工参加社区金融教育教学实践的积极性、创造性，教学方法不断创新。特别是行业投入资金建设社区金融读书角，开放大学安排计划组织居民、银行派讲师进驻并辅导答疑，真正把社区金融教育阵地固化在社区，创新了扎根社区的形式，变金融知识普及"一阵风"为"常态化"教学，受受居民所欢迎。

（三）教育与行业相互促进，为夯实社区教育持久发展群众基础提供范例

本成果与银行业协同开展社区金融教育，既满足了居民对金融知识的学习需求，也服务了居民的金融生活。把社区金融教育与金融消费权益保护相结合、与创业创新项目金融扶持相衔接，使得广大居民更加乐意参与学习。本成果实现了居民、学校和行业多赢的效果，巩固了社区教育成效，促进了社会治理。

五、成果的推广应用效果

（一）应用成效

1. 受益者众多，社会效益好

本成果在省内 20 个市运用，覆盖 1000 多个社区和中小学，开课超过 5000 次，受众达到 60 万人次。"金融教育＋维权服务＋创业扶持"服务居民金融生活，成效显著。金融行业对社区教育有了进一步认识，提高了合作积极性。

2. 实践成效大，媒体广泛报道

（1）"小小金融家"。与南方电视教育频道合作，拍摄制作了 10 期"小小金融家"节目并公开播放。

（2）2018 年开展的"金融与诚信"亲子金融知识竞赛活动。全省 20 个地市联动，在线参与的社区居民群众超过百万，直接参与的家庭将近 1600 个。

（3）金融夜校。2016 年 5 月，云浮市成立了"金融夜校"。在社区、学校、农村、企业等广泛开展金融知识普及教育。"金融夜校"做到"四得"：坐得住、听得懂、记得牢、用得好。

（4）金融知识有奖竞答游戏（微信）小程序。2019 年"3·15"期间，肇庆市推出金融知识有奖竞答游戏（微信）小程序，累计 13000 人参与。

（5）举办青年创新创业大赛。由肇庆电大牵头，以竞赛的形式，评出了 11 个优秀创业项目，推荐给金融机构进行重点培育及融资对接。

（二）推广价值

1. 复制推广

运用本成果，依据《健康中国 2030 计划》，在省卫健委支持下，2018 年，本成果团队与省营养学会合作成功实施了《膳食营养知识进万家》项目。同时，还运用本成果指导韶关、陆丰在本地开发消防安全教育、社区家庭教育等项目。基于本成果的课题获得省教育厅科研立项，进一步研究社区教育资源的开发路径。

2. 国内推广

本成果的实践经验6次在全国性社区教育会议进行宣讲，宁夏、陕西、甘肃、山东4个省份社区教育工作者前来广东参与社区金融教育培训班学习，福建、上海、湖北、广西、海南等10多省市的同行前来广东考察观摩。

（三）社会评价

（1）中国新闻网、《南方日报》、南方电视台等媒体广泛报道。

（2）社区教育、老年教育专家庄俭认为，"（该成果）很好地解决了学习资源从何而来，学习资源如何到基层、农村、社区，谁来学、怎么学、怎么服务等问题，提供了基层社区教育师资缺乏的解决方案，以及社区教育教学方法与居民多样化需求匹配的方案"，"具有很强的可复制、可推广性"。

（3）时任广东省副省长陈云贤高度肯定了广东在推动金融知识教育普及、提升国民金融素质方面取得的工作成效。

（4）2018年国务院督查组作出了广东健全金融消费者权益保护机制成效较好的评价。

（此项目获得2019年广东省教育教学成果奖二等奖，本文为项目总结报告的主要内容。）

助力服务全民终身学习体系，构建推进高水平学习型城市建设
——佛山开放大学"六个三"社区教育模式实践探索

佛山开放大学

2014年8月，教育部、中央文明办、国家发改委、民政部等七部门颁布了《关于推进学习型城市建设的意见》。2016年4月，教育部、民政部等九部门印发《教育部等九部门关于进一步推进社区教育发展的意见》。党的十九大报告提出，要办好继续教育，加快建设学习型社会，大力提高国民素质。构建终身学习体系，建设学习型城市，是贯彻落实习近平新时代中国特色社会主义思想和"创新、协调、绿色、开放、共享"的发展理念，提高市民素质、打造城市文化品牌、增强城市综合竞争力、构建和谐社会的重要措施和必经路径。近年来，佛山市主动适应市民终身学习的需要，积极推进高水平学习型城市创建工作，努力构建现代化的服务全民终身学习体系。通过社区教育促进全民终身学习，搭建全民终身学习桥梁，是提升市民素质、提高城市品位、促进学习型城市建设的重要抓手。佛山开放大学以终身教育为己任，坚持"服务市民终身学习、服务社会治理创新、服务学习型城市建设"的办学宗旨，坚持"五位一体、协调发展"的办学思路，积极开展社区教育，创建"人人皆学、时时能学、处处可学"的社会环境，为推进佛山服务全民终身学习体系构建和高水平学习型城市建设发挥了积极作用。

一、成效显著

2007年以来，佛山开放大学（原佛山广播电视大学）在市政府的领导下，从关注民生、促进社会和谐发展的高度出发，坚持以满足不同人群的多样化学习需求为目标，逐步把佛山开放大学打造为佛山市社区教育总部基地、佛山市民终

身学习主干基地，取得了一定的成效。

（一）打造社区教育共同体，探索出"六个三"的社区教育模式，促进服务全民终身学习体系的构建

社区教育是一个系统工程，需要全社会共同参与。我校积极打造社区教育共同体，经过 10 年的实践研究，探索出"六个三"的社区教育模式，即秉承三个服务（服务市民终身学习、服务社会治理创新、服务学习型城市建设）；开拓三个路径（网站＋项目＋基地）；关注三类人群（新市民、新型职业农民、第三年龄人群）；开展三项培训（新市民融入培训、社工人才培训、第三年龄人群培训）；坚持三大讲座（健康大讲座、家庭教育讲座、摄影知识讲座）；搭建三种平台（资源平台、学习平台、服务平台）。加强了各级各类社区教育办学机构的交流与合作，实现了社区教育资源的共建共享，促进了终身学习体系的构建。

（二）孕育品牌项目，树立终身学习典范，使终身学习成为市民的一种生活方式

佛山开放大学发挥自身优势，整合各方资源，打造了社区教育特色品牌。2013 年以来，我校主动策划全市全民终身学习活动周，截至 2019 年，已成功主办 6 届活动周，取得了良好的社会效果。我校着力培育百姓学习之星，塑造终身学习品牌项目，培育了邹良春等 5 位市民当选"全国百姓学习之星"。打造了"南风讲坛"等 7 个全国"百姓最喜爱的终身学习品牌"项目。通过打造社区教育品牌、培育"百姓学习之星"，树立了终身学习典范，形成了城市名片，使市民学有榜样、追有目标，让终身学习成为市民的一种生活方式。

（三）关注重点人群需求，推进学习机会均等化，助力学习型城市建设

2013 年起，我校社区教育尝试开展形式多样的新市民融入教育，帮助新市民了解佛山、融入佛山、留在佛山、建设佛山、共享佛山；与兰桂社区合作组织开展了"党建引领多彩社区融城生活——兰桂社区新市民探寻岭南文化活动"；我校特别专注服务重点人群，满足新市民子女、贫困家庭子女、公交司机子女等特殊人群的教育需求，开展"430 课堂"、爱心学堂、家庭教育、羽毛球公益培训等丰富多彩的活动；组织志愿者培训和社会工作者培训，举办第三年龄教育（老年教育）；2019 年我校与团市委、市司法局等单位合作，建立了"向阳学

院"——佛山市青少年社区矫正教育帮扶培训基地，为佛山市青少年社区矫正人员开展思想道德、职业技术、心理疏导、法律援助等培训活动。这些活动的开展，为构建和谐社会、助力佛山市学习型城市建设夯实了基础。

二、成果主要解决的教学问题及解决方法

（一）成果主要解决的教学问题

1. 解决市级开放大学通过社区教育推进学习型社会建设的办学样本问题

当前，实施终身教育、建设学习型社会已成为新时期社区教育的主要任务。长期以来，我国社区教育办学形式比较松散，缺乏统筹协调，市级开放大学开展社区教育历史较短，缺乏"可学习、可模仿、可借鉴"的样板模式，急需提升自身办学能力，提供更多经过实践检验的办学样本。

2. 解决发挥市级开放大学在构建服务全民终身学习体系中的作用问题

将市级开放大学丰富的教学课程、灵活的远程网上学习模式、丰富的师资队伍、课程开发和科研力量与社区教育相融合，更好地发挥市级开放大学在构建终身学习体系中的作用。

3. 解决市级开放大学的社区教育融入社会治理的途径问题

在社区教育融于社会治理的过程中，社区居民参与社区公共事务管理的机会有待增加，居民的社区参与感和社区归属感有待提高，群众自治的活力有待激发。因此，需要探索通过开展形式多样的社区教育活动，搭建社区活动平台，融入社会治理，促进社会和谐。

（二）解决教学问题的方法

1. 先行先试，搭建社区教育体系框架

2008年发展社区教育之初，我校提出了"网站+项目+基地"的社区教育办学模式。2010年，我校提出"教育生态观"指导原则；2012年，建构了"社区教育知识链"模型，建立了市级社区大学、区级社区学院、街（镇）社区学

校、居（村）教学点联动的四级社区教育办学网络。

2. 强化统筹协调，全市统一行动

我校在开展社区教育实践中，理顺关系，主动服务，打造社区教育共同体。2013年8月，我校主动推进佛山市社区教育顶层设计，促成了佛山市社区教育指导委员会的成立；同年9月，我校被选为佛山市成人教育协会会长单位，指导和推动佛山市五区参加国家和省社区教育示范区、试验区创建工作，并取得了显著成效。社区教育重心在社区，我校先后在张槎老年学校、石湾镇街道社区服务中心、同安家庭综合服务中心和普东家庭综合服务中心设立了多个社区教育示范点。从2016年起，我校为祖庙街道的"爱心学堂"提供了优质场地和设备，组织社区学校的党员及教师参加义教和志愿活动，积极联合禅城区祖庙街道妇联开展了"幸福家庭大讲堂进村居"活动，共开展讲座（活动）约180场，亲子活动6场，服务人数达到7654人次，志愿者参与活动达306人次。在此基础上，我校致力于打造社区教育基地群落。2014年9月，我校被认定为"佛山市社会工作专业人才培育基地"。我校正式挂牌以来，认真履行职能，积极开展建设专业化、职业化社会工作专业人才队伍工作，力争把基地打造成省内有引领和示范作用的优秀社会工作专业人才培育基地。截至2018年9月，该基地共计开展了41期活动，培训了13332人次。此外，我校还建设了一批社区教育体验基地，包括岭南文化创作教育基地、残疾人继续教育基地、祖庙街道社区教育基地、佛山工会就业培训基地、影视人才培训基地、广东省摄影家协会教育委员会实践与创作基地、佛山市诚信文化教育基地、佛山市教职工社区文化育成示范基地、佛山市专业技术人员继续教育基地和佛山活力社区·羽动全城公益培训基地等，为市民终身学习提供了便利条件，实现了资源共享。2017年11月，我校被中国成人教育协会农村专业委员会、教育部社区教育研究培训中心评为"全国城乡社区教育特色学校"。

3. 贯穿各年龄段，实现终身学习

我校长期致力于关注幼儿及青少年的家庭教育，对中小学生开展了"430课堂"、爱心学堂活动；成立了佛山志愿者学院，共开展培训60期，学员达到3644人次。我校针对职场人员开展了心理辅导和技能培训，如对社会工作者开展了助理社工师、社工师工作水平考证培训等。我校加盟全国第三年龄大学联盟，开展了第三年龄教育，截至2019年春季，受惠的老年人达到4449人次。佛山市首个人口老龄化社科普及示范基地成功落户我校之后,我校参加了佛山市第十四届社会科学普及周启动仪式暨扫黑除恶现场咨询活动,并组织开展了多项相关活动,如《中华人民共和国老年人权益保障法》宣传活动、老年公益讲座等。2018年12月,为集中展示佛山市老年教育成果,增加老年人的参与感、获得感和幸福感,我校集合全市老年教育力量举办了老年教育成果汇报展演,共有近400名老年教育学员参加了表演。

(三)创新活动形式,融入社区治理,服务国家战略

2018年,我校携手兰桂社区党委、兰桂社区居委会,打造新时代"共建共治共享"社区治理新格局示范点。通过开展"我是小小传承人"亲子传统文化手工坊活动和"党建引领多彩社区融城生活——兰桂社区新市民探寻岭南文化活动"等一系列共建共治共享社区合作项目,把社区教育融入社会治理中,助推佛山共建共治共享社会治理新格局的形成。目前,我校正在启动助力乡村振兴计划、现代职业农民培训计划、村民素质提升教育计划、市民文化体育活动、乡村老年教育和中小学生"430"课堂等,推动了美丽乡村建设,为广大农村探索出一条可学习、可借鉴、可复制的社区教育路径。

三、成果的创新点

(一)加强统筹协调,共建社区教育共同体,形成市、区、街(镇)、社区四级社区教育架构网络

我校率先建立广东首家社区大学,推动成立佛山市社区教育指导委员会,并当选为佛山市成人教育协会会长单位。2008年,我校构建起"市社区大学—区社区学院—街(镇)社区学校—居(村)社区教育教学点"四级社区教育架构网络,致力于打造社区教育示范点和社区教育基地群落,全市联动,开展社区教育。

(二)打造了社区教育品牌项目,形成城市名片,引领带动市民终身学习

南风讲坛、"活力社区·羽动全城"羽毛球公益培训项目、南海区有为讲坛、均安家长学校、陈村"三字经"传统文化宣讲、"佛图公开课"公共教育系

列活动、"光大创始精神，提升生活品质"公益摄影讲座等一系列终身学习品牌，效应辐射全市。"百姓学习之星"使市民学有榜样、追有目标。佛山公民道德讲堂、金融教育进社区、助力青年创业创新活动和禅城区女性"双创"项目均获得广大佛山市民的一致好评，形成了独具一格的城市名片。

四、成果的推广应用效果

（一）做好立体宣传，社区教育成果广受市民及媒体关注

我校紧跟互联网发展趋势，加强数字化资源建设和学习平台建设。先后建设了社区教育网站、国家数字化学习资源中心佛山分中心、佛山市民终身学习平台和佛山市民学习地图，方便市民跨时空学习。近年来，佛山开放大学社区教育成果通过《佛山日报》、佛山电台、佛山电视台、佛山市文明办公众号等主流媒体进行宣传，获得市民的普遍关注和赞誉。2018年，佛山市老年教育成果汇报展演采用网络现场直播，点击量超过3.8万次。

（二）积极有为，助力佛山市学习型城市建设

我校在统筹协调指导全市社区教育创新发展道路上积极有为，敢于担当，协助并参与佛山市教育局有关成人教育、社区教育、终身教育等文件的起草，包括市委、市政府关于学习型城市建设的实施意见和佛山市教育发展"十三五"规划等重要文件，并成功入围全国学习型城市建设案例城市。我校助力佛山市加入"全国学习型城市建设联盟"，协助推进佛山学习型城市建设，推荐佛山所辖五区参加广东省社区教育实验区、全国社区教育实验区的调研工作；推荐南海区、顺德区创建全国社区教育示范区；协助有关部门推进佛山市学习型城市建设工作等。目前，佛山市所辖五区都是广东省社区教育实验区，其中顺德区是全国社区教育实验区，南海区是全国社区教育示范区。

（三）加强学术研究，积极推广成果

我校积极参与各项社区教育课题研究。近年来，我校完成了社区教育相关课题8个，发表了相关论文6篇，另有6篇论文在广东开放大学系统获奖，为社区教育的统筹发展提供了理论指引。2017年以来，我校共编辑出刊了电子版和纸质版《佛山社区教育简报》7期，编印了《佛山社区教育论文集》等。通过理论研究，我校社区教育的实践经验上升到了理论总结高度，促进了社区教育水平的全面提升。

（四）树立了构建全民终身学习体系、助推学习型社区建设的典范和标杆

我校先行先试、积极探索、勇于创新，构建起市级开放大学开展社区教育的新模式，有力推进了终身学习体系和学习型社会的建设，为全省乃至全国开放大学（电大）树立了标杆，提供了可学习、可模仿、可借鉴、可复制的样板。

（此项目获得2019年广东省教育教学成果奖二等奖，本文为项目总结报告的主要内容。）

政校社企联动、品牌项目引领的社区教育模式创新与实践

顺德职业技术学院（顺德区社区学院）
佛山市顺德区教育局
佛山市顺德区中道改革研究所
佛山市顺德区现代社区治理研究中心

一、成果背景

习近平总书记在一系列重要活动和重要讲话中，都表达了对建设学习型社会的高度重视。习近平总书记指出，"中国将坚定实施科教兴国战略，始终把教育摆在优先发展的战略位置，不断扩大投入，努力发展全民教育、终身教育，建设学习型社会"。

顺德地处粤港澳大湾区珠三角腹地，改革开放40年，顺德创造了令人瞩目的业绩。2012—2018年，顺德连续7年蝉联全国市辖区百强第一位。但是，顺德发展仍然存在两大主要问题：一是产业发展空间不足，二是发展不平衡。经济发展离不开教育发展和社会稳定，社区教育作为社会建设的基本组成部分，服务于居民的全面发展。因此，加强以社会治理、乡村振兴为重点的顺德基层社区建设，实现社会和谐发展，是关系顺德高质量持续发展的战略性、基础性工作。

顺德区委、区政府于2008年在顺德职业技术学院挂牌成立了顺德区社区学院。社区学院依托顺德职院教育教学资源，面向地方培养人才，服务地方社会经济发展，传承地方优秀传统文化。2009年，顺德区成功申报"全国社区教育实验区"、广东省"推进教育现代化先进区"，标志着顺德教育事业进入了高质量发展阶段，社区教育也进入实验探索阶段。顺德开始积极探索政校社企联动培养

社区人才、培育社区组织、传承传统文化、融合社会治理、建设美丽乡村，构建顺德社区教育品牌，助力实现"科技顺德、文明顺德、和谐顺德、富裕顺德"。

二、成果内容

目前，顺德社区教育主要存在的问题有：①社区教育整体统筹力度较弱，运行机制不够完善，缺乏专项经费支持；②社区教育公众参与度和知晓度不高，影响力不够强，制约着社区教育长远发展规划；③社区教育服务发展能力不足，资源整合度低，制约着社区教育纵深发展。

结合社区特点，按照"政校社企成合力—特色品牌为引领—文化凝聚促治理"的发展思路，经过多年的创新与实践，顺德社区教育探索形成了"政校社企联动、特色品牌引领"的发展模式，形成了"政校社企四位一体"共建，职业教育、继续教育和社区教育"三教融合共树品牌"的社区教育办学策略。截至2014年，已创建12项特色社区教育品牌、系列特色活动品牌，基本形成了社区教育品牌体系，有力地促进了文化传承和精神继承，提升了文化凝聚力，促进了基层社区治理能力提升。

（一）科学规划，健全管理机制，完善社区教育顶层设计

顺德区委、区政府高度重视社区教育的科学规划。在"十二五"期间，区委、区政府首先把终身教育作为推动社会发展的民生工程，纳入顺德区《国民经济和社会发展规划纲要》，要求"全面发展的现代国民教育体系和终身教育体系，提高市民素质"；其次，在顺德区《教育事业发展规划》中明确提出"基础教育积极开展家校合作，服务社区文化与教育建设，完善社区学习共同体建设"；最后，提出了编制《顺德社区教育发展规划》的计划，以促进社区教育科学、长效地发展。

2014年，顺德区政府发文成立了"佛山市顺德区社区教育工作指导委员会"，建立了区一级的领导架构，由区委、区政府领导牵头，实行"委员会制"，全面统筹和指导全区社区教育的工作。经过不断充实完善，目前已有40个成员单位，涵盖区委、区政府24个部门、10个街（镇）、1所高校、2个法定机构、3个文化单位。至2017年4月，已完成街（镇）社区教育工作指导委员会的组建工作。图1为顺德区社区教育管理架构。

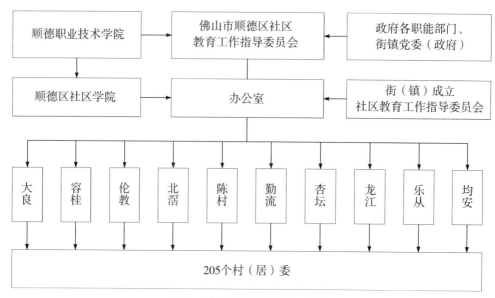

图 1　顺德区社区教育管理架构

（二）优化社区教育治理机制，构建社区教育多元协同体系

1. "政校社企"协同，"四位一体"多元主体共建机制

2011年，在"开放引领，创新驱动"的战略指引下，顺德启动了社会体制综合改革，实现政府职能转变，创建"政府引导＋社会化运作"模式，采用"主体＋功能"形式，由政府统筹全区社区教育工作；区社区学院和各社区学校指导社区品牌建设、人才培养，实现教育资源充分供给；建立顺德社会创新中心等社区教育法定机构，转移政府部分职能，实现资源合理配置；成立"美的学院"等企业大学，共同参与社区教育建设，整合教育资源与社会资源，形成了社区教育发展合力，促进社区与人的全面发展。（见图2）

2. 社区学院为龙头，"三教融合"资源共建共享机制

顺德率先实现了职业教育、继续（终身）教育、社区教育"三教融合"共建共享、协同发展办学模式；形成了以区社区学院为龙头，各街（镇）职业技术学校为骨干，居（村）社区教育站为阵地的三级社区教育办学体系；成立了

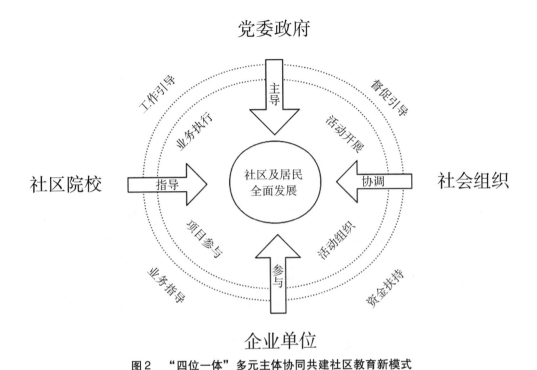

图2 "四位一体"多元主体协同共建社区教育新模式

以区文化艺术发展中心与各街（镇）综合文化站（文化中心）为主体的两级社区教育基地。

3. 政校社企联动，整合社会资源，推动社区教育纵深发展

通过政府配资、政策优惠等措施，建立社区自主筹建、社会组织与个人捐助多主体社区教育经费筹措机制，开辟了捐资、投资、融资等多种社区教育投资渠道，增强了社区教育造血功能。一是各居（村）社区通过政府购买或自筹经费：近5年政府机构投入社区教育经费达9292万元；社会力量积极参与，如勒流街道黄连社区，通过社区集体收入筹集经费，至今共投入164万元。二是社会基金组织积极参与和投入：2017年广东省慈善基金会公布60亿元慈善捐赠计划，该基金会以"顺德社区慈善信托"的名义设专项基金用于社区发展、社区教育、老人教育、文化等建设。三是个人（尤其是侨胞）在社区教育等方面的捐款：如香港黎时煖先生，捐资港币100万元翻建乐从老年大学。当前，顺德年人均社区教育经费投入超过了全国社区教育示范区所规定的标准。

（三）构建社区教育品牌体系，传播优秀地方传统文化、弘扬新时代精神

结合顺德地方经济、地域、文化特色，以改革创新为核心的时代精神，引领社区教育特色品牌建设。实施了思想理论建设、道德素质提升、传统文化弘扬、文艺精品哺育、国学经典入企、文化人才培育、文化数据建设、公益文化惠民、城市形象传播等九大工程，构建了社区教育品牌体系，重塑传统文化价值，提升顺德城市形象，促进全民终身学习，为经济社会发展提供了强大助力。

经过多年的挖掘和打造，顺德因地制宜地创建了系列特色社区教育品牌，主要包括："党建引领社区教育，共同推动社会治理"的"黄连社区大学""黄龙书院"；"挖掘共同文化记忆，弘扬蒙学传统文化"的"陈村百花讲堂""区氏三字经"；家庭、学校、社会"三结合校外管理"的"均安家长学校""新塘学生村"；灵活引入社会资源，开设多元课程，焕发长者新的人生价值的"凤岭老年大学""黎时煖松柏大学"；以艺术融入乡建，延续城市历史文脉，重塑传统文化价值的"杏坛青田样式"；推动粤菜特色产业发展、精准扶贫与乡村振兴结合的"顺德厨师学院"等（见表1）。

表1　顺德区社区教育"一镇一品牌"特色体系

镇	社区教育品牌
乐从镇	黎时煖松柏大学
龙江镇	龙江大舞台
勒流镇	黄连社区大学
杏坛镇	社区教育创新体系
均安镇	全国优秀家长学校实验区
陈村镇	百花讲堂
北滘镇	春风学堂
伦教镇	精彩"学生村"
大良镇	特色文化与社区教育的融合
容桂镇	在线学习平台

1. 弘扬蒙学传统文化，保育本土历史文脉，实现文化传承

顺德陈村镇文化底蕴深厚，素有千年花乡的美誉，是全国闻名的花卉之乡。中国启蒙经典《三字经》的作者区适子是宋末元初顺德陈村登洲人。陈村通过重建区氏大宗祠——区适子纪念馆、修建三字经文化公园、开办"适子课堂""学龄儿童开笔礼"等举措，弘扬国学经典，擦亮"三字经"这张顺德文化品牌。坐落在区适子故乡的潭洲小学，其三字经文化长廊已成为学校重要特色，百米长廊张挂着注有《三字经》图文及注解的海报，让学生在优秀的传统文化氛围中学习成长。

2. 协同共治凝聚人心，实现基层治理和服务现代化

黄连社区大学选址于有着 80 年历史的旧建筑雪圃学校，是黄连社区古建筑活化的一个典型例子。黄连社区大学主要有 8 个板块活动，包括社区大讲堂、黄连中心广场大讲座、培育孵化社区微组织、社区议事厅等，以培养社区意识、培育社区领袖、培育社区居民参与能力、培育社区发展模式、推广社区建设经验为办学目标，系统地对社区居民开展家庭教育、科普教育、创意教育、素质教育等讲座培训，促进社区成员全面发展和社区可持续发展，振兴传统文化，推动学习型社区建设。

3. 以艺术融入乡建，增强乡村文化自信，实现乡村振兴

顺德杏坛镇青田村总面积约 690 亩，全村只有 163 户人家。在推进新型城镇化过程中，该村以乡村地方性文化为底蕴，以艺术融入乡村建设，挖掘乡村文明历史和民俗传统，包括青田的关帝信仰、宗族信仰、传统礼俗等历史遗存和"烧奔塔（成人礼）"等传统习俗，使得该村的老民居得到活化、桑基鱼塘得到恢复、乡村生态得到改善，找到了复兴乡村文明的"青田样式"，重构乡村价值；让居民记住乡愁、延续城市历史文脉，引导村民回归家园，实现乡村振兴。

4. 以党建引领社区治理创新，实现社区营造资源共享

随着顺德"党建＋"融合发展模式的推广，党建引领功能不断强化，不仅促进了社区治理，创新了多元实践主体之间的资源共享，还开发了多条社区治理创新导赏路线，包括基层治理路线、红色领航·社会组织党建路线、社区营造路线、新市民服务路线、兜底性社会工作路线等。其中，黄龙书院采用"户内教学

+户外考察"的创新教学模式,开设了专题教学、现场教学、激情教学、互动教学、案例教学、音像教学等课程。现场教学充分整合顺德"105 党员红色教育走廊",结合"大巴党校",把案例教学延伸到村(社区)示范点进行现场教学,建立起多样化的社区教育红色教学模式。

三、成果的应用及效果

(一)理论研究与探索

2018 年度,顺德教育局、顺德社区学院及区社创中心联合开展了"顺德区进一步完善社区教育体系建设研究"课题研究工作,设计出《顺德区社区教育需求调查问卷》,共发放 7100 份问卷。形成了《顺德区进一步完善社区教育体系建设研究报告》,对顺德社区教育发展提供了重要数据支撑。据调研结果显示,经过多年的社区教育实践,居民对社区教育的知晓率达到 80.6%,认同率达到 93.99%,居民的终身学习理念明显增强。

截至 2019 年,顺德区共完成 30 多项终身学习品牌建设,其中 5 个全国社区教育实验项目,1 个省级项目,6 个市级项目;先后完成了 40 多篇学术论文;出版了《图说三字经》《美极顺德》及"顺德文丛"之《顺德祠堂》《民间顺德》等系列教材,其中《图说三字经》被联合国教科文组织列入"世界儿童道德教育丛书",顺德区已形成特色鲜明的社区教育顺德模式,为经济社会转型升级中的社区建设与社区治理提供了"顺德经验",在全省社区教育领域起到了引领示范作用。

(二)实际应用效果

1. 精准扶贫,乡村振兴,弘扬顺德美食文化

顺德是粤菜的重要发源地。2014 年,顺德获得了联合国教科文组织授予"美食之都"称号。为推动我省"粤菜师傅"工程,助力乡村振兴战略,顺德职业技术学院作为本土高职院校肩负着为地方培养输送粤菜制作人才的重任,成立了顺德厨师学院。顺德厨师学院以"一人学厨,全家脱贫"为宗旨,以粤菜厨师职业培训为突破口,通过技能培训、工学交替、送教上门等形式,全方位多层次开展了新一代顺德名厨培养和厨师职业培训。顺德区整合政府、行业、企业以及海外平台资源，实现了"政校社企"共同发力，为顺德厨师学院开拓工作平台。以 2018 年为例，通过开设"厨师基础班""厨师提升班""厨师高级研修班""厨师精准扶贫中高职衔接协同培养定向班""厨师精准扶贫定向班"等培训班，培训了近 150 名学员。2019 年以来，顺德厨师学院开展了东西部扶贫协作厨艺培训，到四川凉山州金阳县、美姑县和雷波县进行免费厨艺培训招生宣传，金阳县有 35 人、美姑县有 38 人通过政审和体检来到顺德厨师学院接受免费的厨艺系统培训。

2. 创建社区学习空间，促进新市民融入顺德

顺德有 125 万新市民，是顺德经济社会发展不可或缺的力量。近年来，顺德社区已建立社区党建共融之家、北滘镇职工（异地务工人员）服务中心、黄连社区大学议事厅、文华社区社工站等，近 900 个楼盘小区约有 75% 建有学堂、学苑等，学习型家庭创建率达 70% 以上，推进了以"新市民融入"和"公共空间改善"为主题的社区议事协商工作，提升了社区居民归属感，促进了顺德新市民与 145 万本土居民的有效融合。

3. 营造敬老爱老氛围，共建美好家园

顺德常住人口为 270 万，其中老年人口 25 万。顺德区老年教育探索较早，目前已构建 1 所区老干部大学、10 所街（镇）老年大学（区老干部大学分校）。顺德凤岭老年大学和乐从镇黎时煖松柏大学两所学校也已发展为省内知名老年大学，自编了一批适合老年人学习的实用性教材，为社区老年居民开设了英语、文学、曲艺、声乐、舞蹈、太极、经络、电脑、书画、电子琴、古筝等 10 多种课程，近年来已培养 6000 多名学员。同时，通过灵活引入社会资源，开设多元课程，以满足老年人学习需求。

4. 建立课程资源整合机制，开创育训并举发展新格局

整合顺德社区教育资源，以"三教融合"为基础创新高职院校服务社会模式，建立技术创新服务体系和终身教育培训服务体系。由区社区学院搭建课程资源共享信息平台，通过慕课、评价优选、推介推广等方式，收集整理了历年来区、街（镇）、村（社区）所开发的各类社区教育课程，将其划分为公共课程和地方文化特色课程。一是由区社区学院统筹公共课程体系设计和配套，安排讲师团按照制定的讲课计划，轮流到街（镇）、村（社区）讲课；二是由各街（镇）

因地制宜,充分挖掘地方文化教育资源,包括黄连广绣、陈村三字经、大良鱼灯等,按历史名人、物质遗产、非物质遗产等模块构建特色课程体系,并进行品牌包装策划、发布,提升了地方文化社区教育品牌知名度。(见表2)

表2 顺德社区教育活动

活动名称	场次	活动参与人数
"三字经传统文化宣讲"三字经文化研讨会	50场/年	20000人次/年
"好学顺德,悦读生活"全民阅读活动	2015年至今 2600场	30万人次/年
顺德图书馆公益电影活动	107场/年	4217人次/年
顺图百科视频讲座	47场/年	228人次/年
"每周音乐会"网络连线各大剧院现场	52场/年	314人次/年
"免费送课进企业"惠民工程顺德工会职工大讲堂	2015年至今 360场	40800人次/年
乐从镇文化融合创新中心	2017年至今 1325场	112300人次/年

四、成果的社会影响力

经过多年的探索与实践,构建了"政校社企"联动机制下的顺德社区教育品牌体系,形成了12项独具特色的社区教育品牌以及一批特色项目(案例),对于传播优秀地方传统文化和弘扬新时代精神,提升社区居民综合素质发挥了积极作用。顺德社区教育模式的创新和实践,得到了广东省及全国社区教育专家的认可及推广,产生了广泛的社会影响。

2019年,顺德职业技术学院(社区学院)获批成为联合国教科文组织"城市社区学习中心(CLC)能力建设项目",是全国首批16个实验点之一。2012年12月,习近平总书记在视察顺德黄龙村时,提出了"农村党建要让群众更满意"的殷切期望。(见图3)2017年11月,黄龙村与陕西延安梁家河村签约党建结对共建合作,合力加强农村基层党建、实施乡村振兴战略,推动社会主义现代化新农村建设。2018年,黄龙书院获得中央宣传部颁发的"基层理论宣讲先进集体"称号。

图3　习近平总书记在顺德区黄龙村看望村民张锡尧一家

陈村通过重建区氏大宗祠——区适子纪念馆、修建三字经文化公园、开办"适子课堂"等举措，擦亮了"三字经"这张顺德文化品牌。2018年，在"全国社区教育管理者研修班暨东西部社区教育联盟结对活动"会议上，教育部社区教育研究培训中心时任常务副主任周延军对我区区氏"三字经"文化进行了推广；时任广东开放大学终身教育服务指导中心主任王建根在广东开放大学系统社区教育工作汇报中对顺德社区"三教融合、地方特色、文化传承、精神继承"进行了详细汇报。

2018年年底，由顺德区社区学院、顺德区教育局联合制作了《顺德·社区教育》宣传片，全面展示了我区近年来社区教育所取得的成绩，受到社会高度关注，网络点击率上万人次。

2018年8月，央视新闻频道《新闻调查》栏目播出《乡村2018》专题片，深入报道了杏坛青田村在尊重乡村地方性文化的基础上，融入艺术元素，实现乡村文明复兴的特色案例。

近年来，《中国教育》杂志、《南方都市报》、《佛山日报》、佛山电视台、央视新闻频道、广东卫视、顺德电视台、网易新闻、央视网等主流媒体对"精彩学生村""三字经文化""黄龙书院""黄连社区大学""青田样式"等特色品牌争相报道，同时，社区教育系列特色品牌也获得了国内外专家一致认同。

（此项目获得2019年广东省教育教学成果奖二等奖，本文为项目总结报告的主要内容。）

"1+N"开放大学服务城乡社区教育发展的实践与研究

中山开放大学（广东开放大学中山分校）

一、概述

党的十八大强调了"积极发展继续教育，完善终身教育体系，建设学习型社会"。党的十九大进一步提出了"办好继续教育，加快建设学习型社会，大力提高国民素质"的要求。教育部等九部门出台的《关于进一步推进社区教育发展的意见》等文件明确了开放大学（广播电视大学）在社区教育中的统筹指导、组织协调作用。但是，当前开放大学面临着教育教学资源、办学网络、编制和经费等方面的困难。

改革开放以来，中山市经济社会快速发展，对人才培养和终身教育体系建设提出了更高要求，但是目前存在着社区教育资源不足、市民学习时空受到限制等问题。市委、市政府2010年出台的《关于加快推进教育现代化的实施意见》提出了"依托市广播电视大学创办中山市社区大学"，支持市广播电视大学探索开展社区教育。2012年7月，中山市广播电视大学（2017年8月更名为中山开放大学）与团市委合作在黄圃镇成立全省首个镇级"青年社区学院"，取得了良好示范作用，其后分别在石岐、民众等6个镇区设立了"青年社区学院"。2014年与市总工会合作举办了"职工公益讲堂"，并承接了市社工委"社会治理与创新项目"，至2015年形成了推动城乡社区教育发展的"1+N"模式。2015年4月，我校向市编委办提出设立"社区教育指导中心"的建议报告，同年8月份该模式获得批准，进入全面推广应用阶段。

二、主要内容

(一) 创新机制,扩大优质教育资源供给

形成了由开放大学+政府职能部门、市政法委(原社工委)、工青妇系统、镇区、行业企业等合作推动城乡社区教育发展的"1+N"模式,建成了"立足城区、辐射镇区、深入社区、覆盖厂区"的社区教育网络,协力扩大社区教育、职工教育、老年教育等优质教育资源供给。

(1) 校本部发挥主阵地和示范引领作用,组织制定标准、开发资源、明确教学规范,开展以服务城区居民为主的社区教育和老年教育课程班、职工大讲堂和主题活动。

(2) 与相关职能部门、镇区合作共建社区学院,如市总工会职工修身学堂、石岐区青年社区学院、妇女社区学院和民众社区学院等,有效联动政府职能部门和群团组织,建立了开放共享的社区教育阵地和载体。

(3) 主持市社工委的社会管理创新项目,支持本部及镇区社区教育基地建设,重点开发了具有实验意义的社区教育项目,丰富社区教育实现形式,助力社会治理创新。

(4) 以业务指导的形式支持镇区开展社区教育工作。例如,共建开发区党员志愿者学院和港口镇文体志愿者学院,以课程规划、师资支持、教学资源和学习认证等方式提供了业务指导和支持。

办学模式的创新探索在一定程度上弥补了中山市城乡社区教育资源不足的短板,有效拓宽了社区教育供给渠道,提高了社区教育覆盖面,也为构建可持续的社区教育办学体系及终身学习服务机制积累了扎实的实践经验和科研基础。表1为中山开放大学社区教育办学成果。

表1 中山开放大学社区教育办学成果

	项目名称	主要办学成果
校本部	社区教育自设项目	2014—2018年,以学校专项经费开设课程班80个,举办结业汇演、青年联谊、知识竞赛等活动,组织编写7种教材,开发近600个微视频、微课件

续上表

	项目名称	主要办学成果
市社工委	社会管理与创新项目	2016—2018年，在全市范围内组织流动讲座90场，课程班36个，制作精品微视频31件，举办"走读乡土文化"、音乐沙龙等特色活动
市总工会	职工大讲堂	2014—2018年举办流动讲座680多场，覆盖市内企业200多家，直接服务职工10万余人次，被评为"全国职工培训示范点"
	女职工修身学堂	2015—2018年举办女职工修身学堂360场，覆盖市内企业200多家，直接服务职工3万余人次
团市委	石岐区青年社区学院	2012—2018年举办石岐区青年社区学院13期共65个课程班，28场讲座，青年联谊活动2场，社区学院学员专项比赛2场，结业汇演3场
	黄圃镇青年社区学院	2012—2014年，合作开设5期共12个课程班
	坦洲镇青年社区学院	2013—2014年，合作开设2期共5个课程班
	南区青年社区学院	2013—2015年，合作开设3期共13个课程班
	民众镇青年社区学院	2014—2017年，合作开设3期共9个课程班，"走读乡土文化"活动1场
市妇联	石岐区妇女社区学院	2016—2018年举办6期共10个课程班，基层妇女干部培训3场，家庭网络素养提升工作项目1项
镇区政府	民众镇社区学院	2013—2016年举行讲座137场
	石岐区社区学院	2016—2017年举办4个课程班，6场讲座
	南头镇社区学院	2013—2015年举行讲座12场
	南区社区学院	2016—2018年合作开设课程班4个，讲座4场，"走读乡土文化"活动1场
	火炬开发区党员志愿者学院	2016—2018年，合作开设课程班8个，流动讲座10场，"走读乡土文化"1场，社区教育工作者培训3场
	港口镇文体志愿者学院	2016—2018年，合作开展文体志愿者培训2场，课程班1个
其他	开展社会工作者培训、基层党支部书记培训、应急救护员培训、其他企事业单位培训等	

（二）创新人才联结，打造三支队伍

（1）在我校内部，建立了社区教育指导中心、教育发展处、继续教育中心管理队伍，合力开展社区教育、老年教育等非学历继续教育。

（2）在社会上，广泛挖掘、整合行业精英和专家学者力量，建立起一支多元共建、稳定专业的社区教育智库导师队伍，规模已超过240人。

（3）在班级上，发动骨干学员组建了社区教育志愿者队伍，协助学务管理、咨询服务和活动实施等工作。

（三）创新"互联网＋"信息化平台，开发优质资源

我校积极实施"互联网＋社区教育"战略，2017年加入全国社区教育数字化学习联盟；2018年年初，完成信息化二期工程，其主体工程包括建设中山市全民终身学习平台及"中山i学习"App，构建集在线学习、信息发布和三级管理功能于一体的终身学习信息服务平台。

我校组织开发了既具有科学性又能体现本土特色的250余门社区教育面授课程，涵盖法律法规、公民素质、传统文化、心理健康、生活休闲、职业技能等大类，打造出了剪纸、花艺、茶艺、"粤讲粤正"等品牌课程。此外，我校组织教师团队编写了社区教育教材读本7种，自主制作并推送精品微课件、微视频近600个，参加在线学习人数达140多万人次。

（四）创新实现形式，丰富教育内涵

除了固定课程班与流动讲座这两大基本形式，我校还定期举办结业汇演、乡村研学、体验学习、知识竞赛、征文比赛、公益实践、青年联谊、专项课程比赛等活动，不断创新社区教育形式。例如，我校承办了中山市社会工作者培训项目，与部分镇区合作举办"志愿者学院"，通过社区教育提升了志愿者综合素养和服务技能，形成了社区教育与社会公益的良性循环，进一步丰富了社区教育的内涵。

三、主要成效

（一）有效拓宽社区教育资源供给

我校实行自建和合作共建等多种办学模式，既发挥了开放大学的统筹、管理、协调、引领作用，又发挥了社工委、工青妇、镇区、行业企业等组织的资源优势，构筑起"立足城区、辐射镇区、深入社区、覆盖厂区"的社区教育办学体系，建立健全点面结合、设施统筹、信息共享、服务联动的运行机制，构筑起涵盖常规课程、流动课堂、线上资源和线下活动等多种形态的立体化办学形式，有效服务"新中山人、青年人、老年人、社会工作者"等群体，将社区教育延伸至全市各企事业单位和基层社区，拓宽了社区教育资源供给，有效促进基层公共服务资源效益最大化。

（二）产生良好的社会影响力

我校建立了社区学院12所，开设了课程班13期共250多个教学班，覆盖社区居民人群约2万人次，课程班报名经常出现"秒杀"的情况；组织社区教育活动1100多场，直接服务企业职工和社区居民12万余人次；约2.4万人次获得结业证书，取得入学入户积分，充分体现了社区教育的普惠性。

我校在2016年被评为"全国职工教育培训示范点"，2017年被评为"全国首批城乡社区教育特色学校"，2018年被评为"全国优秀成人继续教育院校"。2018年我校举办的项目"走读乡土文化"被评为"全国终身学习品牌项目"，2019年"让孩子优雅成长"获得"书香中山"创新项目奖。

"1+N"模式赢取了良好的社会效益，得到了市委、市政府的充分肯定。市流动人口管理办公室明确中山开放大学社区教育结业证书可作为外来人口入户入学积分依据，进一步增强了我校社区教育的权威性与吸引力。吸引了甘肃、陕西、佛山、东莞等省市同行曾来我校调研考察。

（三）收获丰硕的研究成果

中山开放大学重视实践和理论研究相结合，承接了"广东省社区教育课程体系标准研究"等7项课题；发表了《不同主体推动的社区教育发展研究——基于Z市的案例分析》《社区教育在人才生态建设中的作用及实现策略——以中山市为例》等论文 13 篇，其中核心期刊 8 篇，获得了 5 项科研成果奖励，有利于从社区教育理论层面指导学校社区教育事业创新发展。

（四）促进新老中山人融合

帮助数量庞大的新市民快速融入当地社会，一直是中山社会治理的重中之重。中山开放大学社区教育学员近六成为外来人口，"职工修身学堂"更是超过九成。我校在课程规划、教学设计、活动策划等方面均着力促进新老市民融合。

（1）开设粤语、香山文化、中山历史等主题的课程和讲座，帮助外来社区居民快速熟悉新环境、融入当地社会。

（2）开展"走读乡土文化"活动以探寻中山自然之美、人文之美为宗旨，有助于传承优秀传统文化，厚植爱国爱乡情怀。

（3）提供社会交往平台，有助于打破社会隔阂，培育社会共识，尤其是青年社区学院衍生的青年联谊活动，能够有效地促进青年朋友互相交往。

（4）参加社区教育课程达到一定学时能获得由我校颁发的社区教育结业证书，同时，能得到中山市政府权威认证的入户入学积分凭证。

（五）助力和谐社区建设

中山开放大学举办的社区教育丰富了市民的精神生活，提升了市民文化素质，助力学习型社会建设。如开设"老年智能生活"等老年教育课程，让老年人老有所学、老有所乐；"膳食营养进万家"等系列公益讲座，将讲座输送至社区居民家门口，打通了社区教育的"最后一百米"。通过社区教育普及科学的家庭教育方法，助力书香家庭建设，提升社会工作者技能，传播现代公益理念，进一步促进了和谐社区建设。

四、典型案例

（一）"走读乡土文化"：引导市民探寻家乡之美

"走读乡土文化"是 2016 年下半年推出的社区教育特色研学活动，由中山开放大学主持完成了首批研学项目指南编写以及部分微视频资源制作，旨在通过线上学习、线下活动和阅读等形式，引领市民特别是新中山人探寻和体会中山的人文之美、生态之美，推动终身学习、传承香山文化、厚植爱国爱乡情怀，助力乡村文化振兴和社会治理。

（1）主题多样化。深入挖掘当地特色文化元素，如"走读南区"主打"侨乡"元素；"走读沙溪"主打探寻古村落。将乡村振兴、生态农业、特色小镇、新区建设等元素融入其中。

（2）参与人群多元化。如"走读五桂山"以新中山人、大龄青年为主；"走读翠亨新区"以党员志愿者为主；"走读新平乡"以入党积极分子为主。根据不同年龄层和不同主题选择适合的内容，促进全民终身学习。

（3）活动形式多样化。灵活运用实地探访、乡村讲堂、口述历史、体验式实践、互动游戏等教学方式，结合自主编印的学习资料，达到寓教于乐的效果。特别是邀请电视台知名主持人和当地新乡贤进行现场讲解，增强了活动的趣味性，提高了市民的参与度。

"走读乡土文化"活动符合《教育部等九部门关于进一步推进社区教育发展的意见》中关于"创新教育载体和学习形式，培育一批优质学习项目品牌"的要求，项目社会效益突出。调查显示，参加该系列活动的市民有近60%为新中山人，参与者普遍认为在"熟悉家乡""融入当地社会""结识新朋友"等方面获益最为明显。《中山日报》、中山电视台等主流媒体均进行过多次报道，本项目也被评为"全国终身学习品牌项目"。

（二）职工修身学堂：助力新市民快速融入社会

从2014年开始，中山开放大学已连续多年承办市总工会的"职工素质提升工程""百万职工大培训"和"女职工修身学堂"等项目，开发出职业素养提升、政策解读、身心健康、粤语、岭南文化、家庭教育等主题讲座200多种以及相关微课资源。截至2018年，我校以"职工大讲堂"和企业"流动修身学堂"等形式，面向全市职工开展了修身讲座1100多场，直接服务企业职工近12万人次，其中绝大多数是新中山人。本项目具有覆盖广泛、可持续性强等特点。"送教进企"既方便了职工学习，也有助于外来务工人员提升自我并快速融入社会。以此为基础，中山开放大学获得"全国职工培训示范点"等称号。

（三）青年社区学院：提升青年参与社会治理能力

2012年7月，我校与团市委、黄圃镇团工委联合创办了中山市首家青年社区学院，并迅速在全市、全省得到推广。如石岐区青年学院至今已成功举办13期，"粤语""演讲与口才""心理健康"等精品课程深受青年朋友欢迎，由此孵化出的枢纽型社会组织——"石岐青年之家",成为联系青年的重要社会载体。在此基础上组织的义务献血、青年联谊等公益活动备受社会好评,诠释了服务青年成长、助力青年参与社会治理的独特价值。

(此项目获得2019年广东省教育教学成果奖二等奖,本文为项目总结报告的主要内容。)

第三编

广东省社区教育和老年教育实践案例
（2019年）

基于"混合学习"策略的老年教育学习资源建设与应用

广州市番禺区广播电视大学

一、实施过程

2015年4月,我校出台《基于"混合学习"策略的老年教育学习资源建设与应用实施方案》,创新性地为老年教育学习资源建设与应用提供了指导原则、流程规范和参数指标。

(一)强化对老年教育的分析,推进老年教育理念创新

(1)老年教育区别于其他教育的最大因素是学习者本身,要实现老年教育的内涵发展,必须重视老年学习者的需求。老年人的学习需求广泛、个性化明显,主要聚焦于保健养生、文娱休闲、实用技能、家庭生活和公民修养五大主题。老年学习者的学习障碍主要包括生理障碍、心理障碍和社会障碍。生理障碍具体包括眼睛、四肢等器官功能的退化,从而导致老年人接受学习信息的反应变慢,行动缓慢,具体操作跟不上节奏;记忆力的衰退,导致遗忘率偏高,需要通过反复地练习才能掌握相关的知识和技能。心理障碍具体包括对学习失去信心、处于孤独的状态、爱面子、不肯接受新事物等。社会障碍具体包括适合老年人的学习地点很少、交通不便、缺乏宣传和周围学习氛围淡薄等。

(2)伴随着积极老龄化政策的实施,老年教育呈现出新的趋势,主要表现为:由"福利型"向"普惠型"转变,由政府包揽向政府主导、市场调节、推进多元办学转变,由闲暇教育和文娱活动为主向内涵发展、提升质量转变。

(3)伴随着科技的发展,新技术在教育领域的应用为教育改革提供了新动

能,但在老年教育领域,教育信息化成果的应用严重滞后,老年人"时时能学、处处可学、人人皆学"的学习需求难以满足。

(二)开发具有引领性和示范性的老年特色课程

(1)诊断老年教育学习资源建设中存在的问题。我校以课程为单位,研究学习资源的建设与应用。存在的主要问题可以归纳为:一是老年教育往往被认为是非正规教育,学习资源缺乏顶层设计与规范标准。二是缺乏相应的机制,学习资源质量参差不齐、随意性大、共享不畅。三是由于缺乏相应的经费与政策支持,学习资源难以进行规模化的开发与推广。四是基层老年教育教师队伍人员短缺,其专业素养、教学理念及技术水平难以胜任学习资源建设的任务。

(2)建立老年教育学习资源建设的"五环节"。要充分发挥学习资源的价值,实现共建共享,在建设阶段必须遵循相应的规范和流程,主要包括以下几点:一是实行主题遴选机制。项目负责人提出建设主题申请,须包含老年学习者的学习特征分析、学习需求分析和现有课程资源情况分析,学校组织专家对提交的主题进行评判。二是成立项目小组。小组成员必须包括该专题的专家、教学人员和技术人员。三是进行阶段性成果汇报。学习资源须包含纸质教材、PPT教案、微课和课程微信公众号,项目小组需要定期向学校汇报资源建设进展。四是项目验收。项目小组需要按照资源的建设标准,向学校提出验收申请,学校组织相关专家以规范性、科学性和有效性为主要标准进行验收。五是教学实践应用。课程资源经过验收后进入教学实践应用阶段,在校内和校外的老年教育机构开展教学工作,以专题讲座和课程学习为主,提倡混合学习模式,即以线上与线下相结合的方式开展教学活动。

(3)建成系列学习资源成果。依据实施方案,以课程为单位,相继完成"隔代教育好方法""学用智能手机""人人爱摄影""护老有法"等学习资源的开发,其中包含正规出版的纸质教材、配套的PPT教案、微课视频、网页等。番禺终身学习网、"老来学"微信公众号以及微信群等平台和软件相继上线,为教学信息化提供环境支撑。

老年教育的学习资源成果具有5个特点:①科学性:学习资源内容要有科学基础,体系严谨,言之有理,论之有据。②实用性:学习资源内容与老年人生活实际密切联系,易学、易懂、易操作。③通俗性:学习资源内容能让老年人容易理解和识记。④趣味性:学习资源内容表现形式多样化,包括文字、图片、音频和视频等,生动活泼,风趣幽默,能激发老年人的学习兴趣。⑤针对性:学习资源内容要适合老年人的身心特点,例如把音频和视频的语速减慢,使老年人更容易听清楚具体内容。

老年教育的学习资源成果具有3个要求:①与老年人的实际需求相结合。学习资源内容要针对老年人的特点,适应他们的愿望和需求,内容少而精。②与老年人的心理特征相结合。例如,微视频采取高清格式,使画面更清晰,字幕加大字号,使内容更清晰。③与老年人的生活世界相结合。例如,微视频的案例来自老年人的真实生活,使课程更有代入感。

(三)构建基于混合学习和媒体融合的老年教育O2O教学模式

基于"混合学习"策略,发挥媒体融合的优势,在教学实践中构建O2O(线上到线下)教学模式,为老年学习者提供差异化的教学服务,满足老年学习者对老年教育学习资源的差异化需求,从而促进老年学习者有针对性地选用学习资源。线上主要依托番禺终身学习网、"老来学"微信公众号以及微信群等平台和软件;线下主要依托区、街(镇)和居(村)的三级办学教学体系。(见图1)

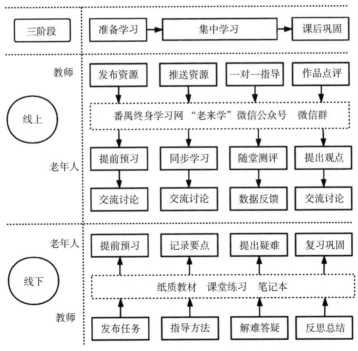

图1 基于混合学习和媒体融合的老年教育O2O教学模式

（1）准备学习阶段。线上教师根据教学进度从"课件库"中选取相应的课件上传到学员智能手机，发布任务和资源（PPT教案、视频微课等），同时也可推送图文并茂的公告信息补充学习资料。学员既可以在线上提前预习学习内容，也可在线下提前预习（主要依靠纸质教材）。

（2）集中学习阶段。线上教师通过终身学习网推送同步图文资源和视频资源，线下学员自主安排学习节奏，打破了时空限制；教师通过"随堂测评"对学员学习情况进行检测，得到数据并实时反馈，根据反馈结果进行一对一指导。线下的课堂教学，师生围绕重难点问题当面进行交流和讨论。

（3）课后巩固阶段。线上师生可以进行观点展示、作品点评和交流互动（微信群、QQ群）等活动；线下学员借助教材、笔记等进行复习巩固。

二、主要解决的问题与方法

（1）针对老年教育学习资源建设缺乏顶层规划和建设标准以及共享不畅的问题，依据"混合学习"策略，我校提出老年教育学习资源建设的设计思路和规范流程。围绕老年人的实际需求和学习特征，我校强调信息技术的应用和媒体融合，明确主题选择、内容形式、标准体例、传播媒体、使用平台等重要环节的参考标准、建设流程和保障机制，为资源建设提供规范性指导，促进学习资源共享。

（2）针对老年教育学习资源呈现形式和传播载体单一，不能满足老年人"时时能学、处处可学、人人皆学"的学习需求问题，我校开发出一批以课程为单位、适合线上线下学习的优质学习资源。这些学习资源主要包括正式出版的纸质教材，与教材配套的PPT教案、视频微课等，并打造了番禺终身学习网和"老来学"微信公众号学习平台。

（3）针对老年教育普遍采取面授教学不能满足老年人个性化学习要求的问题，依据"混合学习"策略，我校利用丰富的学习资源重构教学流程，构建老年教育O2O（线上到线下）新型教学模式：学习准备阶段，学习者借助纸质教材和线上的数字化资源进行自主学习；课堂面授阶段，师生之间围绕重难点进行互相交流、共同探讨，形成互动型课堂；课后阶段，教师在微信群中提供进一步的学习支持，并与老年学员实现个别化互动。

（4）针对部分老年学习者由于行动不便、交通不便等原因不能参加集中学习的问题，我校开通微信群内的图文直播和视频直播，排解老年学员出行不便的困扰，促使更多老年人参与学习。

三、主要特点

第一，提出了老年教育学习资源建设的规范化思路和实施方案。在老年教育领域提出学习资源建设与应用的统一，面对老年学习者生理性、心理性和社会性的学习障碍，确立了"混合学习"的策略，明确主题选择、内容形式、标准体例、传播媒体、使用平台等重要环节的参考标准、建设流程和保障机制。

第二，开发了一批正式出版的教材和数字化学习资源。在老年教育领域创新性地以课程为单位，以正式出版的教材为基础，开发出包含PPT教案、视频微课、网页等数字化学习资源，其中，《隔代教育好方法》老年教育教材入选2017年度国家新闻出版广电总局和全国老龄委办公室联合向全国老年人推荐的优秀读物。

第三，依据"混合学习"策略和丰富的学习资源，创新性地构建了老年教育O2O（线上到线下）新型教学模式。在教学实践中实现学习准备、学习环境、学习支持以及学习评价等方面的线上与线下融合，借助微信公众号、终身学习网等线上平台，以及微信群图文直播、视频直播等方式，有效扩展了教学时空，提升了教学效果。

基于课程开发和科普活动的社区营养与健康教育探索

广州社区学院
广东省食品学会
广州社区学院白云分院

一、概述

2011—2015年,广州城市职业学院食品类专业在"大教育系统"理念引领下,依托"推进广州学习型社会建设实施方案"子课题"社区老年营养教育试点案例研究""社区营养与健康教育活动的设计、组织与实施"等,开发了社区营养与健康课程17门,正式出版了社区课程教材《社区营养学》《食品包装的大学问——从包装鉴别食品》《运动营养与实践》《营养配餐设计与实践》《功能性食品开发与应用》共5本,发行推广《社区营养与健康教育》读本共5册。基于课程开发和科普体验持续探索社区营养与健康教育模式,秉持协同发展理念,遵循"专业融入、课程开发、科普体验"的思路,创新了高职专业服务社区的模式,形成了"教学研发+团队实践"的社区教育工作方案,实践了高职专业教育与社区教育的深度融合,开发了有效课程资源,提升了社区营养与健康教育质量,创新了高职专业教学资源服务社区的方式,探索了高职教师社区服务的途径,培养了社区教育专门人才,示范引领了社区教育资源建设和专业服务社区的模式。

二、主要问题与解决方法

(1)本研究团队以提升社区居民营养健康素养为导向,系统规划社区营养与健康课程，围绕"大健康"理念系统开发了 19 门课程，涵盖公共营养、食品安全、养生保健、饮食文化、膳食指导、心理健康等专业内容。针对不同受教育者的实际需求选取相应的教学内容，动态调整教学策略。通过信息化手段创新社区教育教学模式，开发精品微课和社区营养健康宣教公众号。通过现代化教育技术拓展了教学时空，提升了自主学习实效满足了个性化学习需求，开展了"线上+线下"的科普宣教与体验。同时，通过科学的评价反馈机制保障教学质量，解决了社区营养与健康教育随意、无效的问题。

（2）本研究团队有计划性和针对性地开发社区教育资源，出版了《社区营养学》《食品包装的大学问——从包装鉴别食品》《运动营养与实践》《营养配餐设计与实践》《功能性食品开发与应用》《社区营养与健康教育系列读本》等教材和科普图书；设计印制、发行社区营养与健康教育科普传单，解决了社区营养与健康教育资源匮乏的问题。此外，本研究团队还与广东省食品学会和广州社区学院白云分院协同开展社区科普活动，实施完成了广州市社区营养与健康教育项目 22 项。高职食品专业师资参与教育资源建设和课程开发，通过科普体验式教学增强社区教育的专业性、知识性、有效性和趣味性，提升了社区居民的营养健康素养，解决了社区教育课程载体不足和课程资源缺乏科学建设的问题。

（3）通过改革高职食品专业人才的培养方案，解决了社区师资缺乏的问题，食品系雄厚的专业师资为社区营养健康教育提供了强有力的智力支撑。本研究团队在专业人才培养方案中设置"社区管理服务课程模块"培养社区教育专门人才，利用食品系优越的实训条件和相关企业产业学院的设施场地，在节假日向社区开放，为社区民众的教育、学习提供有效的支持。食品专业培养的学生在完成校内学习任务的同时，也在教师的指导和培训下，成为了社区教育志愿者队伍的骨干，为社区营养宣教提供"后备军"。本研究团队成功培养社区教育专门人才 1275 人，发挥高职食品专业的资源优势，满足了社区各个年龄层次、各类人群的学习需求。

（4）本研究团队结合研究课题的开展，针对不同的受教育者实施不同的教学内容和教学策略，通过信息化手段创新社区教育教学方式。开展线上线下结合的营养与健康科普体验式宣教，建设了适合社区营养健康教育的颗粒化资源，完成了 3 门社区教育精品微课，其中"广府饮食文化"获得 2017 年广州市多媒体教育软件评奖二等奖，微课"脂肪去哪儿"获得全国食品职业教育教学指导委员会微课大赛二等奖，为社区教育信息化教学和线上线下协同开展教育提供了精品教学资源。本研究团队开发设计了适合社区营养专题教育的课程综合评价表，利用科学的评价反馈机制保障了教育质量，创新了具有食品专业特色的社区教育模式，探索出可示范、可复制推广的社区教学模式，解决了教育教学实用性不强的问题。

（5）本研究团队与广东省食品学会和广州社区学院白云分院协同开展科普活动，创办了"健康大讲堂""健康有益"等品牌科普活动。以实施《全民科学素质行动计划纲要》为主线，聚焦大健康产业和民生热点需求，全方位创新科普宣教理念和服务模式。联合发放"食品营养与健康安全"系列科普资料3万余份，参与协办2018年广东省食安委"粤食粤安全"网上知识竞赛，携手信息时报社获得广州市科创委立项，开辟了《科普达人—科普到家》报纸专栏，通过传统报刊融合新媒体的形式宣传食品营养与健康的科普知识。线上、线下累计受众人次超过230万。完成了广州市社区营养与健康教育项目共计22项，发表了论文14篇，实现了高职专业、行业学会与社区教育的良性互动。

三、主要特点

（1）创新了高职专业服务社区教育的模式。高职专业教师借助社区学院的服务网络进驻社区，带领学生对社区居民进行营养与健康宣教，以"专业融入、课程开发、科普体验"的思路推行"兵教兵""兵练兵"式的体验式教学。高职食品专业学生通过"教、学、做"一体化、"理实结合"的模式引导社区居民进行互动体验式学习，为社区居民提供了营养咨询、膳食调查、膳食指导和健康管理服务，既创新了社区教育教学模式，又提升了高职院校学生的职业技能。

（2）通过信息化手段拓展社区教育时空，创新了社区教育教学模式。与广东省食品学会联合建立线上的科普体验宣教模式，关注"教"与"学"全过程的信息采集，有效地扩大了教育的受众面，运用现代化信息技术推动社区教育发展，提升了社区居民自主学习实效。

（3）推动了高职食品专业教育与社区教育的深度融合。广州城市职业学院食品类专业的人才培养方案中均设置了社区管理服务模块，其中"社区营养教育与管理"和"社区食品安全与掺伪检验"首次成为专业必修课。本研究团队通过"教学研发＋团队实践"的社区教育工作方案实现了高职专业与社区教育的双赢，为高职专业服务社区教育探索了新的路径和方法。

"1+2+N" 社区家庭教育创新与实践

佛山市里水镇成人文化技术学校

近年来,佛山市里水镇社区教育得到了全面提升,在工作中充分整合和利用各种教育资源,力求满足社会各类人群对教育的需求,开发了满足居民需求和具有区域特色的社区教育项目和课程,开展了多规格、多层次、多内容、多形式的社区教育活动,逐步形成地区特色和品牌。

一、社区家庭教育的新起点

自2012年开始,里水镇成人文化技术学校进入转型时期,由原来的学历教育转型为社区教育。在《佛山市南海区里水镇教育创新行动计划(2016—2018年)》中,里水镇政府明确提出了大力发展家庭教育、服务社会发展的总体要求。里水镇成人文化技术学校根据自身教育特点,大力开展面向全社区的家庭教育活动,2017年,政府向我校投入300万元的资金改造原有校园设施,打造了高层次的里水镇家庭教育基地。

2016年12月"幸福家长暖心课的实践研究"和2017年12月"梦里水乡之书香门第工程的实施策略研究"两个实践项目成功立项。2018年,里水镇政府发布1号文件《里水镇基础教育改革十项工程工作方案》,其中第九项"书香门第工程建设"家庭教育项目交由我校研究与实施,并成立了相关领导小组实施和监督,制定了《家庭教育项目管理机制》。至此,由里水镇成人文化技术学校牵头主办的家庭教育主阵营正式成立。里水镇政府先后投入专项资金共35万元,为我校打造"家庭教育"的社区教育品牌提供了财政保障。

里水镇成人文化技术学校以家庭教育为平台,整合区域内可利用的各种教育资源,形成"学校—家庭—社区"全链条培训基地,保障和满足社区成员对家庭教育的需求,创设良好的家庭教育环境,并通过"幸福家长暖心课""书香门第工程"两个特色活动，努力打造"家庭教育"的社区教育特色品牌。

二、社区家庭教育系列特色课程开发

家庭教育既是摇篮教育，又是终身教育体系中的重要组成部分。父母要教育孩子成为一个对自己负责、对家庭负责、对社会负责的人。父母是孩子人生中最重要的老师，家庭则是孩子人生中最重要的学校。家庭教育是孩子成长的基础，是人成长的根本。针对很多年轻父母对家庭教育不够重视的问题，2014年4月7日，里水镇成人文化技术学校启动了"幸福家长暖心课"家庭教育服务项目，采用独创的"互助体验式讲座"和"父母学堂"活动，在里水镇17个社区和4所学校内普及科学的家庭教育理念。

（一）基本情况

里水镇"幸福家长暖心课"家庭教育服务项目由里水镇成人文化技术学校主办，作为关注新家庭文明建设、注重家庭教育的公益项目，具有以下三大亮点：①扎根基层，服务定位准确，落地性强；②注重服务的深入性与系统性，放眼长远；③实现学员之间、家庭之间、本地人与外来务工人员之间的多层融合。

"幸福家长暖心课"家庭教育服务项目共开展了21场大型家庭教育幸福大讲座，15场父母自助小组培训，10场教师培训工作坊，252场微课堂。在和顺中心小学落地试点，由优秀的心理成长导师团队带领，运用系统的家庭辅导教程，开启了诸多家长的心灵成长之旅，改善了社区家庭教育和家庭文化建设的状况。

"幸福家长暖心课堂"项目直接影响77900人次，让许多家长更加了解和关注家庭教育，学会了如何爱与沟通，掌握了建设幸福新家庭的技能，帮助父母从自我成长起步，运用正确的家庭教育理念和方法，提升自我内在状态和关系处理能力，解决家庭矛盾和亲子困扰，促进家庭的稳定与和谐。从本项目的调查反馈情况来看，99%的参与者对项目活动效果表示很满意；98%的参与者对项目活动内容表示"很好，非常有用"；100%的参与者表示"非常愿意继续学习相关育儿理念和技巧"。

（二）主要内容

"幸福家长暖心课"家庭教育服务项目在里水镇17个社区和4所学校内普及科学的家庭教育理念，并通过线上线下两大板块实施教学活动。线下活动包括1

场互动式体验模式的启动仪式（共250人次），21场家庭教育大讲堂（共5460人次），15场父母自助小组活动（共750人次），10场教师培训工作坊（共1200人次）和1场成果展示会（共250人次）；线上活动开展了1008场"心海榕"系列微课（共302400人次）。

2014年3月—2017年12月，我校在选定的17个社区（包括1个重点试点社区）进行家庭教育巡回大讲堂（共21场），体验独创的"互助体验式讲座"及"父母互助小组"成长活动。此外，我校还采用了家长学堂的方式，运用"1+1>2"的成长模式，即每一堂幸福课配套一堂成长分享课，家长们通过导师讲授发现自身成长点，分享和交流内化每一个成长要点，学习、掌握专业的沟通技巧。在活动之余，家长学堂学员可通过项目组建的微信平台及校方所提供的平台，分享其所学所得，家长们通过分享孩子的成长故事，从而启发更多的家长主动参与。

除了开展线下活动，"幸福家长暖心课"项目也充分利用互联网资源开展线上活动。我校建立了21个家长学堂学习微信群组，同步进行了每周一次共1008场次的专业心理微课，在构建家庭教育网络的同时，也实现了家长跨地域互助学习。

三、实施社区全民阅读工程

（一）基本情况

"书香门第工程"是里水镇基础教育改革十大工程之一，以里水镇成人文化技术学校为基地，整合本镇区域内可利用的各种教育资源，形成了"学校—家庭—社区"全链条线上线下培训基地。"书香门第工程"服务项目通过"心灵成长故事会""岭南诗文化传播""读书分享会""成果展示会"等内容完成了听、说、读、写4个环节。

首先，在"喜马拉雅"App上开创的"梦里水乡：全民阅读飘书香"线上频道，完成了"听"的环节。

其次，"心灵成长故事会""岭南诗文化传播""读书分享会"三大主题的线下活动完成了"说""读"和"写"的环节，并在18个社区内传播家庭教育和阅读的好处和乐趣。该项目直接受益人数达10余万人次。

最后，通过"成果展示会"，以朗读、讲故事、情景剧等形式将阅读的好处展示出来，并评选出10个"梦里水乡：全民阅读飘书香——优秀书香家庭典范",带动更多家庭形成良好的学习氛围,塑造家庭阅读文化,从而提高家庭教育的质量。

(二)主要内容

1. 板块一:线上活动

采用流行的线上"语音频道"形式,在"喜马拉雅"App 上开创"梦里水乡:全民阅读飘书香"频道,让所有市民足不出户就能学习到多元化、有价值、有趣味的文章,构建了跨地域、无时限的全民阅读形式,实现了最便捷的"听一听"服务环节。

2. 板块二:线下活动(广度)

首先,开展心灵成长故事会大讲座活动,将心灵成长与书香门第工程建设结合形成了"心灵成长故事会"。通过朗读者现场朗读,通过"心灵故事+现场参与者互动分享+专业心理导师精华点评+家庭教育专业传授"的形式进行,实现"听一听、读一读、想一想、说一说"四大教育环节。

其次,举办岭南诗文化传播大讲座活动。结合里水镇书香门第工程建设,从一批鲜为人知的岭南诗人中,精选佳作,挖掘其美好的本土文化精神,编成岭南古诗歌相关书籍,让家长和孩子们以学儿歌的方式,学习真正的岭南诗歌。同时,邀请心理专家挖掘岭南诗人美好的人生体验,再结合心理学和家庭教育等元素,向里水镇民众传播岭南诗人的美好品德。

3. 板块三:线下活动(深度)

开展了深度读书分享会活动。读书分享会以一个学校作为实施单位,并聚集喜爱读书的家庭参与其中,通过群体小组内分享、交流每一篇文章、每一本书的要点,结合生活当中的实际问题,作进一步解惑与交流。读书分享会形式多样、内容丰富、表现形式自由,容易产生共鸣、深入人心,创新了社区教育协同发展的形式。

四、打造"1+2+N"社区家庭教育品牌

"幸福家长暖心课"项目提供了持续、科学、本土化及有效性的学习模式,

让家长意识到自身的成长与孩子的成长息息相关，从自身成长出发，调整心态，减少焦虑、烦躁等负面情绪，无论在工作中还是在家庭里，心态都变得更乐观，抛弃以往不良的育儿模式，拉近与孩子间的距离。同时，孩子在活动中也能感受到家长和教师的期望，重新认识自我，学会勇于表达自己，乐于分享，变得更加自信。家长和孩子的变化也能带动家庭氛围的转变，家长提升了爱的能力，减少了家庭冲突，营造了和谐美好的家庭氛围，解决了亲子关系的困扰，同时也增进了夫妻亲密关系。在整个项目的开展中，明显发现家长对其家庭变化方面的分享内容逐渐增多。

"书香门第工程"项目开展时间为2018年1—12月，目前，已成功建设线上"梦里水乡：全民阅读飘书香"音频栏目以及微信学习群组，高品质完成线下20场大型活动及两场"读书分享会"活动，直接受惠人数达88000人次。同时，还推动了全民阅读，形成了"学校—家庭—社区"全链条线上线下培训基地，成功打造了"上善教育"的社区教育品牌。

每一个家庭的改变必然带动该地区整体家庭教育理念和文化教育的改变。"幸福家长暖心课"项目把"老师教"转变为"我要学"，把单纯的"听老师讲"转变为"家长说"，注重家长的分享和体验，把分享感受加入课堂学习当中，强调家长的自我成长、自我学习、自我觉悟和自我蜕变，同时实现了家长的跨地域学习。通过系统性的学习与成长，父母自助小组的学员转变为幸福的传播者，用生命影响生命，集结学员自身的爱与智慧，通过微信网络课堂向家人、朋友、老师及其他家长分享其成长的故事喜悦，在社区内树立并传播科学的家庭教育理念。

通过"幸福家长暖心课"和"书香门第工程"两个项目的实施研究，里水镇成人文化技术学校探索出了一个适合当今教育要求的"学校教育、家庭教育与社区教育"和谐发展的途径，形成了家庭教育的"1+2+N"的发展模式，其中"1"是指以家庭教育为核心；"2"是指"幸福家长暖心课"和"书香门第工程建设"双特色项目；"N"是指多个家庭教育板块。

里水镇成人文化技术学校组织的这两个社区教育公益项目，得到了社会各方面的关注和重视，在本地产生了深刻的影响，《珠江时报》、佛山文明网、里水电视台、里水广播站等多家媒体多次参与活动现场，并对相关活动进行了大篇幅的宣传报道。

"新南海人·梦家圆"
综合化社区教育服务模式探索

佛山市南海区大沥镇成人文化技术学校

大沥镇地处佛山市南海区东部,是连接广佛两市中心城区的重要纽带。全镇总面积95.9平方千米,常住人口65.27万人,户籍人口25.14万人,共有26个农村社区和13个城市社区,其中嘉怡社区为外来务工流动人口最为密集的社区,流动人口数是户籍人口数的三倍有余。2013年,嘉怡社区在区政府、镇政府的支持下,建立了服务非户籍人口的创新综合体——"新南海人·梦家圆",力求改变对非户籍常住人口重管理、轻服务的现状。社区工作人员逐一入户进行需求调查,依托"梦家圆"这一项目载体,逐步探索出涵盖行政服务、社会服务、社工服务、义工服务、社团服务和政策研究"六位一体"的综合化社区教育服务模式。

"梦家圆"通过有效整合政府机构、社会组织、企业、个人等多方资源,开展形式多样的社区教育,以科学机制成就"新南海人"的梦想。嘉怡社区还在国内首创行政审批服务和社区综合服务相结合的"行政+社工"服务模式,以党建引领开展"123"工程,通过"梦家圆"平台,开展"榕树头文化共享工程"和"百家展能聚力工程",并开展了小候鸟驿站、人口文化中心、同业互助会3个外展项目,形成了"党建+社会服务"的基层服务网络,提升了社区居民再教育的质量,非户籍人口参与社区治理的热情和潜力得到充分释放。目前,嘉怡社区6支义工队中有七成队员都是非户籍新居民。

一、党建引领 联动治理

嘉怡社区坚持党建引领,创建了"一中心、三阵地、多阵营"的服务模式,即在社区中心服务的基础上,搭建了嘉乐小区、半岛小区和名雅小区3个服务阵地,并且先后依靠"三阵地"组建起党员活动小组、物管、街坊会和出租屋主联合会等多个阵营,共同推动小区综合治理。在嘉怡社区党委的领导下,"梦家圆"社工联合党支部联动小区党员、物管、街坊会、义工和其他热心居民共同关注社区公共事务,深入社区服务,收集社区居民的利益诉求,并将居民的社区教育服务需求整理分析后反馈给社区党委。同时,以小区发展"议题"的形式开展茶话会、大家谈、一事一议、小区服务等专项讨论活动。"梦家圆"项目促进了社区多元主体共同沟通议事,创建了沟通联系、议事协商机制,增强了社区居民的参与感和主人翁意识,并在此基础上形成了《党建引领新格局建设的创新探索》报告。

为充分发挥街坊会的作用,"梦家圆"项目从社区中筛选出准社区领袖 28 人作为街坊会成员,建立了街坊会工作坊,并开展了认识社区、学习型社区知识、培育核心领袖等主题培训,同时,运用沙龙、参访、团建等多种形式提高街坊会成员的业务能力和服务意识。目前,街坊会已经能够自主策划、筹备与开展服务活动,开展了包括黄岐颐养院慰问演出活动、小区便民服务、山区探访、消防及预防登革热宣传等多项活动,加强了社区居民之间的联系,营造了和谐友爱的社区氛围。此外,流动人口的住房安全问题是社区服务的难题,为提升非户籍居民的出租屋管理意识,社区组织走访、督导工作,了解出租屋主及租户的服务需求,创建了嘉怡"出租屋主联合会"微信平台,及时推送出租屋管理的政策法规和社区教育服务资讯,推动出租屋主及租客共同关注并重视出租屋管理,共同维护安全有序的出租屋环境,同时,不定期开展屋主与租户之间的互动交流活动,提升了非户籍常住居民的社区归属感。

二、"行政+社工" 互补共建

"新南海人"对社会保障、入户入学、就业创业等政策信息普遍存在较大的需求。为满足社区居民在这一方面的服务需求,嘉怡社区创新性地探索出行政审批服务与社区综合服务相结合即"行政+社工"的套餐服务模式。在社区中心一楼搭建了社工服务平台,一方面弥补了行政审批服务的压力,方便及时介入行政服务过程中可能产生的纠纷和矛盾,实现居民需求与社会资源供给的有效对接,为社区居民提供更优质的服务;另一方面社工服务平台在收集社情民意、了解居民需求的前提下,通过分析最终形成了政策倡议,为政府在服务方面的决策提供参考。

为保障"新南海人"对政策信息的便捷获取和了解,"梦家圆"项目开设了圆梦热线、居民微信群等线上服务项目,并且结合线下的"行政+社工"咨询服务窗口,通过双线齐下的服务通道,及时解答社区居民的咨询问题,帮助社区居民有效改善或解决了相关问题。根据社区居民常见的各类问题,社区工作人员编制了《大沥镇嘉怡社区便民信息册》,方便了新居民对政策信息的获取和对社区业务流程的了解。"梦家圆"项目还以跟进或转介服务的形式,与政府职能部门合作,调查异地务工人员的创业就业需求,并以社区提案的形式提出《党建+创业社区——大沥镇嘉怡创业带动就业发展计划》,从而帮助有困难的异地务工人员解决生活难题。

在社区管理中,仅在社区中心一楼设立"行政+社工"的咨询服务平台是不够完善的,还需要深入社区,让更多的社区居民知道社区的服务流程和项目,带动更多人参与到社区建设中。在这项工作中,社工和社会组织发挥了重要作用。在社工的推动下,半岛街坊会与义工联盟共同开展了社区公益及街坊志愿服务,组建了嘉乐小区的街坊群,吸纳了119人加入其中。微信群内居民主要针对小区议题进行探讨,社工通过街坊群的平台表达居民的利益需求,并进行分析、评估,再进一步将服务输出。

社工搭建了街坊座谈、茶话会等沟通平台,并邀请热心社区居民及街坊会成员在线下共同探讨社区的公共议题。据不完全统计,目前居民分享过的议题有:①对租金上涨过快的补贴政策;②社区安全、卫生、绿化问题;③社区居民对社区以及社区中心三楼社工机构所开展活动的建议;④共融广场建设及设施维修问题;⑤嘉乐小区公共厕所改造、蚊虫消杀、小区噪声问题以及停车问题;⑥出租屋安全管理、房产证及居住证办理等问题。经过线下的沟通议事后,社区居民的意见得到了实际反馈和有效跟进。

社工通过小区拜访的形式与小区内物业管理人员建立了良好的合作关系。一方面社工组建社区物管微信群,促使物管公司关注公共议题,并参与到社区学习和公共事务管理当中,如建设小区义工团队、宣传小区公共安全、儿童骑车安全和提升居民文明养犬等议题,以期建立有效的定期沟通机制及服务协助机制。另一方面,在社工提供服务时,物管协助提供相应的场地和物资。目前,社工与小区党员、物管、义工等多方共同合作,开展了包括小区绿化微改造、衣物回收桶设置、宠物粪便专用箱和天台杂物清理等服务活动。

三、同培同育　融合共享

"新南海人·梦家圆"项目通过培育和发展社区内组织,包括物管、街坊会、出租屋主联合会、义工联盟和其他协会组织等,推动"新南海人"更快地融入社区组织管理中,形成了"新南海人"服务自我、服务他人、服务社区的同培同育格局。

为进一步丰富社区教育内容,拓展社区居民的活动形式,"梦家圆"项目寻求多处切入口,链接社区多方资源,为社区居民提供优质的教育类服务,如搭建了兴趣文化学堂平台,在社区中心及小区内部开展兴趣文化类服务,拓展社工与居民、居民与居民间的沟通交流渠道,增进友爱邻里关系。同时,结合社区文化,发展培育兴趣团体自组织,为自组织团体提供自我发展的平台,让社区居民展现自我、奉献社群,加快"新南海人"的融入。

"梦家圆"项目还积极探索与社会组织资源的整合,如对接黄岐医院、大沥镇书法协会、"能量篮球"训练营、智博幼儿园、天鹅舞苑等周边社会组织的资源,利用链接的资源开展烘焙班、书法班、篮球班、急救知识、瑜伽、尤克里里、藤编、剪纸等兴趣课程,为"新南海人"提供了丰富的、多样的、可供选择的学习平台和资源。目前,社区文化学堂已经成功培育了烘焙、瑜伽、书法、绘画等兴趣团体,通过这些团体活动增强了非户籍居民和本地居民之间的沟通联系,加深了彼此的熟悉度,促进了邻里的友爱关系,而藤编、龙舟、迎春花市节庆等富含地域特色的文化课程增进了居民对社区的归属感,加深了其对本地文化的认同。此外,不同组织、团体在共同开展活动的过程中也增强了社会各方的认识和合作,在鼓励社会组织为社区居民带来优质的服务的同时也达到了宣传本地特色文化的共赢效果。

随着社区教育活动的不断丰富,"新南海人"也越来越多地参与其中,逐步从自我服务走向奉献社区,各类兴趣团体开始自发组织为社区居民进行节目展演,如瑜伽队积极参与到社区大型活动中,烘焙班通过定期探访服务将自制美食带给社区有需要的群体。同时,小区街坊会成员引导社区居民培养自我服务和互助服务意识,通过邻里友爱服务、出租屋主联合会活动等"以点带面"的工作,促进户籍和非户籍居民之间更多的沟通交流,创建邻里互助、关爱共融的熟人社区。

"梦家圆"项目积极推动党社联动、三社联动机制的运转,统筹发挥基层政府、党员、社会力量、居民群众的作用,以居民需求为导向、社会组织为载体,促进"新南海人"融入社区,大力培育义工服务联盟、街坊会组织、出租屋主联合会。特别是在义工服务联盟的建设上,社区大力发展和培育义工。2018年,社区在原有25支义工队伍的基础上吸纳了石门实验学校义工队、石中青年志愿者协会义工队、智博幼儿园教师义工队3支队伍,进一步扩大了义工联盟。在义工联盟平台建设和能力建设方面,搭建了义工联盟季度会沟通议事机制,组建联盟微信群保持日常沟通、信息互动,组织开展了新义工的培训、义工骨干能力提升工作坊和联盟团建活动,提升了联盟队伍的团队建设和组织策划能力,增强了联盟队伍间的凝聚力,优化了义工队伍内部机制,促进了队伍间沟通合作的能力。为了进一步壮大社区义工队伍,推动社区志愿服务发展,打造社区特色的义工服务品牌,"梦家圆"项目提供了社区居民快速注册志愿者和参与志愿服务的平台,义工联盟各支队伍从单独服务走向联合服务,从"中心"服务迈向"阵地"服务,实现了"资源共享、合作服务"的功能。

四、暖心展翅 助力"双业"

"梦家圆"项目整合了社区政策资源、社会组织资源和社区教育服务资源等,为社区居民提供了就业创业服务。一方面促进社区创业就业政策服务的落地,推进社区福利均等化;另一方面利用本地企业家、行业协会等资源,动员企业家导师团队为社区开展所需的创业就业类讲座、培训,活化社区资源,打造创业共享文化氛围,形成接纳、支持创业就业的文化和政策环境,助力有梦想的嘉怡人在创业就业上的发展。

2018年,创业就业支持服务通过资源联动,吸纳了8名来自不同行业的优秀创业导师,建立了1支创业导师队伍;组建了创业交流群,群内共吸纳约100名创业青年;"梦家圆"项目多次以大型活动形式,如招聘会、嘉年华等,向社区"新南海人"宣传"梦家圆"的创业就业服务。"梦家圆"与嘉怡社区附近约20家招聘企业建立了良好的合作关系,并与6个创业团队建立了合作关系,搭建了人才输送平台和互动交流资源平台,采用各种类型的培训、讲座、分享交流会等提升创业者的综合能力,形成接纳、支持创业就业的社区文化环境。

流动人口作为城市常住人口的重要组成部分,其有效融入城市是市民化以及城镇化健康顺利推行的重要因素。嘉怡社区党委非常关注和重视流动人口的社会融入、城市融入及心理融入问题,"新南海人·梦家圆"项目的社区教育服务形成了从需求调研到服务递送、监察、评估、反馈、调整的循环流程。嘉怡社区创建了以社区党建为核心、以社区服务为依托、以生态文明为基础、以社区稳定为支撑、以文体活动为支持、以居民自治为目标的社区教育模式，依托"梦家圆"整合社区资源，通过举办系列活动吸引了更多的"新南海人"参与了社区共建共治共享活动，促进了社区融合发展。

"互联网+社区教育"服务管理模式的探索

佛山开放大学

一、基层社区教育的主要问题

（1）地方社区教育发展不平衡。佛山市毗邻广州，是发达的制造业之城，常住人口超过 800 万，但所辖的 5 个区经济发展不平衡，禅城、南海和顺德相对发达且人口集中，三水和高明相对落后且人口分散。佛山社区教育发展较晚，5 个区的发展水平有较大差距，各区镇街道、工青妇（工会、共青团、妇联）、社区学员、文化工人图书馆和社会培训机构等体系缺乏统筹联动机制。

（2）学习需求多样化问题突出。社区教育项目种类繁多，要求不一。学习者地域分布零散，身份和特征指向不明显，年龄层次涵盖从小学生到退休老人，个人学习的时间和学习能力不一，学习的出发点和兴趣爱好有较大差异。在不充分了解学习者需求的情况下开展教育培训，社区学校一座难求和门可罗雀的现状并存，给社区教育的开展带来了一定的难度。

（3）传统培训的时间和空间受限制。社区教育需要全社会的共同参与，虽然社区教育机构能根据学习者的实际情况开展培训（社工师培训、志愿者培训、家庭教育、健康讲座、摄影讲座、艺术类培训、继续教育、职业教育等），但是，绝大部分的培训课程仍然采取定时、定点、定人群的方式，学习时间和地点都受到限制，而且很难实现知识的再现和传播。

（4）项目的服务管理效率低下。传统的社区教育以开班授课的形式较多。以某个培训项目为例，从学员的报名、收费、分班、再到授课、教材发放、学员签到、出题、测验、考试、批改，最后到证书的打印及事后的统计分析等都需要大量的人力物力，整个服务管理过程效率低下而且容易出错。

二、构建符合实际需要的系统平台

在总结经验、分析问题的基础上,佛山开放大学实施线上线下相结合的教学模式,采取线上促进线下,线下支持线上的教学管理策略,从 2014 年开始建设佛山市民终身学习平台,2016 年平台上线,并建立非学历支持服务系统,该系统根据社区教育项目的需要实现线上线下联动,可以较为有效地解决在社区教育开展过程中遇到的教学管理问题。学习平台间的功能关系见图1。

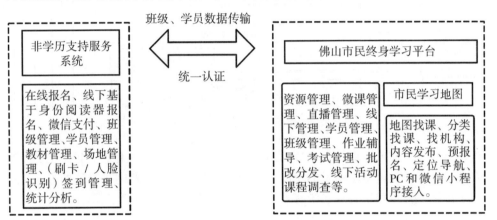

图1　学习平台间的功能关系

(一) 非学历教育支持服务系统

非学历教育支持服务系统的建设主要是为了适应我校线下非学历教育的发展需要(包括职业培训、志愿者培训、社工培训、爱心学堂及老年教育等)。各类培训拥有有灵活完整的教学过程,包括报名、收费、分班、教材发放、考勤、教学质量管理、统计分析等,服务和管理的难度会随着班级和人数的增加而大量递增。其中,老年教育于 2019 年开设了 18 个专业,共 72 个班,老年学员超过 1800 人次,服务和管理的难度已经超过了现有管理人员的应对能力,所以,教育信息化是提高效率的有效途径。非学历支持服务系统架构见图2。

非学历教育支持服务系统实现联机流水作业、提供线上及线下报名(线下采用身份证读卡器获取资料)、线上及线下第三方支付、教室预约调度、(刷卡/人脸识别)签到、学员证样式打印、个性化课程提醒(短信/微信)、提供多样化

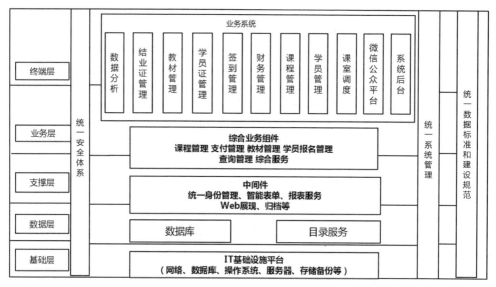

图2　终身学习平台支持服务系统

统计方式等。建成以后，报名准确高效，收费退费简便，线上线下名额比例分配合理，缓解了一座难求引发的矛盾；签到通过人脸识别或者刷身份证的方式，提高了出勤率。该教学管理系统有效解放人手，改进流程，提升效率，促进了教育公平，为基层社区教育机构的教学管理提供了重要技术支撑，解决了教学管理的技术难题。

（二）佛山市民终身学习平台

很多学校在建设终身学习平台或者终身学习网的过程中，都在软件系统建设和资源建设方面遇到了不少困难，甚至陷入了困境，主要原因是没有以项目为抓手实现线上线下融合发展，既不适应本地需要，也没有发挥"互联网+社区教育"相互促进的效应。佛山市民终身学习平台系统采用了技术先进并符合实际需要的云服务系统，优点是速度快、投入小、风险低、独立域名、专业功能配置，避免了自建系统投入大、周期长、风险高、维护成本不可控、新功能特性迭代不及时等风险。（见图3）其核心功能包括班级管理、学员管理、作业辅导和考试管理（支持全程人脸检测保障考试质量）。

该系统支持线下课、直播课、断点再续的点播课和微课多种课程形式，满足不同培训课程的需求。（见图4）

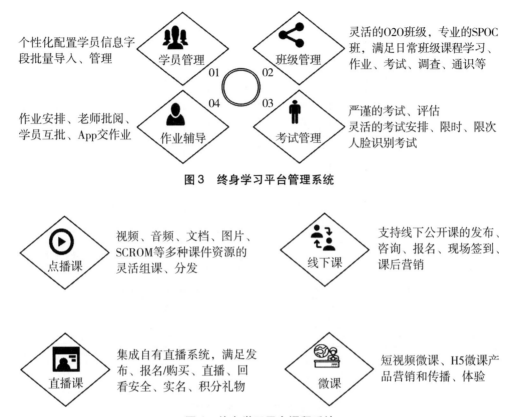

图 3 终身学习平台管理系统

图 4 终身学习平台课程系统

我校利用技术和功能强大的系统建设了佛山市民终身学习平台，坚持以项目为抓手促进线上线下结合的方式，整合建设项目需要的有效资源，较好地解决了基层社区教育开展过程中复杂的教学管理问题，并在多个项目中发挥了作用。

非学历教育支持服务系统和佛山市民终身学习平台为各类社会教育机构提供了强大的信息化平台，提升了基层社区教育的服务管理效率和效能。同时，拓展学习平台的学习地图功能可以统筹全市从事社区教育培训事业的机构和力量，聚合线下社区教育培训信息，通过地理位置、兴趣爱好、时间技能等要素进行匹配，为机构、讲师和学习者提供了最佳选择方案，通过 PC 端、移动端微信小程序、有线电视端（机顶盒）等多种渠道把学习资源传送到学习者手中，使学习者可以方便获取身边的学习机会。

市民学习地图实现了教育信息统一管理，有效统筹了全市社区教育的资讯，

满足了学习者的多样化学习需求，对促进教育公平和提高教育资源利用率起到了十分重要的作用。（见图5）

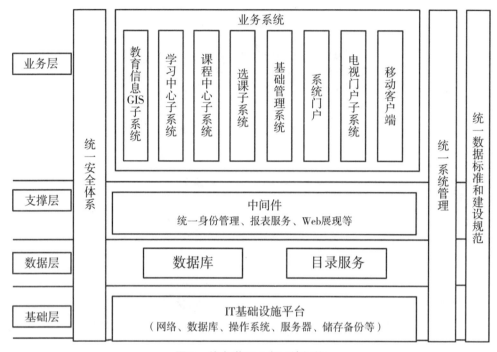

图5 终身学习平台系统架构

三、主要特点

在非学历支持服务系统中，学员报名资料被自动获取，多线作业准确高效；通过合理分配线上线下报名名额，有效解决了一座难求的矛盾，促进了教育公平。同时，通过微信的宣传，减少了部分课程门可罗雀的情况，提高了教学资源的利用率，更好地为市民服务。每个教室均安装人脸识别设备连接内网，实现所有教师和学员扫脸或者刷卡签到，有利于管理部门及时掌握出勤情况，而且能有效遏制普遍存在的"蹭课"问题。

在佛山市民终身学习平台上，SPOC（Small Private Online Course，小规模限制性在线课程）方案能根据项目的实际需要，灵活定制项目的阶段组成，包括在线课程、线下课程、在线作业、在线考试、直播、线下活动等；实现教师任务的分发组合（如授课和批改作业）和学生任务指派，实时掌握统计所有学生完成的进度和数据，有效解决了不同教育项目的需要。测验、考试支持限时/限次人脸识别活体检测，保证了考试纪律和学习真实性。支持个性化制作课程学习证书，永久保存学生的学习积分，为建设学分银行学习互认提供了基础。平台提供了学习地图，能基于GIS集聚教育资讯，以PC、微信小程序等多种方式服务市民学习。平台对地理位置、兴趣爱好、时间技能等要素进行匹配，为机构与讲师、讲师和学员、学员与机构之间搭建桥梁，有效提高了教育资源利用率。

依托"七夕文化"品牌推进社区教育的探索

东莞市望牛墩镇成人文化技术学校
东莞市望牛墩镇文广中心

东莞市望牛墩镇充分利用社区教育作为传承和弘扬本土特色品牌文化的主阵地,把本土特色品牌文化资源融入社区教育的大课堂中,把社区群众喜闻乐见的传统特色文化通过社区教育的途径发扬光大。

一、整合社区教育资源,打造传承本土文化的新阵地

(一)利用本土文化阵地,普及本土文化知识

望牛墩镇不断加大公共文化服务体系和基础配套设施建设的投入,先后投资共3.5亿元,建成了以"七夕文化"为主题的滨江体育休闲公园、七夕文化长廊、七夕文化公园、水乡公园、水乡记忆馆等七夕文化主阵地,全天候免费开放供游人赏玩。贡案广场、星河池、许愿树、鹊桥、文阁塔、七夕文化墙、水乡记忆馆等主题景点深受广大市民所喜爱,有利于把七夕乞巧文化知识普及给社区居民。市民从了解七夕文化到喜欢七夕文化,人人参与学习七夕手工艺制作,为传承七夕文化打下良好的文化基础。

(二)成立民间专业讲师团,宣扬和传承本土文化艺术

望牛墩镇成人文化技术学校(社区学院)连同镇文化部门一起通过走访、挖掘和筛选,于2010年7月在镇成人文化技术学校(社区学院)成立了以省乞巧文化传承人陈杰芳为团长的望牛墩镇乞巧艺人协会专业讲师团,深入到各村(社区)、学校、幼儿园,通过培训班、讲座等形式为广大的七夕贡案制作爱好者传授技艺,每年参加培训的居民人数达1万人次以上。

（三）利用新媒体教学方式，实现本土文化远程教育

为全面落实文化品牌的打造和实施，望牛墩镇七夕风情文化节组委会连同镇成人文化技术学校学校一起编撰了《岭南七夕风——望溪河畔的一朵亮丽的奇葩》和《望溪乞巧——望牛墩七夕贡案鉴赏》两本书籍，宣扬和普及了七夕文化内容。2013年5月，望牛墩镇成校（社区学院）特邀省乞巧文化手工艺制作传承人陈杰芳女士利用现代多媒体，制作了社区教育慕课并上传到镇社区教育网，以供居民观看学习，广大七夕手工艺爱好者可以足不出户就能上网学习，为传承和发扬七夕文化夯实了群众基础。

二、依托社区教育阵地，提出服务本土文化的新举措

（一）依托学校阵地，开展七夕乞巧文化进课堂活动

望牛墩镇将七夕乞巧文化传承融入学校（幼儿园）的美术教育中，并进行实质性的开发和利用。学校（幼儿园）利用直观的、贴近生活的史料与教材，再根据不同年龄段的学生选择适合他们身心发展的本土文化特色教学内容，使本土文化内容渗透到教学活动中，让孩子们在日常的学习中接受本土文化教育，使本土特色文化内容更容易得到传承和弘扬，让学生热爱和保护本土七夕文化。

（二）依托民间工作室阵地，组织部分学生调查和走访民间艺人

望牛墩镇在每年农历五、六月份都会自发性地组织各村的民间艺人和民俗爱好者制作七夕贡案以迎接新一届的七夕节贡案展，组织部分中小学生代表与本土文化传承的老艺人们一起制作各种七夕手工艺品，中小学生可以直接从民间艺人那里学习传统的手工艺，亲身体验民间艺术的创作过程。通过亲身感受和直面这些民间艺人的走访活动，加强了学生对本土文化特色的认识和情感体验，让学生直观地学习到本土七夕文化特色手工艺制作技艺。

（三）依托文化部门阵地，联合各部门积极开展七夕贡案制作常规培训班

望牛墩镇社区教育注重对本土七夕文化的内涵进行延伸、丰富和升华，扩大其社会的影响力，通过多种举措，加大对乞巧节七夕贡案制作和传承的保护力

度。从2013年开始，由镇社区教育委员会牵头并联合各相关部门在水乡公园的水乡文化传习室开展的七夕手工艺贡案制作培训班，满足了广大七夕手工艺爱好者的学习需求，无论男女老少均可免费参加学习，以此激发市民群众，特别是青少年一代对七夕贡案的保护意识和制作热情，使这项本土特色文化能够代代相传。

（四）依托村（社区）阵地，组织各村（社区）积极参与七夕贡案制作活动

望牛墩作为"中国乞巧文化之乡"，七夕手工艺制作技术在全镇广为流传。每年农历的七月初七前夕，为迎接当年的"浪漫七夕节"的到来，全镇各村（社区）都投入专项资金，把各村民间七夕巧匠们聚集在一起，研究七夕贡案制作的内容和方法。通过招收一批新的贡案制作学徒，老工匠们免费传授贡案制作的技艺，手把手地开展教学活动，已经培养出多批出色的七夕民间手工艺制作能手。

三、搭建社区教育平台，营造本土特色文化的新氛围

（一）搭建全镇赛艺舞台

除了派遣社区指导老师到各村指导七夕贡案制作外，望牛墩镇还通过镇社区教育网站进行宣传，组织各村艺人到镇社区学院进行交流活动，充分发挥社区学院在本土文化传承中的作用。每年镇政府投放30万元的奖金评选出一、二、三等奖，创意奖和优胜奖。全镇各村（社区）都在每年的七夕节前的几个月，组织各村的七夕贡案制作民间艺人和爱好者以手工制作出各种奇妙精致的巧物，诸如瓜果、香烛、龙狮、绣花鞋、桌椅等手工艺品，精心设计好每一台贡案，在农历七月初六前摆放到镇中心广场供游人观赏并参加比赛。每台贡案都设计精美、独树一帜，每年吸引前来观赏的人数超过10万人次，游客都对这些巧夺天工的工艺赞不绝口。

（二）搭建学校展示平台

镇社区学院通过联合镇宣传科教办等部门，在学校开展七夕贡案手工艺制作赛艺活动。全镇各学校（幼儿园）每年也会同步举行大型的七夕手工展示、赛

艺活动。这些活动的举办让师生和家长都对七夕民间手工艺有了更加直观的感受和理解，形成了从学校到家庭再到社会的全网络辐射，在传承与发展"七夕文化"的同时，引起了社会的广泛关注。

四、提升文化品牌效益，彰显社区教育创新发展的新优势

（一）主题突出，文化内涵丰富，社区教育更显魅力

七夕贡案作为独特的非物质文化遗产，亦是七夕风情文化系列活动的主题，每年都会组织全镇21个村庄的村民精心制作贡案，形成七夕贡案大荟萃、大展示、大交流，艺人们以其独特的技艺和创新的思维，制作出精巧美妙、富有创意的贡案，为期3天的展览成为历届文化节最吸引人的活动之一，备受各方游人宾客的欢迎，既呈现了望牛墩镇传统的"勤勉互助，儒雅诚真"的精神传统和人间"真、善、美"的特质，也呈现了望牛墩镇"开拓进取，自强不息"的现代精神。

（二）立足基层建设，群众广泛参与

每年文化节除了举办七夕文化主题特色活动外，望牛墩镇还围绕"水乡情·七夕恋"主题，结合东莞市文化惠民演出活动和镇社区教育的成果展现，组织开展了包括情歌演唱、经典诵读、传统服饰展示等内容的综合性文艺演出，为广大群众在七夕节当天送上精彩的文化惠民演出，让广大群众尽情感受七夕的欢乐。

（三）多方宣传，市场效益佳，社区教育彰显新形象

通过社区教育的惠民窗口，结合文化部门的精心打造，每年七夕风情文化系列活动的举办，已经成为展示望牛墩镇社区教育新形象的窗口和对外文化交流的有效载体，进一步宣传、推介了望牛墩良好城市形象，促进了望牛墩镇文化产业的发展，得到了社会各界的一致好评。该活动吸引了中国新闻社、央视网、《南方日报》、《广州日报》、广东电视台等20多家中央、省、市主流新闻媒体代表前来采访，提高了"七夕文化"社区教育品牌影响力。

（四）借助全民终身学习活动周平台，巩固和推广本项目成果

望牛墩镇在每年的"全民终身学习活动周"和社区教育成果展示活动，都

会吸引上千市民前来参观学习,市民尤其对水乡记忆馆内获得中国民间文艺最高奖——山花奖的"仙凡缘"贡案叹为观止。活动更吸引了广电、报社、网站和微信公众号等媒体争相报道。

(五)项目成果显著,社区教育文化品牌更显靓丽

望牛墩镇积极组织开展各类传统文化培训活动500多次,开展传统文化进课堂活动200多次,出版有关七夕本土传统文化书籍8本,其中校本教材3本,各学校、各社区、各部门积极配合,共完成七夕贡案制作微课12个,制作慕课11个,市级专题立项2项,市级以上论文3篇,获奖作品19项,主要包括中国民协评选的"中国乞巧文化之乡",中国文学艺术界联合会、中国民间文艺家协会评选的"山花奖",东莞市人民政府评选的"社区教育单打冠军",东莞市文化广电新闻出版局评选的"东莞市非物质文化遗产传承基地——乞巧节"等奖项。望牛墩镇向全社会积极地推广七夕文化,深受广大社区群众的喜爱,为推动本土特色文化的传承和创新做出了重要的贡献。

以研发为中心，跨校共享共建老年课程的探索

东莞开放大学

一、实施过程

"以课程研发为核心，跨校协同共建为基础，共享机制为推手"的区域老年课程建设模式，能够提高老年教育课程建设与管理的水平。通过制定并发布课程开发标准（即《老年课程实施纲要》），研制出每门课程的实施方案，引领老年教育的规范办学，保障教学质量。我校的《老年课程实施纲要》由五大部类、20个分类、近40个小类构成，涵盖课程实施的所有领域，构成了适用于老年教育的课程与教学生态系统，主要包括观念体系、制度安排、行为方式以及环境建设等因素，能确保老年教育开足课程、开好课程，尊重老年人的个性学习要求，真正达成老有所乐、老有所学、老有所为的目的。

跨校协同共建是解决老年教育课程与教学问题的基础，协同各级各类教育机构的优秀师资，参与老年教育课程研发，有利于实现社会优质教育资源的共建共享，更大程度地满足老年人的学习需求。东莞开放大学已与东莞市老年大学、市青少年活动中心、莞城文化服务中心以及基础教育的部分中小学达成老年课程共建共享的协议。

（1）走课程研发标准化的发展途径，形成了老年教育课程研发标准（即《老年课程实施纲要》和《老年课程实施方案》）。《老年课程实施纲要》借鉴了基础教育阶段的"学科课程标准"，囊括了后者的所有基本指标和基本要素，为凸显老年教育的实用性和适用性，将其命名为"实施纲要"，并增加了"教学基本信息"和"课程拓展材料"等大类指标。2018年12月老年学堂学员的调查问卷统计显示，通过课程实施方案的制定与实施，本研究较为彻底地解决了当前老年课堂教学管理的主要矛盾。

（2）老年课程研发是老年教育的关键问题，需要多间学校的师资共同参与研发。让跨校共建单位推荐师资，通过共建单位内部审核机制，审查授课教师的资质、评估授课教师的专业水平。通过让授课教师制定该门课程实施方案，可以有效地缓解老年课程供给不足的问题。通过共享机制将老年课程推广应用，形成了老年课程建设与管理的基本模式。（见图1）

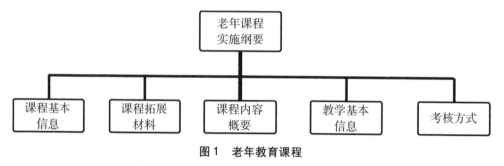

图1　老年教育课程

1）课程基本信息。包括课程名称、课程设置背景分析（社会、课程背景分析）、课程性质、课程实施基本理念、学分、学时。

2）课程拓展材料。包括参考教材、拓展阅读教材（书籍、网络）。

3）课程内容概要。包括课程目标、教学内容（知识点、学时、表格形式）、课程教学要求（教学重点、教学难点、实践环节等）、教学安排（讲授内容、授课方式、作业、辅助材料、表格形式）。

4）教学基本信息。包括任课教师、教室、上课时间、上课纪律。

5）考核方式（采取形成性评价和发展性评价相结合的评价标准）。包括考试形式、考察内容、考察方式、分值占比。

二、主要特点

（一）研究的逻辑起点和实践的路径简明清晰

从老年教育课程研发这一核心问题出发，提出综合性、模式化的解决路径，具有较强的可操作性。《老年课程实施纲要》将老年课程与教学涉及的观念体系、制度安排、行为方式以及环境建设等诸多领域融为一体，授课教师按照该框架结构就可以研发出具体的老年课程。《老年课程实施方案》还蕴含着人本主义心理学思想，突出了对老年学习者的年龄特征、心理特点、个性发展的关怀，把实用、适用、兴趣、体验等课程特征置于课程研发的重要地位，因此，加强课程研发是解决当前老年课程有效供给不足问题的有效途径。

（二）借鉴不同教育领域的理念、方法，实现跨校协同，并体现老年教育的独特性

突破老年教育的单一领域，广泛涉猎和参考基础教育、高等教育等不同领域成熟的课程管理理念和方法，走课程管理标准化的路径，课程研发标准类比借鉴基础教育界较为成熟的学科课程标准，在教学第一线不断打磨修订。针对老年课程需要大量社会教育资源参与的现状，提出老年教育机构跨校协同的理念，从而体现了老年教育的独特性，主要有公益均等、大众普惠、便利有效等特性。

（三）课程任务驱动课程管理，突出对授课教师的专业化发展引领

一是教师个人教学的专业化引领。授课教师在制订课程实施方案时，会在框架的指引下，查找相关资料、梳理教学理念、触发教学反思、精细教学设计，实现"教学相长"，制订课程实施方案的过程就是一次基于老年人的"课程再加工"过程。二是教师管理的专业化引领。以前我们往往强调对教师进行制度化管理，但管理的内容往往是教学行为上的硬性要求，而课程实施方案既是专业性的，同时也为课程实施过程定下了专业标准，对教师教学产生了约束力，教师管理的专业化也得到了提升。

东莞开放大学老年学堂形成了一套科学化、系统化、规范化、标准化的课程管理工作程序、业务流程和操作规程等，不仅可以向市内各街（镇）成人文化技术学校进行推广，而且可以提供给外市乃至全国的老年教育机构作为课程管理标准化的蓝本，得到了同行的普遍好评和媒体的广泛宣传。

基层乡镇社区教育课程建设探索

东莞市寮步镇成人文化技术学校

一、概述

在组织开展社区教育活动中，寮步成人文化技术学校（即镇社区学院）及 30 所村级社区学校积累了一定的经验，拥有了一定的社区教育资源，但这些资源大都比较零散杂乱，随意性较大，社区居民学习积极性不高，没有形成相对规范稳定的课程和评价标准，不能为社区教育规范化发展提供支撑。因此，需要开发和建设一批内容丰富、科学实用、针对性强、具有地方特色的社区教育课程，满足居（村）民不断增长的学习需要，促进乡镇社区教育可持续发展。

课程是社区教育活动开展的基本依据，是社区教育内涵发展的核心，重点要解决"教什么""谁来教""怎样教"等关键问题。通过对社区教育课程理论和实践层面的探索，我校开发了具有本土特色和实用性较强的社区教育课程，满足了辖区群众的学习需求，不断推动建立健全社区教育课程实施体制机制，广泛开展了社区教育活动，促进了学习型社会的形成，全面提高了社区成员的整体素质和生活品质，提升了社区群众凝聚力，有利于推进新型城镇化进程，助力"湾区都市、品质东莞"建设。

二、实施过程

（一）课程体系化：开发了一批社区教育课程及读本、网络资源

自 2013 年开始，我校就着手解决给干部群众"授什么课"的问题。经过多年的探索，我校共开发建设了 239 个社区教育课程（目录）。其中"科学养育"

71个,"香市学堂"117个,"新市民学堂"51个。此外,我校还搜索编印了《寮步镇家庭讲师团课题库》、社区教育课程读本(12册)和音像资料(11期),包括《教子有方》《爸爸妈妈的课本(幼儿版)》《引领孩子的未来》《印象香市》《寮步风俗人情与民间传说》及电视访谈节目《我和孩子同成长》等。我校还在网站上推出"课程资源""社区教育""家庭教育""教育科研"等专栏,初步建立了我校社区教育课程资源库和课程体系。

(二)课程品牌化:创建全国"全民终身学习活动品牌项目"

凭借丰富、扎实、有针对性的课程(讲座)活动,由寮步成人文化技术学校组织开展的"科学养育——寮步镇家庭教育提升工程"和"香市学堂"两大类型社区教育课程活动先后被评为全国"2014年终身学习活动品牌"和"2016年终身学习品牌项目",体现了我校特色品牌化课程建设的突出成果。

(三)课程规范化:编写了《寮步镇社区教育课程建设指导意见》

2016年12月,我校编写了《寮步镇社区教育课程建设指导意见》。全书以题材(内容)为划分标准,将社区教育课程分为社区环境与居民文明素养等7个方面,分14小节,每节课都安排了课程背景、目标、内容、实施、评价等,并附有精选课例,初步构建了本镇社区教育课程建设的基本框架和体系,为我镇社区教育工作者课程规范化建设提供了课程资源和课例参考。

(四)"菜单+订单"式送课下乡

为了保证社区教育的可持续开展,在镇教育办公室等职能部门的支持下,我校出台了《关于开展寮步镇年度百场社区教育讲座进村(社区)工作的通知》。每年我校送课下乡约200场,超过2万人次受益,得到了广大干部和群众的充分肯定,是我镇深入开展社区教育活动的主要举措,成为促进乡村振兴新的社区教育模式。

(五)初步构建了《寮步镇社区教育课程建设与实施评估标准(试行)》

在课程评价体系构建中,我校坚持以教育参与主体的满意程度作为评价最终标准。以本校的课程评价体系为基础的《寮步镇社区教育课程建设与实施评估标准(试行)》在各个村级社区学校试用,成为评价社区教育质量的依据。

三、主要特点

（一）率先在乡镇农村社区建设基层社区教育课程

整合课程资源，整体开发课程，健全评价标准，建立课程制度，创新课程机制。《寮步镇社区教育课程建设指导意见》《关于开展寮步镇年度百场社区教育讲座进村（社区）工作的通知》《寮步镇社区教育课程建设与实施评估标准（试行）》等一系列文件，在课程建设方面提供了统一的模式、标准和课例参考，为我镇乃至本地区社区教育课程的开发提供了指引，同时也成为我镇 30 个社区学校开展社区教育活动的操作指南。

（二）创新品牌，精准化实施社区教育课程

社区教育要适应不同层次人群的学习需求。我校在没有现成可借鉴的课程教材的背景下，经过实践研究，探索出了适合我镇社区教育的授课内容、方式方法和课程制度，为广泛开展社区教育活动、特色品牌化发展提供了多种可以选用的课程。

（三）促进教师转型和专业发展

在实践中创新师资培训新机制，促进了教师的成长，推动教师由课程的执行者向决策者转变。

党建引领，融合聚心，振兴文明新风
——潮州市枫溪区打造老年教育多元融合发展新模式

中共潮州市枫溪区委组织部

为加快构建终身教育体系和推进学习型社会建设，妥善解决人口老龄化带来的社会问题，努力实现老有所教、老有所学、老有所为、老有所乐的目标。2017年以来，枫溪区始终坚持以习近平新时代中国特色社会主义思想和党的十九大精神为指引，以破解当前乡村老年教育体制不健全、学习阵地不完善、师资力量不充实等问题为抓手，全面整合资源，突破思维定势，积极探索有特色有亮点、可复制可推广的新时代老年教育新模式，并以"融合聚心工作法"推动区域老年教育事业取得了突破性进展。

目前，全区已设立11个老年大学分教点，占全区村居总数的35%，辐射带动作用显著。2018年10月，国际老年大学协会主席维拉斯曾亲临长美村教学点进行调研，对我区办学成效给予了充分肯定。我区力争利用2～3年时间实现全区各村老年大学分教点全覆盖。

一、当前村（社区）老年教育存在的主要问题

当前，发展乡村老年教育事业，对提升乡风文明水平，助力乡村振兴，构建终身教育体系和推进学习型社会建设具有重大意义，但是，当前村（社区）老年教育发展仍然存在以下三方面问题。

（一）教育体制不健全

潮州市老年教育城乡区域发展不平衡问题比较突出，老年教育工作存在老干部局、老龄工作部门、教育局多头管理的问题，村（社区）老年教育缺乏统一谋划和统一部署，尚未形成有效的教育领导机制和教育工作体系。

（二）学习阵地不完善

村（社区）老年人多数集中在老祠堂、老书斋、老年人活动中心、村文化中心等地方开展活动，但这些活动场所大多缺乏统一规划建设，老年人只能根据现有的场地条件自发组织相关活动，而且大多数村（居）办学的硬件条件、人员、资金极为不足，难以组织老年人开展专门的学习活动，部分老年人活动场所甚至成为赌博等不良嗜好的聚集地。

（三）师资力量不充实

村（社区）没有建立专门的师资队伍，只是依靠抽调相关政府机关或是企事业单位的人员临时开展老年教育。尤其是由于教师对老年教育认识不足、对老年人的学习需求把握不准、教学方式单一等原因，导致老年人的学习质量不高。

二、枫溪区推进老年教育工作的主要做法

（一）注重党建引领，把牢办学方向

坚持把党建引领老年教育作为办学立校之本，积极推进老年大学分教点党建工作，不断加强思想政治建设、组织队伍建设，有效地实现了基层党组织建设零距离、全覆盖。

一是突出党的领导核心作用。按照"老年大学姓党"的办学要求，自设点办学工作开展以来，枫溪区始终坚持把党建工作作为分教点建设的头等大事来抓，并将其纳入村（社区）党建工作全局予以统筹谋划，规范形成各老年大学分教点均由所在村（社区）党支部书记任分教点校长、支部组织委员和政治素质强的老党员、老干部任副校长的党组织领导核心，全面加强对分教点的组织、教学等日常管理，真正把党对老年教育工作的领导贯穿到老年大学分教点建设全过程。

二是突出政治建校宗旨意义，抓建设强引领。在社会主义核心价值观的指导下，枫溪区努力探索打造政治教育、品德教育长效机制，切实把老年大学分教点建成加强老年同志思想政治建设、满足老年同志精神文化生活需要的载体，建成党委和政府联系老同志、凝聚老同志的纽带和桥梁。例如，在科学制定思想政治学习计划的基础上，各分教点均以学习习近平新时代中国特色社会主义思想、党

的十九大精神和习近平总书记系列重要讲话精神等思想政治教育活动作为开班第一课，着力彰显出老年大学教育的政治特色，以此教育引导广大老年同志特别是老党员同志始终保持公仆本色，牢记党员身份，坚定理想信念，自觉在思想上、政治上、行动上同以习近平同志为核心的党中央保持高度一致。

（二）注重因地制宜，高效整合资源

针对区域土地空间资源紧缺、新建老年大学分教点"落地难"的问题，枫溪区积极统筹整合现有场地场所和配套设施，以"资源整合、大胆革新、设点办学"的工作思路，全力推进老年大学进村（社区），并设立新教学点工作。

一是推进场地优化整合。紧紧依托各村（社区）中老祠堂、老书斋、老年人活动中心、村文化中心等老年群体日常相对集中场所，采取"场地共用、资源共享"的形式，探索推进老年大学分教点建设，并率先在3个办事处中成功打造出长美村成满公祠、池湖村园林式老年人活动中心以及詹厝村原书斋旧址等具有典型推广意义的分教试点。例如，选址于成满公祠的长美分教点，建设了可容纳100多人的主教室以及潮剧、弦乐、书法、棋类等多个专业教室，开设至今广受好评，有效实现了"群众喜闻乐见、低投入高成效"的老年教育分教点建设目标。

二是推进功能深度融合。牢固树立"寓教于乐"理念，积极推动原场所休闲娱乐、传承宗族文化等功能与老年教育功能深度融合，全面提升了老年大学辐射范围和办学条件，切实改变传统老年大学以学习辅导为主的"单一性功能"，最大限度地满足了老年人群体就近、就便学习的需求，以"一站式、多元化"的功能服务，进一步提高了老年人参与老年教育的积极性和主动性，为确保老年大学分教点长期可持续发展提供了保障。

（三）注重学用结合，灵活开设课程

根据新时代老年人的生活需求和特点，在政治建校原则的引领下，枫溪区采取常规与自选相结合的方式，量身定制学习课程，促使老年人自主参与学习，提高老年人的生活质量和身心健康水平。

一是紧贴形势，以政治学习引领常规课程。老年大学是广大老年群体特别是老党员同志接受思想政治教育的主阵地，对此，我区始终坚持把思想政治引领摆在首位，把深入学习贯彻习近平新时代中国特色社会主义思想和党的十九大精神以及习近平总书记系列重要讲话批示精神等政治理论学习和时事政策教育列入老

年大学学习活动的重要内容,并将其作为常规课程,以"固定时点、课程量化"的方式,邀请市委党校、学校教师等专业师资队伍予以深入宣传解析,切实让老年群体老有所学、紧跟时代步伐。

二是紧贴老年人学习需求,开设多种自选课程。在常规课程之余,从学员学习需求出发开设保健养生指南、各类文艺活动以及棋类、书法、太极拳、广场舞等专业课程,在时间和课程内容上充分给予老年人自主选择空间,做到学习与家庭两不误、宽松与集中相统一,全面丰富老年人业余生活,实现"学、乐、康"均衡发展。同时,针对老年人对医疗卫生、日常保健等服务的迫切需求,我区还专门在各老年大学分教点设立"健康驿站",定期邀请专业医师开展义医义诊和现场健康教育活动。

(四)注重老有所为,重塑老年形象

枫溪区积极探索拓宽老年大学分教点平台价值,进一步发挥老年群体"夕阳红"和"传帮带"作用,推动形成了以"党建带民风、以民风促乡风"的老年教育新模式和乡村文明新风尚。

一是打造基层党建新阵地。牢固树立老年教育为党的事业增添正能量的价值取向,彻底转变"休闲娱乐教育"的传统老年教育观念,进一步深化老年大学分教点的基层党组织建设,通过组建"老年党员学员宣讲队"以及推荐老党员学员加入党员先锋岗、服务岗等方式,引导和推动老党员发挥威望效应和模范带头作用,积极参与到党的十九大精神宣传、扫黑除恶专项斗争等当前全区性重点工作中去,努力为促进区域经济社会平稳健康发展发挥"余热",实现"老有所学、老有所教",促进"老有所为"。

二是打造文化传承新平台。大力引导老年人群体自觉弘扬新风尚,进一步带动广大村民注重传承、崇尚科学、移风易俗、破除迷信。各分教点充分发挥老年群体亲缘、地缘关系的深厚作用,积极鼓励有条件、有兴趣、有能力的老年人参与乡土文化的收集整理,不断激发老年人重史修志续文脉的主动性和责任感。广泛开展言传身教活动,鼓励老干部、老年人进入中小学开展互动交流活动,教育广大中小学生了解乡史,宣传新乡贤中崇文重教的道德典范人物,以先进典型的正面形象影响人、感召人、带动人,以"微力量"传播文明乡风。

三、枫溪区推进老年教育工作的主要成效

潮州市枫溪区经过两年来的积极探索,在"坚持党建引领乡风文明,将老年学校办到村(社区)里去"的工作思路指导下,注重从因地制宜、学用结合、老有所为,创建了"融合聚心工作法",对全区老年教育事业起到了推动和提升作用。

(一)增强了政治影响力

一是基层党组织凝聚力进一步增强。"融合聚心工作法"的实施,走出了一条党组织领导、社会组织配合、广大群众参与的新路子,改变了过去想干事没条件、想服务没资源的状况。基层党组织统揽全局、协调各方的领导核心作用明显增强,管理和服务触角得到不断延伸,提升了广大群众特别是老年人群体的凝聚力、向心力。

二是党的教育宣传覆盖面进一步拓展。枫溪区改变了以往定期不定期组织开展送教下基层、进村(社区)活动的单一形式,破解了过去学员分散、场地难找、教师难请等基层办学难题,不仅使先进文化更好地占领老年教育阵地,抓牢抓实老年人意识形态领域党的领导权,还使党的教育宣传覆盖面和新阵地得到拓展,将党的声音更好更快地及时传送到基层每个角落,让老年同志"不想学、没处学"的情况成为过去。

(二)促进了老年教育发展

一是老年大学分教点建设的可选性更大。将老年大学分教点设置于老年人日常较为集中的场所,不仅解决了我区土地资源紧缺、独立设点困难、选址灵活性差等问题,而且通过资源高效整合,大幅减少了资金、设施等方面的投入力度,有力推动了分教点更快更好地落实。

二是老年人群体参与学习教育的积极性更高。"高便捷、人性化"的教学场所与课程设置,充分满足了老年群体对于"休闲娱乐、知识补给、健体强身"等多元化、多样性的学习教育需求,有效转变了老年群体被动参与学习的思想观念,促使老年人更加自觉主动参与再学习、再教育,并逐渐演变成为日常需求和行为习惯。

（三）推动社会风气治理

一是培育了最美"夕阳红"的好民风。通过推动老年大学进农村设点办学以及老年党建与老年教育深度融合，进一步增强了老年人群体特别是老党员干部的党性观念和政治意识，改变老年人在推进乡村文明建设过程中不理解、不支持、不配合、不作为的现象，变"阻力"为"助力"，有效地推动老年人群体从"年迈无为"到"有所作为"的社会角色转变，全面凝聚起老年人重塑形象、再做贡献的强大活力。

二是形成了共建共享的新格局。通过整合思维打造老年教育多元融合发展的新模式，推进了村（社区）资源与老年教育资源共建共享，不仅让老年大学分教点办到了村里去，更好地贴近群众、贴近生活，推动老年教育的社区化、基层化和社会化，而且实现了老年教育阵地的配置最优化、服务效能最大化，有利于打造新时代共建共治共享的社会治理格局。

四、枫溪区推进老年教育工作的经验

"融合聚心工作法"的成功实践，为新时代下我区加强和改进老年教育工作开辟了新的路径。

（一）实现资源互补

老年大学的建设要坚持因地制宜，改变了过去"没有场地就建不成、没有资金就办不了"的错误观念。通过创新机制和整合资源，在办学条件上要立足现有资源的整合提升，将基层有限的资源进行合理化、最大化的挖掘利用，力求以较小的投入改善办学环境，丰富拓宽现有场所功能，实现资源共享。

（二）实现动静互宜

在课程设置上要精心选课，充分给予老年人自主选择的权利，既要充分考虑老年人的迫切需求，努力满足不同文化层次、不同爱好的老年学员的个性化学习需求，同时也要针对老年人注重起居养生、忽视运动强身的现状，开设多样化的保健课程，提高老年人动脑动手能力，切实把知识性、实用性和趣味性、娱乐性融合为一体。

(三) 实现党群互动

老年大学的教育要始终坚持党的领导,将党建引领理念贯穿老年教育工作的全过程,紧跟新时代,紧扣新主题,服务中心,服从大局,发挥好老年大学在组织老年人参与政治文明建设和乡村文明建设中的作用。发挥党员干部特别是老党员干部的表率带头作用,带动群众广泛参与到老年教育活动中来,形成"乐学求进"的良好社会氛围。

(四) 实现学做互促

以"学"为基础,培养老年人把学习作为生活中的一部分,不断更新知识、充实头脑、陶冶情操,提升老年人的精神层次。以"做"为重点,鼓励和支持老年人通过参与再学习、再教育,不断提高综合素质,发扬奉献精神,身体力行当好学习的先行者、传播者和推动者。

珠海社区教育"五维一体"模式的探索与实践

珠海开放大学

一、"五维一体"模式的构建背景

根据《教育部关于办好开放大学的意见》（教职成〔2016〕2号）等文件精神和珠海学习型城市建设与终身教育体系构建的要求，珠海市广播电视大学发展转型为开放大学，履行珠海市推进学习型城市建设领导小组办公室职能，努力构建学习型城市建设与社区教育服务体系。学校以学习型社会建设为重要抓手，推进开放大学战略转型和制度创新，充分发挥学校支持终身学习的重要作用。

二、"五维一体"模式的构建

珠海开放大学协助市委、市政府及相关职能部门开展了系列工作，主要包括：社区教育办学体系建设；市民终身学习平台与数字化课程资源建设；社区教育专兼职教师、管理人员与志愿者队伍建设；社区教育课程及活动；学习品牌培育计划；社区教育示范校建设；珠海与澳门两地协同开展学习型社会建设；全民终身学习活动周工作；市民终身学习大厦与特色社区教育基地建设工作。"五维一体"的社区教育模式全面服务于珠海社区教育工作，进一步推进了珠海学习型城市建设工作。（见图1）

（一）基于协同创新"五维一体"模式的探索与实践

珠海开放大学按照相关文件的要求，积极推进"社区大学—社区学院—社区学校—社区教学点"四级办学体系的全覆盖，并将"市老年大学—区老年大

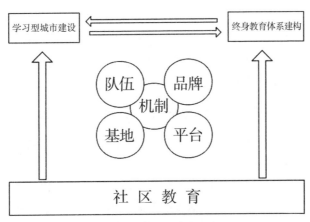

图 1 "五维一体"模式

学—街(镇)老年学校—社区老年教学点"的老年教育办学体系及全市的公共文化服务体系整合在一起,实现面向企业、园区、军营、澳门及妇女儿童等特殊对象开展教育。截至目前,已建成社区大学 1 间、社区学院 6 间、社区学校 17 间、社区教学点 75 个,并为老年人打造了"10 分钟学习圈"。

(二)构建网络平台,推动干部继续教育和全民终身学习

2018 年,珠海市委组织部会同全市多个部门及我校,为珠海市领导干部搭建网络学习新平台——"珠海市干部教育培训网"。平台集教、学、考、管功能为一体,突破了时空限制,实现了学习的网络化、碎片化、自主化、个性化和资源利用最大化。(见表1)

表 1　2018 年珠海市终身学习平台主要数据

项目	指标
平台学员人数(单位:人)	15058
现有课程数量(单位:门)	3000
总学时(单位:个)	2188248
人均学时(单位:个)	145.3
线上总学时(单位:个)	1328577
线上人均学时(单位:个)	88.2

目前，珠海开放大学建设的"珠海市民终身学习网"已上线 13000 多个视频资源，包括道德法治、职业技能、文化艺术、休闲生活、老年学堂、家庭教育以及魅力珠海等 8 类学习资源，建成了内容丰富的"课程超市"，可供不同学习需求的老年学习者选择。

（三）市、区、街（镇）协同开展社区教育队伍建设

社区教育体系各单位积极协同开展高素质的社区教育师资队伍建设，制定了《珠海社区大学师资队伍建设方案》，明确了建设目标：到 2020 年，建设一支以社区教育专家做指导，以珠海开放大学专职教师为骨干，以珠海各高校、职业中学专业教师和社会上有专长的专业技术人员为主体，以志愿者担当服务团队的社区教育师资队伍。各单位确立了组建专家顾问团队，建立 500 名社区教育教师人才库，培育 300 名志愿者的服务组织的建设任务；制定了师资队伍培训计划，共举办 5 期社区教育管理人员、兼职教师培训班，有近 500 人次参加。

（四）创新开展社区教育活动，推动学习品牌的培育工作

社区教育体系各级单位积极开展终身教育活动创新和培育工作，全市形成了一区一品牌、一家一特色的终身学习格局，开展了系列社区教育活动，主要有：市委宣传部"珠海文化大讲堂"；市妇联的幸福"家"年华系列活动；香洲区的"快乐四点半"活动；斗门区的"醒狮习武"；高栏港区的"明德讲堂"；珠海开放大学的"面向澳门的教育"等。"珠海文化大讲堂"与"幸福'家'年华活动"先后被评为 2017 年、2018 年全民终身学习品牌项目。

（五）创建特色社区教育基地，协同开展全民终身学习活动

学校全力推动"市民终身学习大厦"的项目建设工作，相关工作正有序地开展。从 2011 年开始，学校已成功承办了 8 届珠海市全民终身学习活动周，内容丰富、形式多样、覆盖面广、贴近市民生活，带动了广大市民主动参与终身学习。

（六）"五维一体"模式解决的主要问题

在珠海社区教育"五维一体"模式的探索与实践中，首先，珠海市民学习网以"一网一库 N 平台"的模式为珠海市各个年龄段、各个学历层次的人群提供了终身学习的机会，目前已经形成南屏科技园青年学习网和各社区学院子平

台，实现了精准性对接服务群体。其次，国家开放大学学习成果认证珠海分中心为市民设立终身学习账户，推动各类学分认定、积累和转换制度的建设，学习者通过"课程超市"积累学分，以市民学习卡的形式进行登记与消费，不仅实现了学分积累，也提高了市民学习积极性。最后，珠海市通过推进学习型城市建设领导小组办公室、市教育局等八部门联合发文与召开联席工作会议等方式，协同开展全民终身学习周活动，协调解决了社区教育机构与社区综合服务中心、社区文化中心、各类学校等在场地设施、课程资源与师资等资源共享的问题。

三、"五维一体"模式构建的特色与创新

"五维一体"模式构建"社区大学—社区学院—社区学校—社区教学点"社区教育办学体系，逐步实现"市、区、街道（镇）、居（村）"社区教育全覆盖，在"推进学习型城市建设领导小组办公室"机构与联席会议制度的保障下，整合"市老年教育—区老年大学—街（镇）老年学校—老年教学点"的老年教育办学体系及全市的公共文化服务体系资源，实现了珠海社区教育全覆盖。

"珠海市干部教育培训网"为广大干部提供全新的学习体验，为各级组织人事部门提供权威、开放、快捷的培训管理工具。珠海市以做学习型领导为突破口，推动党员、领导干部和全市公务员参与线上线下学习活动，进一步带动了珠海的学习型城市建设。

珠海开放大学于2017年1月与共青团珠海市香洲区委、香洲区人社局等单位合作共建成立南屏科技工业园"园区大学"。2017年11月，我校进一步依托园区大学与泰坦新动力企业建立了"泰坦新动力企业学院"。2018年，我校与珠海港控股集团深度合作，共建"珠海港企业大学"，融合企业文化，共同打造学习型企业，推进员工素质教育活动。

我校自2000年开始开展针对澳门居民的开放教育学历教育与非学历培训，累计招收中职、各类专本科学生达6000余名。2010年，我校在澳门注册成立了广播电视大学澳门校友会，并于2016年将其变更为开放大学（电大）澳门校友会。2016年11月，广东开放大学珠澳学院正式成立，面向澳门居民开展学历教育与社区教育，以满足澳门居民日益增长的终身学习需求。我校面向澳门的教育多次被《澳门日报》《珠海特区报》等媒体报道，成为我校的教育品牌和亮点。澳门教育暨青年局分别于2016年、2017年受邀参加珠海市第六、第七届全民终身学习活动周开幕式。2017年12月与2018年5月，澳门教育暨青年局分别组织

澳门成人教育机构与澳门继续教育机构到珠海开放大学参观考察。我校于2017年、2018年连续两年参加"内地与澳门高等教育展"。2018年，我校应邀参加澳门"2018全民终身学习活动周"推广日暨"终身学习奖励计划"颁奖典礼活动。同时，粤港澳大湾区的建设更有利于推动共建珠澳两地学习型社会。

四、"五维一体"模式的应用与推广

珠海市社区教育"五维一体"模式已经形成比较完善的体系。"珠海市干部教育培训网"与"珠海市民终身学习网"平台的搭建，为市民更新专业知识、提升职业技能、提高精神文化素质提供了实时、有效、灵活、多样化的学习服务。2012年至今，珠海老年开放大学面向全市残疾人开展学历教育和岗位培训，为他们提高素质、掌握技能、融入社会、寻求发展提供了相应的支撑，目前已有近40名残疾人学生获得了专本科学历证书，60多名残障人士接受了电子商务专题培训。同时，为了推动本土文化保护与传承，学校利用办学体系优势，合作开发本土文化系列课程课件，目前已开发出包括"斗门名人""斗门民间艺术"与"斗门文化遗产"在内的7门纸质课程及课件，课件已投放"珠海市民终身学习网"平台供市民学习。

我校通过全国地市级电大数字化终身学习协作会理事会会议积极推广"珠海市民终身学习网"平台的使用，并与贵州黔南州电大签订协议，把该平台作为黔南州社区教育主要的平台。2018年11月，我校编印了《学习之星　魅力之城》，汇集并展示了新时期珠海学习型城市建设成果。2018年广东省全民终身学习活动周总开幕式在珠海举行，全省21个地级以上城市和澳门特别行政区齐聚珠海，以多种方式展示了各地在开展社区教育与学习型城市建设工作方面取得的成绩。2019年4月，我校参加了"2019年度广东开放大学体系社区教育、老年教育工作会议"，并在大会上做了《助力学习型城市建设，服务市民终身学习》的专题报告，介绍了我校开展社区教育工作的经验。

"潮连社区教育特色小镇"的建设

江门开放大学

自2015年起,我校联合市民政局、市老干部大学、蓬江区教育局、蓬江区图书馆和潮连街道,建设"潮连社区教育特色小镇"项目,助推江门人才岛建设。2019年,本课题组又指导潮连街道开展了6个社区新时代文明实践所的建设工作,着力把三大主题特色体验点和6个社区新时代文明实践所打造成学习宣传习近平新时代中国特色社会主义思想和党的十九大精神、习近平总书记系列重要讲话精神以及中华优秀传统文化、中华传统美德、红色文化、文明行为规范等内容的重要阵地;培育时代新人,弘扬社会文明新风,提升市民文明素养和城乡文明程度的重要载体;增强党群干群关系,联系引导居民群众的重要渠道;培育和践行社会主义核心价值观,正确引领社会风尚的重要平台。

一、主要解决的问题与方法

(一)主要解决的问题

1. 解决"一个落实"和"一个转变"

"一个落实"是指通过项目的开展,贯彻落实国家、省、市提出的有关建设学习型社会、大力提高国民素质的相关文件精神,配合市委、市政府大力实施乡村振兴战略,打造出社区教育特色小镇。"一个转变"是指通过宣传项目取得的成效,转变职能部门工作人员、社区工作人员、社区居民的观念,提高大众对社区教育的认知度。

2. 解决"两个整合"

通过项目的开展，建立社区教育资源共享机制，有效整合和利用各学校、机关、企事业单位及民间丰富的人力及物力资源。物力资源主要是指教学场地、设施设备、学习资料、教育资金等，人力资源主要是指社区教育教师、工作人员、志愿者及义工等。

3. 解决"三个创新"

一是创新教学方式。将社区教育从传统、机械的现场讲座教学方式转变为体验式、交融式、信息化的教学方式。二是创新传统文化传承方式。传承文化基因，推动中华优秀传统文化创造性转化、创新性发展，不忘本来，吸收外来，面向未来，采取融通中外的概念范畴和表述，让中华文化"走出去"。三是创新开放大学与各类学校、部门、社会组织合作开展社区教育的体制机制，并将社区教育融入社区治理之中。

（二）解决问题的方法

1. 打造"文化传承学习基地"，弘扬和传承潮连民俗文化

我校依托潮连芝山陈氏宗祠和塘边社区打造"文化传承学习基地"，开展家庭教育、家族文化教育、宗姓历史教育和非遗文化、乡约、乡俗、乡规、民俗文化普及等阅读讲座活动。一是联合潮连街文体服务中心共同开展潮连街祠堂文化征文评选活动和"潮连祠堂文化传承学习讲座"系列活动。二是联合潮连街道办举办社区教育体验基地授牌仪式暨"民间达人""终身学习品牌项目"颁奖仪式。活动表彰了6位"民间达人"及6个终身学习品牌项目。通过民间达人展示和传授技艺，弘扬和传承当地传统文化，提升居民文化素养。三是举办洪圣公园孔子开笔礼，让参加仪式的孩子接受传统文化熏陶，秉承孝道和做人德行。四是与潮连街道办联合推进"潮阅读，阅读潮"活动，让市民可以随时随地享受阅读，分享阅读的快乐。

2. 打造"社区老年教育基地"，探索教养结合新模式

我校依托坦边陈氏家庙和豸岗职工活动中心打造"社区老年教育基地"，使之成为老年人学习的新阵地。开拓老年教育的新模式，提升活动中心服务功能和

水平，实现优质老年教育资源向社区延伸，解决老年学习者求学难的问题，使社区养老和老年教育形成良性互动。促进老年人学习团队的组织建设、内部管理和正常活动，使团队成为积极养老的乐园。组织开展"老有所为"和"非遗传承"系列活动，让有技艺的"民间达人"参与到社区的老年教育活动中，提高社区文化建设的水平，丰富了老年教育的内涵。

3. 打造"乡风民俗游学基地"，搭建市民游学平台

我校依托富岗洪圣公园和卢边卢氏宗祠打造"乡风民俗游学基地"，将潮连特有的休闲文化与市民终身学习的需求巧妙融合，建立游学体验基地，探索社区教育服务社会治理的新模式。2017年，我校联合潮连街道办及潮连文体服务中心举办了"我与潮连有个共读之旅"游学活动。2018年，我校联合中港英文学校及潮连街道开展了"坚定文化自信，弘扬传统文化——'邑'起来游学潮连社区教育特色小镇夏令营"活动，150余名中外学子在老师的带领下体验了解潮连传统文化，实现了学校资源与社区的融合，围绕服务经济社会的发展，多方面、全方位地开展社区教育，将"游"和"学"相融合，广泛弘扬了传统文化。

4. 打造潮连街新时代文明实践所（站）

我校在潮连街道设立新时代文明实践所，着力突出传思想、传道德、传文化、传政策、传科技五大内容，通过"6+X"模式（6个固定动作：讲一堂主题微课、诵一段经典金句、看一段视频短片、唱一首优秀歌曲、讲一个身边故事、谈一点思想感悟；X为自选动作）开展实践活动。通过建设新时代文明实践所（站），把推动新时代文明实践活动深入基层，切实增强党员干部、居民群众宣传学习贯彻习近平新时代中国特色社会主义思想的自觉性和坚定性，引导群众自觉践行社会公德、职业道德、家庭美德、个人品德，巩固文明城市创建成果。

5. 科研引领，开展社区教育及老年教育课题研究

2018年，我校以"新时代下侨乡社区教育中的文化传承创新研究"为题，申报了"广东远程开放教育科研基金项目"并成功立项，形成了论文《新时代侨乡特色外语教育的探索与实践》，总结出在社区学校用外语传承中华文化的教学模式。

2019年，我校以"开放大学外语教学与侨乡文化融合的实践研究"为题，申报了"广东开放大学（广东理工职业学院）校级科研项目"，探索利用开放大

学资源，在社区创新了"外语+传统文化"的教学模式。

二、主要特点

（一）创新学习方式，丰富社区教育内涵

一是潮连社区教育活动的开展，创新了学习方式，变机械、传统的授课型学习方式为体验式、交融式学习，形成了"教—学—研"一体化链条的特色社区教育模式。二是通过项目的开展，建设了一大批具有本土特色的线上课程资源并上传至江门市终身教育学习网——"邑学网"，开展了系列线上教育主题活动，逐步形成了"互联网+社区教育+自主学习"的线上线下外语学习新模式。三是与江门中港英文学校合作，采用多种外语建设课程资源，创新了"侨乡特色+外语教育"模式。

（二）多方合作，建立有效运行机制

我校从社区教育角度出发，整合各部门、企业、社会组织及学校资源，挖掘民间力量，构建了社区教育项目的开展路径和工作机制，有效打通了社区教育各类资源的屏障，发挥各类教育资源优势。

三、推广应用效果

经过4年的研究与实践，"潮连社区教育特色小镇"社区教育发展成效显著：2018年获得了"全国终身学习品牌项目"称号；形成了成果汇编《潮连社区教育特色小镇》和《智领潮头 侨连天下》，作为校本教材在潮连中小学及江门市四市三区开放大学系统中推广；撰写了论文《潮连社区教育特色小镇建设初探》，并获得了江门市终身教育研究学会2018年年会论文评比一等奖。

老年大学合唱课程体系的构建

韶关老年大学

韶关老年大学于 2010 年开始开办合唱班,在韶关和粤北山区率先开启老年大学的合唱课程,填补了韶关市老年合唱教育的空白。经过 9 年的教学实践,我校构建了一套完整的老年大学合唱课程体系。韶关老年大学合唱班的创建与发展得到社会各界的重视与支持,老人学员的合唱水平逐渐提高,带动和引领了韶关市各县(市、区)老年合唱教育活动的开展,同时促进了韶关市合唱活动水平的提高,并对粤北地区乃至广东省的老年合唱教育活动的发展起到了一定的促进作用。

一、老年大学合唱课程体系的主要内容

课程体系主要由课程观、课程目标、课程内容等要素组成。自 2010 年开设合唱课程以来,韶关老年大学合唱课程体系的构建遵循了全面性、科学性、稳定性、创新性等原则,并按以下路径展开:课程观的确立—目标体系的构建—内容体系的构建—策略体系的构建—评价体系的构建。

(一)颇具老年特色的、融合的课程观:专业原则与游戏属性

老年大学合唱课程观应突出合唱课程的游戏属性,以达成"老有所乐"的目的。同时,老年大学的合唱教学须坚守基本的专业原则,即帮助老年学员掌握必要的合唱知识和技能,能区分合唱与齐唱的差别,掌握合唱的本质,提高合唱演唱水平和欣赏水平。因此,老年大学合唱课程应突出游戏属性与专业原则相融合的特色,坚持"老有所教、老有所学、老有所为、老有所乐"的理念,激发老年学员的合唱兴趣,在合唱中培养老年学员的高尚情操、乐观态度、团结友爱精神及团队合作能力。

（二）课程结构和目标体系的构建：梯形结构与多元目标

韶关老年大学的合唱课程体系的课程结构呈现梯形结构：第一层次是声乐课初级班，第二层次是声乐课提高班和合唱课初级班，第三层次是合唱表演班。从课程目标来看，老年大学合唱课程目标的优先程度按"情感目标—技能目标—知识目标"依次递减。从合唱能力目标来看，老年大学声乐初级班的目标是学习歌唱的呼吸和发声方法，掌握歌唱能力，通过学习简单的识谱提高音准节奏水平。合唱表演班的目标要求比前两个层次更高，要求熟练多声部的视唱，掌握合唱的技巧，有较好的声音概念，学会处理声音的表现力，提高合唱表演能力。

（三）课程教学内容体系的构建：循序渐进与纵横结合

合唱课程要根据老年学员不同层次学习水平来确定不同的教学内容。声乐课初级班教学内容需要更多的趣味性，适合初级班学员的内容，选择基础发声练习曲（如五度的小音阶模进）、稳定声音位置的声乐曲（如《花非花》），接触简单的五线谱，重点进行发声、节奏、音准的练习；合唱课初级班进入节奏和音准的重点训练，初步接触二声部视唱和二声部合唱作品训练（如《在太行山上》），学习互相倾听各声部的旋律，训练"合"的技巧；合唱表演班（队）学习内容是前两个层次的提升，选择有一定深度的合唱作品（如无伴奏合唱《美丽的草原我的家》），学习如何细致处理不同风格的合唱作品（如《黄昏之歌》），提高学员对合唱作品的表现力以及表演能力。

（四）课程教学策略体系的构建：方式创新与路径优化

老年大学合唱课程的教学方法设计要区别于一般大学的教学，须契合老年人的特点，在突出游戏性的同时兼顾专业性的特点，强调运用示范教学法、直观教学法与分组学习法。合唱是一门表演艺术，需要通过大量的练习和表演才能提高老年学员的演唱水平。老年大学的合唱课程在教学设计上，安排了一定数量的课外练习活动，每个学期开展两三次的外出练习，运用互相观摩的学习方法，提高老年人的演唱水平。同时，参加省内外的比赛和表演亦可很好地提高合唱班的表演能力。

（五）课程评价体系的构建：内外结合与主体多元

韶关老年大学合唱课程评价体系包括内部评价和外部评价两部分。合唱教学的内部评价有 5 个维度：完成学期课程目标情况（对所学知识采取分组表演方式进行考核）、基本技能（通过检查所学的合唱作品，检查音准、节奏和发声的掌握情况）、组合的熟练度（集体检查所学的合唱曲各声部的合作情况）、现场效果（参加表演和比赛检查学习掌握效果）、进步表现（每学期展演录像进行分析评判进步程度）。而外部评价内容有 4 个维度：合唱作品的表现形式、合唱作品的连贯完整、合唱作品展示的精神面貌以及演出效果、合唱学员对合唱作品的阐释。

二、老年大学合唱课程体系构建的特点

自 2010 年开办合唱班以来，韶关老年大学合唱课程的体系构建凝聚了 5 个创新点。

（一）课程体系方面的特点

老年大学合唱课程体系是由多种要素构成的系统，需要优化教学目标、教学任务、教学内容和教学方法，构建完善的结构体系。2010 年韶关市开创的老年大学合唱班，是粤北山区开班的第一个专业合唱班，填补了粤北山区合唱班的空白；创建了完善的课程体系，助力老年合唱水平提升，进一步推动了韶关老年合唱事业的发展。

（二）教学模式方面的特点

合唱班学员选拔强调兴趣与能力的结合，采取自由报名、梯级选拔的模式。合唱班是在开办近 20 年的声乐班基础上创办的，学员须先进入无门槛的声乐初级班学习，经过一年以上的训练并通过考核方可进入合唱初级班，其中，有兴趣且能力优秀的学员方可进入合唱表演班。这样的金字塔型的训练模式，不但能够优化学员的素质，而且能够提高合唱的整体水平。

（三）教学内容方面的特点

老年大学合唱课程体系教学内容的选择要强调适切与多元。首先，根据老年人特点选择适合他们音域和风格的合唱曲；其次，侧重于选择老年人所熟悉的时代的合唱曲目，熟悉的旋律有利于降低老年学员学习的难度，更能激发老年人的

自豪感、成就感；最后，着眼于开阔视野、提升水平，从多元文化的视角适当选择国外优秀合唱曲目开展教学。

（四）教学方法方面的特点

互联网时代的教学方法更趋多样化。一方面，传统教法仍有优势，例如，教师示范、小组学习、伙伴学习、项目学习等教学方式依然可以满足教学的要求；另一方面，互联网时代授课知识、范唱歌曲录音等均可通过微信群、QQ群等方式提供给老年学员，让学员可以进行灵活便捷的移动学习，学员的练习也可以运用音频、视频的方式提交给老师评价，让教学可以随时随地进行。

（五）课程评价方面的特点

传统的课程评价主要采用内部评价方式，即通过考核进行。老年大学合唱班增加了外部评价，即通过对外出表演及竞赛来评价合唱班的水平。以老年大学合唱表演班的学员为主体的韶关市金秋二团合唱团，早在2013年开始就频繁外出参加各类的学习和演出，在不同的平台上演唱合唱曲目，展示了合唱精神，在全国中老年艺术展演中，取得了骄人的成绩，得到了专家的认可。

三、老年大学合唱课程体系的推广应用效果

韶关老年大学合唱课程体系构建比较完善，教学过程受到学员广泛欢迎。2019年上半年，学习合唱系列课程的学员人数已达800余人，学员反映学习成效与日俱增，演唱能力、学习兴趣与成就感得到进一步的提高；通过合唱课程体系的构建与实践，任课教师的研究能力、教学能力也得到明显的提高。学员获奖和参加演出活动被韶关民声网、《韶关日报》等媒体广泛报道，社会声誉得到显著提升。

第四编

广东省社区教育实验区和示范区
（2018年）

教育部职成司关于在部分地区开展社区教育实验工作的通知

教职成司〔2000〕14号

各省、自治区、直辖市教委、教育厅、计划单列市教委，新疆生产建设兵团教委，国务院有关部委教育司（局）：

为了落实国务院批转的教育部《面向21世纪教育振兴行动计划》提出的"开展社区教育实验工作，逐步建立和完善终身教育体系，努力提高全民素质"的要求，积极探索建立符合我国国情的终身教育体系和学习化社会的途径，我司决定在部分大城市的区（县）和部分中小城市进行社区教育实验工作。现将有关这项工作的具体要求通知如下：

开展社区教育实验的目的是在一定区域利用各类教育资源，旨在提高社区全体成员整体素质和生活质量，服务区域经济建设和社会发展的教育活动。社区教育是实现终身教育的重要形式和建立学习化社会的基础，它具备"全员、全面、全程"的基本特征。开展社区教育实验的目的是：

（1）通过实验，积累有关社区教育的经验，总结社区教育的管理体制、运行制度等方面的规律和特点，探索通过社区教育构建终身教育体系、建设学习化社会的办法和途径。

（2）通过在部分地区开展的社区教育实验，初步形成社区教育良性发展的局面，并对其他地区起到示范和带动的作用。

开展社区教育实验工作的具体要求：

（1）社区教育实验工作要从当地经济社会发展的实际出发，因地制宜地开展。社区教育是社区建设的一个重要组成部分，是一项立足社区、依靠社区、服务社区、建设社区的事业，开展社区教育必须紧密结合社区教育的内容和形式，社区教育的发展规划应作为社区发展规划的一个组成部分，与社区其他方面的发展规划紧密联系、衔接，从而构成一个有机的整体。

（2）开展社区教育实验工作要体现社区特色，突出重点。社区教育是一种内容丰富、形式灵活多样的教育形式，要面向社区全体居民，以丰富多彩的形式为各种学习需求提供条件，从而体现社区教育全员性、全面性、全程性的特点。各地要根据区域经济社会发展的实际需要，充分利用社区内现有的各类教育、文化、科研、体育等资源，最大限度地向社区居民开放。做到资源优化配置、统一管理、综合利用。要依托本社区内各类职业学校和成人学校、普通学校、行业企业培训机构、社会力量办学等，建立社区教育办学实体网络。各级各类办学实体要相互衔接和融通，逐步构建起横向联合、纵向沟通的社区教育办学体系。

（3）办学规格、功能形式多样化。社区教育应根据社区内不同教育对象的需求，按照国家对各类教育的有关规定，开展多规格、多层次、多内容、多形式的教育培训活动。现阶段主要任务是加强职业（岗位）培训、转岗下岗再就业培训、社会化培训、老年教育，以及社会文化生活教育等。要对广大社区成员进行马克思主义理论教育，普及科学文化知识，使社区居民树立正确的人生观、世界观，形成健康向上的社会氛围。

（4）要健全管理队伍，加强师资建设。社区教育管理队伍由区（县）、街道（乡镇）、居委会（村）等负责教育的有关部门及人员组成，负责社区教育的管理、组织、协调等工作。应充分挖掘社区内现有学校（教学组织）的师资力量，发挥社区内有关单位科研人员、专家、学者和离退休老同志以及有一技之长人员在社区教育中的作用。加强对管理人员和教师的教育培训工作，不断提高社区教育的管理水平和教育水平。

（5）承担社区教育实验工作的各实验区，要在政府的统一领导下，加强对社区教育实验工作的统筹、协调、管理、指导工作，要按照国家对社区教育实验工作的部署和要求，结合当地经济社会发展实际，制定符合本社区发展需要的社区教育规划和具体的实施方案。

（6）各实验区要对本社区的社区教育工作，建立督导评估制度，并制定具体可行的措施，保证社区教育实验工作的健康正常地开展。要及时总结社区教育实验工作的经验做法，研究实验工作中出现的新情况、新问题，加强对社区教育的理论和宣传工作，争取社区各界对社区教育实验工作的支持和参与。

（7）要制定规章制度，加强投入保障。各实验区要根据《宪法》《教育法》并在实验的基础上，制定符合区域经济社区发展的社区教育条例，使社区教育的发展走上依法、有序、健康的轨道。建立当地政府及各有关部门社区教育目标管理责任制，为社区教育实验提供必要的经费支持，保证社区教育实验工作的顺利进行。

（8）要建立定期汇报制度。实验点要将实验工作规划部署、工作经验总结以及工作中遇到的情况和问题等，及时报我部职业教育与成人教育司。

开展社区教育实验的工作目标：

通过开展社区教育实验，在二至三年内，社区教育实验要取得一定的、阶段性的成果，这些成果应对其他地区起到一定的示范和带动的作用，这些成果应具体体现在以下几个方面：

初步形成一个有利于社区教育统筹、协调管理的管理体制。开展社区教育涉及社区内各级政府部门和各种社会组织，这些部门和组织的有机协调是搞好社区教育的前提，在开展社区教育实验工作的过程中，社区内的教育行政部门应切实负起责任，要真正起到组织、协调的作用。要在综合、协调社区内各类行政部门和各种社会组织的基础上，建立一种符合社区实际的新的社区教育管理体制，即新的社会化教育的管理体制。

初步形成社区教育的良好运行机制。社区教育的内容涉及普通教育、职业教育、成人教育、高等教育等多个层次，范围涉及家庭、学校、社会等各方面。不同范围社区的社区教育，上下之间要相互衔接，互相配合，互相促进。通过社区教育实验，探索并初步形成良性的运行机制，保证社区教育获得持续、有效的发展。

初步形成具有社区特色的学习型组织。社区教育实验要充分利用各种教育形式，同时要根据需要培养新的学习组织，创造出有别于传统学校教育形式的新教育形式，这样新的学习组织和形式将使"21世纪的中国应该成为人人皆学之邦"变为可行、成为可能。

形成一批理论成果。深入开展社区教育的理论研究，针对社区教育实验的新形势、新情况、新问题，积极探索教育与区域经济和社会紧密结合、互动发展的规律，逐步形成并完善社区教育的理论体系，更好地指导社区教育的实践。

经研究，确定在下列地区开展教育实验工作：

北京市朝阳区、上海市闸北区、天津市河西区、江苏省苏州市、山东省济南市历下区、山西省太原市杏花岭区、四川省成都市青羊区、福建省厦门市鼓浪屿区。

各省市可参照本《通知》的精神，结合本地社会、经济发展的实际情况，选择部分有条件的区域进行社区教育实验。

教育部职业教育与成人教育司
2000年4月27日

教育部办公厅关于推荐
全国社区教育示范区的通知

教职成厅函〔2004〕13号

各省、自治区、直辖市教育厅（教委），新疆生产建设兵团教育局：

自2001年召开全国社区教育实验工作经验交流会议之后，全国各地的社区教育工作迅速发展，全国社区教育实验区和各省级市级教育行政部门确定的省、市级社区教育实验区已经占全国城区总数四分之一以上，不少实验区工作卓有成效，他们的经验和做法具有典型示范作用，已经具备了在全国评估一批社区教育示范区的基本条件。为了贯彻落实十六大提出的构建终身教育体系、形成全民学习、终身学习的学习型社会，落实国务院批转教育部《2003—2007年教育振兴行动计划》提出的"积极推进社区教育"的任务要求，加快学习型城区、学习型城市和学习型社会建设的步伐，我部决定在全国评估、确定一批社区教育示范区。现将有关要求通知如下：

（1）各省（自治区、直辖市、计划单列市、生产建设兵团）要总结社区教育实验工作的做法和经验，对省（自治区、直辖市）所辖的社区教育实验区进行检查评估。

开展社区教育评估主要内容和基本标准是：

①社区教育培训活动的情况。广泛开展在职人员培训、再就业培训、老年教育、青少年校外教育、特殊人群教育等各类教育培训活动，社区居民全年参加各类教育培训活动的总人数达到常住人口的50%以上，社区教育有效地推进了素质教育的实施，不断提高居民的整体素质。

②社区教育开展创建学习型组织的情况。积极开展创建学习型组织活动，评选学习型家庭，数量逐年增加，创建学习型企业、学习型单位和学习型街道等先进单位数量逐年增加，社区学习氛围浓厚。

③社区教育的条件保障情况。充分利用各类教育资源，社区内各类教育培训

机构以及文化、体育、科技等场所基本实现对居民的开放,在整合教育资源的基础上,建设区县社区教育学院或社区教育中心、街道(乡镇)社区学校、居委会社区教育教学点,形成基本完善的社区教育培训网络;社区教育示范区要有多渠道筹措社区教育经费的机制,能按照常住人口人均不低于1元的标准设立社区教育专项经费,落实到位,社区内企业事业单位的职工教育经费得到落实;有一支专兼结合的社区教育工作者队伍,每个街道(乡镇)应有一名教师;重视开展社区教育的宣传与理论研究。

④社区教育制度建设的情况。建立有完善的社区教育各项规章制度,包括联席会议制度、目标责任制度、管理制度、评估检查和督导制度、奖励表彰制度等。

⑤社区教育组织领导的情况。有比较健全的社区教育的领导组织机构与部门分工协作体制,从区县到街道(乡镇)和居委会建立有健全的管理网络,制定了社区教育发展规划并列入当地社会与经济发展规划和教育发展规划当中,教育部门要有专人管理社区教育工作。

各地可参照上述基本要求并根据各地社区教育工作发展的实际情况制定具体细则或实施办法。

(2) 推荐全国社区教育示范区的数额。

考虑到各地社区教育工作发展不平衡,请各地按照以下要求推荐全国社区教育示范区:

①东部省市可以推荐1~2个全国社区教育示范区,全国社区教育实验区数量在5个以上的个别省市可以推荐3个。

②中、西部省市可以推荐1个全国社区教育示范区,个别社区教育工作起步早,工作力度大、成效明显的省市可以推荐2个,工作仍然处于起步阶段的省市可以暂不推荐。

(3) 推荐全国社区教育示范区报送材料的要求。

各地推荐全国社区教育示范区要求具备下列材料:

①省市教育行政部门对每一个社区教育示范区明确详细的推荐意见。

②所推荐的全国社区教育示范区近三年来社区教育工作的总结。

③参照社区教育评估的主要内容和基本标准,进行评估的考核结果或相应的量化考核表。

(4) 各地要认真做好全国社区教育示范区的评估推荐工作,听取社区居民的意见,听取党政领导、精神文明建设、民政等部门的意见,增加评估工作的透明度。

（5）各地应在 12 月 30 日以前将推荐材料报送到我部职业教育与成人教育司，职业教育与成人教育司将根据各地推荐情况组织有关专家进行评审，并将对各地推荐的全国社区教育示范区进行抽查后，公布全国社区教育示范区名单。

教育部职业教育与成人教育司

2004 年 12 月 1 日

广东省的国家级社区教育示范区和实验区名单及广东省社区教育实验区名单

广东省国家级社区教育示范区和实验区名单（见表1）。

表1　广东省国家级社区教育示范区和实验区名单

全国社区教育示范区	广州市越秀区	全国社区教育实验区	广州市海珠区
			广州市黄埔区
	广州市番禺区		深圳市福田区
			深圳市龙岗区
	深圳市宝安区		佛山市顺德区
			珠海市香洲区
	深圳市南山区		东莞市长安镇
			惠州市惠城区
	佛山市南海区		江门市新会区
			肇庆市端州区

广东省社区教育实验区名单（见表2）。

表2　广东省社区教育实验区名单

市	数量（个）	实验区（县、镇）
广州市	7	荔湾区、白云区、花都区、天河区、南沙区、增城区、从化区
深圳市	2	罗湖区、盐田区
佛山市	3	禅城区、三水区、高明区

续上表

市	数量（个）	实验区（县、镇）
东莞市	25	万江镇、沙田镇、虎门镇、厚街镇、大朗镇、大岭山镇、南城街道、樟木头镇、高埗镇、石碣镇、望牛墩镇、东城镇、中堂镇、麻涌镇、塘厦镇、石龙镇、寮步镇、桥头镇、东坑镇、常平镇、清溪镇、凤岗镇、道滘镇、企石镇、茶山镇
珠海市	2	斗门区、金湾区
中山市	13	石岐区、小榄镇、沙溪镇、古镇镇、南朗镇、东升镇、东凤镇、南区、西区、东区、民众镇、五桂山、火炬开发区
韶关市	6	浈江区、曲江区、乳源瑶族自治县、南雄市、始兴县、乐昌市
惠州市	6	惠阳区、大亚湾区、仲恺高新区、惠东县、博罗县、龙门县
江门市	5	开平区、蓬江区、江海区、鹤山市、台山市
肇庆市	7	鼎湖区、封开县、德庆县、广宁县、怀集县、四会市、高要区
茂名市	1	高州市
清远市	6	清城区、英德市、佛冈县、连南瑶族自治县、清新区、阳山县
潮州市	1	湘桥区
河源市	1	和平县

[说明：本表没有重复列入国家级社区教育示范区和实验区的相关县（区、市）和街镇。]

2000年教育部发布了《关于在部分地区开展社区教育实验工作的通知》，鼓励各地区深入开展社区教育的探索和实践，开始设立全国社区教育实验区。2004年教育部发布了《教育部办公厅关于推荐全国社区教育示范区的通知》鼓励各省对所辖社区教育实验区进行检查评估并推荐全国社区教育示范区。

截至2018年10月，广东省各市获得省级及省级以上社区教育示范区及实验区的情况统计情况见图1。

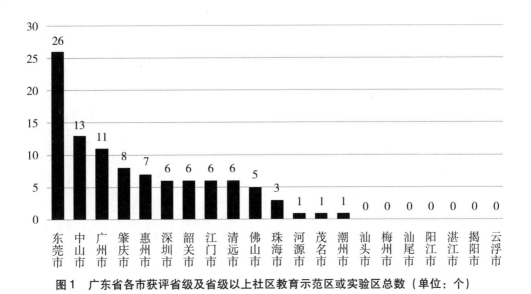

图1 广东省各市获评省级及省级以上社区教育示范区或实验区总数（单位：个）

第五编

广东省社区教育和老年教育专项课题（2019年）

广东省教育厅关于公布"广东省社区教育课程体系标准研究"等课题立项的通知

粤教职函〔2019〕118号

广东省成人教育协会、有关高校：

《关于2019年广东省成人教育研究专项课题的立项申请》（粤成教协〔2019〕10号）收悉。根据省政府办公厅《关于大力推动老年教育发展的实施意见》（粤府办〔2017〕41号）和广东省教育厅《关于大力发展社区教育推进学习型社会建设的意见》（粤教职〔2016〕3号）等文件精神，为深入开展学历继续教育、社区教育和老年教育研究工作，引领和指导全省继续教育改革发展，经研究，同意"广东省社区教育课程体系标准研究"等10个课题立项，现予公布（见附件）。

省成人教育协会要精心组织、加强指导、规范管理，督促有关高校和课题负责人按时按质完成课题研究；有关高校要履行申报承诺，统筹落实课题研究所需经费，支持课题负责人开展研究工作。

附件：2019年广东省继续教育立项研究课题一览表

广东省教育厅
2019年5月21日

附件

2019 年广东省继续教育立项研究课题一览表

序号	课题负责人	申报单位	课题名称
1	马林	华南师范大学教育科学学院	广东省社区教育课程体系标准研究
2	郑炜君	广东开放大学	广东省社区教育实验区（示范区）建设指标体系研究
3	何良胜	广东水利电力职业技术学院	广东省社区教育和老年教育开展情况调查研究
4	郑智源	广东开放大学	广东省社区教育机构设置标准研究
5	赵小段	广州城市职业学院	广东省学习型社区建设模式研究
6	于蕾	广东开放大学	广东省老年教育示范校（站）建设标准研究
7	王建根	广东开放大学	广东省老年教育资源供给策略和路径研究——以老年人健康教育项目开发和资源建设为例
8	连苦平	广东工贸职业技术学院	粤港澳大湾区老年教育合作交流机制研究
9	李世云 唐燕儿	暨南大学教育学院	粤港澳大湾区继续教育合作模式创新研究
10	戴春平	河源职业技术学院	新时代继续教育质量提升保障机制构建研究

广东省成人教育协会科研课题管理办法（试行）

第一章 总 则

第一条 为加强和完善广东省成人教育协会的科研课题管理，进一步促进成人教育、继续教育、终身教育研究的繁荣和发展，提高管理效能，结合广东省成人教育的实际情况，特制订本办法。

第二条 设立广东省成人教育协会科研课题是为了搭建成人教育工作者研究平台，引领成人教育、继续教育、终身教育研究的发展方向，凝聚科研力量，体现国家和社会的需求。广东省成人教育协会科研课题的研究必须高举习近平新时代中国特色社会主义思想伟大旗帜，开拓创新，为成人教育、继续教育、终身教育实践服务，为建设创新型国家、学习型社会做出更大的贡献。

第三条 本办法适用于广东省成人教育协会组织实施的成人教育科研规划和管理工作，以及成人教育主管部门或厅级以上科研管理部门、省内地方政府、省内有关部门或行业委托研究的成人教育科研课题。我省成人教育协会科研课题的有关业务管理归口学术委员会秘书处。

第四条 广东省成人教育协会科研课题立项面向全省成人教育工作者，坚持问题导向，突出重点，公平竞争，择优立项，确保质量。

第五条 广东省成人教育协会科研课题实行目标管理、分级管理，明确相关各方的责权利。

第二章 组 织

第六条 广东省成人教育协会科研课题由本协会学术委员会组织实施，并负责制定课题指南和课题管理办法，组织课题申报、评审、报批、结项和重要科研成果的宣传推广等各项日常管理工作，促进广东省成人教育、继续教育、终身教育研究水平的提升。

第七条 建立评审专家库，按领域、行业划分建立若干个专家组，其成员由广东省成人教育协会学术委员会委员组成,必要时可适当补充省内外同行知名专家或领导,评审专家由广东省成人教育协会聘任,由学术委员会负责日常事务联系工作。

第八条 广东省成人教育协会科研课题申报,一般每两年组织一次,特殊情况下,可作适当调整。

第三章 课题类别和选题要求

第九条 广东省成人教育协会科研课题指南每两年发布一次,通常在申报年度的第一季度向全省公布,由广东省成人教育协会发布课题指南,由广东省成人教育协会学术委员会负责组织课题的申报、评审和结项工作。

第十条 广东省成人教育协会课题类别根据需要设立立项不资助课题(指规划课题)和立项资助课题(指专项课题或委托课题等)两类。

第十一条 成人教育、继续教育、终身教育主管部门或厅级以上科研管理部门急需研究的重要课题,通过广东省成人教育协会学术委员会组织评审,经广东省成人教育协会负责人和委托部门负责人共同审定后,列为与委托部门对应级别的专项课题,其研究经费由课题申报者所在单位承担,广东省成人教育协会予以适当资助。

第十二条 为支持地方成人教育、继续教育、终身教育科研的发展,广东省成人教育协会设立省内地方政府委托课题,其研究经费由申请者所在地方政府委托部门负责,其申报和评审由广东省成人教育协会学术委员会负责,评审结果由广东省成人教育协会负责人审批。

第十三条 为支持部门或行业成人教育、继续教育、终身教育科研的发展,广东省成人教育协会设立省内部门或行业委托课题,其研究经费由相关委托部门或行业负责,面向全省公开发布,其申报和评审由广东省成人教育协会学术委员会负责,评审结果由广东省成人教育协会负责人审批。

第十四条 广东省成人教育协会科研选题,主要以我省终身教育、高等继续教育、开放教育、社区教育、老年教育等领域的改革发展重大理论与实践问题为主攻方向,突出应用研究,注重基础理论研究,鼓励跨学科的综合研究,支持成果开发与推广研究。要力求居于学科前沿,具有原创性或开拓性,避免低水平重复。

第四章 申 报

第十五条 申请广东省成人教育协会科研课题的负责人应符合以下条件：

1. 享有中华人民共和国公民权，遵守中华人民共和国宪法，拥护社会主义制度和中国共产党的领导。

2. 具有中级以上专业技术职称。不具备中级以上专业技术职称的，须有两名副高级以上专业技术职称的同行专家书面推荐。

3. 必须能够真正承担和负责组织、指导课题的实施。不能从事实质性研究工作的，不得申请。

4. 申请人同时只能申报一个课题。以往承担的广东省成人教育协会科研课题必须按规定结题，未结题者不能申报。

第十六条 课题申报自申报公告发布之日起开始，课题申报受理期限不超过两个月。申请人可从广东省成人教育协会网站下载《广东省成人教育协会科研课题申请书》（以下简称"申请书"）及有关材料。

第十七条 申请人应根据课题指南和课题申请书的要求，认真、如实填写申请书，并送所在单位审核。不受理个人的课题申请书。申请人所在单位按本办法第十四条的规定进行审查，签署意见，并承诺提供研究条件和承担课题管理职能及信誉保证。

第十八条 申请有经费资助的课题，须出具课题申请者所在单位经费资助证明材料，否则不予立项。

第五章 评 审

第十九条 广东省成人教育协会科研课题由本协会学术委员会组织评审。凡申请课题的学术委员会委员或专家及有关工作人员不参加当次课题评审工作。广东省成人教育协会科研课题采用会议评审或通讯评审方式。

第二十条 课题评审严格按照程序进行。学术委员会须有三分之二以上（含三分之二）委员出席方能进行评审和投票，出席成员三分之二以上（含三分之二）投票同意的课题方能通过初评，获立项资格。学术委员会秘书处将拟立项课题进行汇总和整理，并报送相关负责人审批。

第二十一条 评审组专家和工作人员必须严格遵守评审纪律，会议评审情况应予保密。评审结果正式公布前，不得对外泄露，否则，将取消其以后的评审资格。

第六章 经 费

第二十二条 课题负责人接到立项资助课题立项通知后,填写回执,并按批准的资助金额编制开支计划,在规定时间内寄回广东省成人教育协会学术委员会秘书处。否则按自动放弃课题处理。

第二十三条 课题资助经费一次核定、分期拨付、单独核算、专款专用。每个课题均预留20%的资助经费,待课题完成结题验收后拨付。

第二十四条 课题资助经费使用范围限于资料费、数据采集费、差旅费、会议费、国际合作与交流费、设备费、专家咨询费、劳务费、印刷出版费、管理费以及项目研究过程中发生的其他支出(应当在编制预算时单独列示,单独核定)等,其中劳务费是指在项目研究过程中支付给参与项目研究的研究生、博士后、访问学者以及项目聘用的研究人员、科研辅助人员等的劳务费用。

第二十五条 申请省内地方政府或行业资助的专项课题或委托课题需由课题负责人所在单位出具经费到位证明或经费保障证明,通过评审的方可被批准立项。其经费的筹集和使用必须符合国家有关财务制度。

第二十六条 在财务制度和本办法规定的范围内,由课题负责人按计划自主支配课题资助经费。课题负责人所在单位科研管理部门和财务部门对课题资助经费实施具体管理,并对经费使用情况行使监督、检查职责。

第七章 课题管理

第二十七条 课题负责人接到立项批准通知后,应尽快确定具体的课题实施方案,在三个月内组织开题,并及时将实施方案和开题情况报送广东省成人教育协会学术委员会秘书处和相关部门。

第二十八条 凡有下列情况之一者,须由课题负责人提出书面请示,经所在单位同意,报送广东省成人教育协会学术委员会秘书处审批:

1. 变更课题负责人;
2. 改变课题名称;
3. 改变成果形式;
4. 对研究内容做重大调整;
5. 变更课题管理单位;
6. 课题完成时间延期一年以上或多次延期;
7. 因故中止或撤销课题。

对未经批准，擅自进行上述变更的课题，将不予结题。

第二十九条　凡有下列情况之一者，由广东省成人教育协会学术委员会撤销课题，追回课题经费：

1. 以课题名义进行营利行为；
2. 盗用公章或私刻课题公章；
3. 私自篡改课题名称，对课题进行虚假宣传；
4. 研究成果有严重政治问题；
5. 剽窃他人成果，弄虚作假；
6. 研究成果学术质量低劣；
7. 获准延期，但到期仍不能完成；
8. 与批准的课题设计严重不符；
9. 严重违反财务管理制度。

被撤销课题的课题负责人三年内不得申请新课题。广东省成人教育协会对已撤消的课题将追回已拨经费，并追究所在单位责任。

第三十条　课题组不得开展任何形式的评奖活动。课题组不得自行刻制印章，需要开展课题研讨活动的，一般以课题负责人所在单位代章即可。

第三十一条　广东省成人教育协会科研课题采用目标管理方式，严把入口关和出口关，课题管理的中间环节由课题负责人所在单位负责。

第八章　验收结题

第三十二条　成果形式为研究报告或调研报告的立项资助课题，最终成果均须进行鉴定，通过鉴定后予以验收结题；成果形式为著作类的立项资助课题，最终成果均须公开出版后才能申请验收结题；成果形式为论文类的立项资助课题，最终成果均须在公开刊物上发表两篇以上相关论文或在核心期刊（北京大学图书馆版）上发表一篇以上相关论文后才能申请验收结题。立项不资助课题参照本要求执行。

所有申请结题的课题均须填写《广东省成人教育协会科研课题结题申报书》，提交最终成果和所需附件或佐证材料。

第三十三条　研究报告或调研报告的成果鉴定可采用聘请同行专家进行会议鉴定或通讯鉴定的方式，每个课题的鉴定专家一般为3～5人。鉴定专家由广东省成人教育协会学术委员会秘书处或委托管理机构确定。课题组成员（包括顾问）不能担任本课题鉴定专家，课题组所在单位参与鉴定的专家不能超过两人。

成果形式为研究报告或调研报告的立项课题成果，获得厅级或省部级以上奖励或提出的理论观点、政策建议等被课题资助部门或厅级以上党政领导机关完整采纳吸收，并附有基本材料和证明，可以申请免于成果鉴定。通过鉴定的和批准免于鉴定的课题即可办理结题验收。

第九章 成果的宣传、推广

第三十四条 广东省成人教育协会学术委员会秘书处和各课题负责人所在单位，应采取各种积极措施加强对广东省成人教育协会科研课题成果的宣传、推广和转化，充分发挥其在成人教育决策和成人教育改革发展实践中的作用。

第十章 附 则

第三十五条 本办法自发布之日起生效，解释权和修改权属广东省成人教育协会学术委员会，以往其他成人教育科研课题管理办法同时废止。

广东省成人教育协会

2019 年 3 月 12 日

附录

社区教育和老年教育部分政策文件

国务院办公厅关于印发
《老年教育发展规划（2016—2020年）》的通知

国办发〔2016〕74号

各省、自治区、直辖市人民政府，国务院各部委、各直属机构：

《老年教育发展规划（2016—2020年）》已经国务院同意，现印发给你们，请结合实际认真贯彻执行。

国务院办公厅
2016年10月5日

老年教育发展规划（2016—2020年）

老年人是国家和社会的宝贵财富。老年教育是我国教育事业和老龄事业的重要组成部分。发展老年教育，是积极应对人口老龄化、实现教育现代化、建设学习型社会的重要举措，是满足老年人多样化学习需求、提升老年人生活品质、促进社会和谐的必然要求。为贯彻落实《中华人民共和国老年人权益保障法》《国家中长期教育改革和发展规划纲要（2010—2020年）》，促进老年教育事业科学发展，制定本规划。

一、规划背景

当前我国已进入老龄化社会，2015年年底我国60岁以上老年人口已经达到

2.22 亿，占总人口的 16.1%，预计 2020 年老年人口将达到 2.43 亿，未来 20 年我国人口老龄化形势将更加严峻，"未富先老"的特征日益凸显，对我国社会主义现代化进程产生全面而深远影响，特别是老年人的精神文化和学习需求增长较快，发展老年教育的形势和任务更加紧迫。

世界上较早进入老龄化社会的国家和地区普遍出台终身教育、老年教育领域法律法规，并将老年教育政策作为重要的社会政策。许多国家通过兴办第三年龄大学、推动社区老年人互助学习、倡导老年人利用网络自主学习等多种形式发展老年教育。

党和国家高度重视老龄工作，积极推动老年教育事业发展。目前有 700 多万老年人在老年大学等机构学习，有上千万老年人通过社区教育、远程教育等各种形式参与学习，初步形成了多部门推动、多形式办学的老年教育发展格局。同时必须清醒地看到，我国老年教育还存在资源供给不足，城乡、区域间发展不平衡，保障机制不够健全，部门协调亟待加强，社会力量参与的深度和广度需进一步拓展等问题。解决这些问题，推动老年教育持续健康发展，是当前和今后一个时期积极应对人口老龄化、大力发展老龄服务事业和产业的迫切任务。

二、总体要求

（一）指导思想

全面贯彻党的十八大及十八届三中、四中、五中全会精神和习近平总书记系列重要讲话精神，落实党中央、国务院决策部署，按照"五位一体"总体布局和"四个全面"战略布局，牢固树立和贯彻落实创新、协调、绿色、开放、共享的新发展理念，坚持"党委领导、政府主导、社会参与、全民行动"的老龄工作方针，以扩大老年教育供给为重点，以创新老年教育体制机制为关键，以提高老年人的生命和生活质量为目的，整合社会资源、激发社会活力，提升老年教育现代化水平，让老年人共享改革发展成果，进一步实现老有所教、老有所学、老有所为、老有所乐，努力形成具有中国特色的老年教育发展新格局。

（二）基本原则

保障权益、机会均等。保障老年人受教育权利，努力让不同年龄层次、文化程度、收入水平、健康状况的老年人均有接受教育的机会。充分利用各种资源，统筹加强组织管理，实现资源共享和协调发展，提高老年教育的可及性，最大限度满足各类老年群体学习需求。

政府主导、市场调节。发挥政府在制定规划、营造环境、加大投入等方面的作用，统筹协调各部门老年教育工作。激发社会活力，继续探索和完善政府购买服务机制，引导社会力量积极参与，带动相关产业发展。

优化布局、面向基层。在办好现有老年教育的基础上，将老年教育的增量重点放在基层和农村，形成以基层需求为导向的老年教育供给结构，优化城乡老年教育布局，促进老年教育与经济社会协调发展。

开放便利、灵活多样。促进各类教育机构开放，运用互联网等科技手段开展老年教育，为全体老年人创造学习条件、提供学习机会、做好学习服务。畅通学习渠道，方便就近学习，办好家门口的老年教育。

因地制宜、特色发展。从区域发展不平衡的实际和多样化的学习需求出发，因地制宜开展老年教育。鼓励结合当地历史、人文资源和民俗民风等特点，推动老年教育特色发展。

（三）主要目标

到2020年，基本形成覆盖广泛、灵活多样、特色鲜明、规范有序的老年教育新格局。老年教育法规制度逐步健全，职责明确、主体多元、平等参与、管办分离的管理体制和运行机制得到完善。老年教育基础能力有较大幅度提升，教育内容不断丰富，形式更加多样。各类老年教育机构服务能力进一步提升，全社会关注支持老年教育、参与举办老年教育的积极性显著提高。以各种形式经常性参与教育活动的老年人占老年人口总数的比例达到20%以上。

三、主要任务

（一）扩大老年教育资源供给

优先发展城乡社区老年教育。完善基层社区老年教育服务体系，整合利用现有的社区教育机构、县级职教中心、乡镇成人文化技术学校等教育资源，以及群众艺术馆、文化馆、体育场、社区文化活动中心（文化活动室）、社区科普学校等，开展老年教育活动。建立健全"县（市、区）—乡镇（街道）—村（居委会）"三级社区老年教育网络，方便老年人就近学习。发展农村社区老年教育，有效整合乡村教育文化资源,以村民喜爱的形式开展适应农村老年人需求的教育活动。加强对农村散居、独居老人的教育服务。推进城乡老年教育对口支援,鼓励发达地区以建立分校或办学点、选送教师、配送学习资源、提供人员培训等方式,为边远地区和农村社区老年教育提供支援。

促进各级各类学校开展老年教育。推动各级各类学校向区域内老年人开放场地、图书馆、设施设备等资源,为他们便利化学习提供支持,积极接收有学习需求的老年人入校学习。探索院校利用自身教育资源举办老年教育(学校)的模式。推动普通高校和职业院校面向老年人提供课程资源,特别是艺术类、医药卫生类、师范类院校和开设有养生保健、文化艺术、信息技术、家政服务、社会工作、医疗护理、园艺花卉、传统工艺等专业的职业院校,应结合学校特色开发老年教育课程,为社区、老年教育机构及养老服务机构等积极提供支持服务,共享课程与教学资源。推动开放大学和广播电视大学举办"老年开放大学"或"网上老年大学",并延伸至乡镇(街道)、城乡社区,建立老年学习网点。

推动老年大学面向社会办学。部门、行业企业、高校等举办的老年大学要树立新的办学理念,积极创造条件,采取多种形式,提高办学开放度,逐步从服务本单位、本系统离退休职工向服务社会老年人转变。省、市两级老年大学在开展教育教学工作的同时,要在办学模式示范、教学业务指导、课程资源开发等方面对区域内老年教育发挥带动和引领作用,将老年大学集聚的教育资源向基层和社区辐射。加强老年大学与社会教育机构的合作,组建老年教育联盟(集团)。

(二)拓展老年教育发展路径

丰富老年教育内容和形式。积极开展老年人思想道德、科学文化、养生保健、心理健康、职业技能、法律法规、家庭理财、闲暇生活、代际沟通、生命尊严等方面的教育,帮助老年人提高生活品质,实现人生价值。创新教学方法,将课堂学习和各类文化活动相结合,积极探索体验式学习、远程学习、在线学习等模式,引导开展读书、讲座、参观、展演、游学、志愿服务等多种形式的老年教育活动。鼓励老年人自主学习,支持建立不同类型的学习团队。

探索养教结合新模式。整合利用社区居家养老资源,在社区老年人日间照料中心、托老所等各类社区居家养老场所内,开展形式多样的老年教育。积极探索在老年养护院、城市社会福利院、农村敬老院等养老服务机构中设立固定的学习场所,配备教学设施设备,通过开设课程、举办讲座、展示学习成果等形式,推进养教一体化,推动老年教育融入养老服务体系,丰富住养老人的精神文化生活。关注失能失智及盲聋等特殊老人群体,提供康复教育一体化服务。

积极开发老年人力资源。用好老年人这一宝贵财富,充分发挥老年人的智力优势、经验优势、技能优势,为其参与经济社会活动搭建平台、提供教育支持。发挥老年人在传承中华优秀传统文化、引导全社会特别是青少年培育和践行社会主义核心价值观等方面的积极作用,彰显长者风范。鼓励老年人利用所学所长,在科学普及、环境保护、社区服务、治安维稳等方面积极服务社会、奉献社会。

(三) 加强老年教育支持服务

运用信息技术服务老年教育。加强数字化学习资源跨区域、跨部门共建共享,开展对现有老年教育课程的数字化改造,开发适合老年人远程学习的数字化资源。通过互联网、数字电视等渠道,加强优质老年学习资源对农村、边远、贫困、民族地区的辐射。推动信息技术融入老年教育教学全过程,推进线上线下一体化教学,支持老年人网上学习。运用信息化手段,为老年人提供导学服务、个性化学习推荐等学习支持。

整合文化体育科技资源服务老年教育。推动美术馆、图书馆、文化馆(站、中心)、科技馆、博物馆、纪念馆、公共体育设施、爱国主义示范基地、科普教育基地等向老年人免费开放。鼓励有条件的地区发挥文化、教育、体育、科技等资源优势,结合区域实际,建设不同主题、富有特色的老年教育学习体验基地。充分发挥广播电视、报纸杂志、门户网站等媒体作用,开设贴近老年人生活的专栏专题。

(四) 创新老年教育发展机制

鼓励社会力量参与老年教育。充分激发市场活力,推进举办主体、资金筹措渠道的多元化,通过政府购买服务、项目合作等多种方式,支持和鼓励各类社会力量通过独资、合资、合作等形式举办或参与老年教育。运用市场机制调节供需关系,进一步优化老年教育的市场结构、内容和布局。加强规划指导和外部监管,营造平等参与、公平竞争的市场环境。充分发挥社会组织在老年教育中的作用,鼓励其通过提供师资、开发课程等方式支持开展老年教育。支持老年教育领域社会组织和老年志愿服务团队发展。

促进老年教育与相关产业联动。扩大老年教育消费,发掘与老年教育密切相关的养老服务、旅游、服装服饰、文化等产业价值,促进生活性服务业提档升级,拉动内需,推动投资增长和相关产业发展。

（五）促进老年教育可持续发展

加强学科建设与人才培养培训。鼓励综合类高校、师范类院校、职业院校开设老年教育相关专业，其他高校也要加强老年教育相关专业建设。支持有条件的高校开展老年教育方向的研究生教育，加快培养老年教育教学、科研和管理人才。鼓励老年教育机构的专任教师和管理人员在职进修老年教育专业课程，攻读相关专业学位。

加强理论与政策研究。依托有关高校、科研院所、老年教育机构等建立若干个老年教育研究基地，开展老年教育基础理论研究、政策研究和应用研究，探讨和解决老年教育发展中的重大理论和实践问题。加强老年教育学术期刊建设，搭建优秀成果共享和推广平台。鼓励社会组织开展老年教育优秀研究成果交流活动。

加强国际交流合作。积极参与有关国际教育组织的活动，加强与国外老年教育机构的交流与合作，借鉴国外老年教育先进理念和做法，宣传推广我国发展老年教育的经验与成果，扩大我国老年教育的国际影响力。

四、重点推进计划

（一）社会主义核心价值观培育计划

将培育和践行社会主义核心价值观作为老年教育的重要内容，编写相关读本，设计形式多样的教育活动项目，将社会主义核心价值观融入老年人学习和活动之中。积极推进校园文化建设，培育优良校风、教风、学风，打造一批在培育和践行社会主义核心价值观方面具有示范作用的老年学校、老年学习团队。

（二）老年教育机构基础能力提升计划

整合资源，改善基层社区老年教育机构设施设备，建设一批在本区域发挥示范作用的乡镇（街道）社区老年人学习场所，建设好村（居委会）老年社区学习点。改善现有老年大学办学条件，提升其教学场所和设施的现代化、规范化水平，进一步增强其社会服务能力。到 2020 年，全国县级以上城市原则上至少应有一所老年大学，50%的乡镇（街道）建有老年学校，30%的行政村（居委会）建有老年学习点。探索"养、医、体、文"等场所与老年人学习场所的结合，推出一批创新老年教育办学模式的典型。各省（区、市）选取若干个养老服务机构，开展养教结合试点。

（三）学习资源建设整合计划

研究制定老年人学习发展指南，为不同年龄层次的老年人提供包括学习规划在内的咨询服务。探索建立老年教育通用课程教学大纲，促进资源建设规范化、多样化。遴选、开发一批通用型老年学习资源，整合一批优秀传统文化、非物质文化遗产、地方特色老年教育资源，推介一批科普知识和健康知识学习资源，引进一批国外优质学习资源，形成系列优质课程推荐目录。定期举办老年学习资源建设交流活动。到2020年，各省（区、市）都应初步建立起支撑区域内老年教育发展的老年学习资源库。

（四）远程老年教育推进计划

探索以开放大学和广播电视大学为主体建设老年开放大学，开发整合远程老年教育多媒体课程资源。支持国家开放大学率先建设在全国发挥示范作用的老年健康艺术教育体验基地。推动有条件的省（区、市）老年大学、开放大学和广播电视大学建设具有地方特色的示范性老年教育体验基地。到2020年，力争全国50%的县（市、区）可通过远程教育开展老年教育工作。

（五）老有所为行动计划

组织引导离退休老干部、老同志讲好中国故事、弘扬中国精神、传播中国好声音。积极搭建服务平台，建立由离退休干部、专业技术人员及其他有所专长的老同志组成的老年教育兼职教师队伍。推动各类老年社会团体与大中小学校合作，发挥老年人在教育引导青少年继承优良传统、培育科学精神等方面的积极作用。广泛开展老年志愿服务活动，到2020年，力争每所老年大学培育1～2支老年志愿者队伍，老年学校普遍建有志愿者服务组织。

五、保障措施

（一）加强组织实施

建立健全党委领导、政府统筹，教育、组织、民政、文化、老龄部门密切配合，其他相关部门共同参与的老年教育管理体制。各相关部门要按照职责分工，加强沟通协调，通过规划编制、政策制定、指导监督，共同研究解决老年教育发展中的重大问题。老年教育工作要纳入对各级政府相关部门绩效考评内容。各省（区、市）要把老年教育纳入本地区经济社会发展规划和教育事业发展规划，结合实际，提出落实本规划、加快发展老年教育的具体实施方案和举措，分阶段、分步骤组织实施。对各地区在实施本规划中好的做法和经验，要及时总结推广。

（二）推动法规制度建设

研究完善涉及老年教育的相关制度。支持鼓励有条件的地区通过制定相关地方法规促进老年教育事业规范健康发展。在老龄事业相关政策措施中重视支持发展老年教育。探索开展老年教育发展情况调查统计工作，支持社会组织等第三方开展老年教育发展状况评估和研究。

（三）加强队伍建设

鼓励普通高校、职业院校相关专业毕业生及相关行业优秀人才到老年教育机构工作。各级各类学校要鼓励教师参与老年教育相关工作，并纳入本校工作考核，支持教师到校外老年教育机构兼职任教或从事志愿服务。建立老年教育教师岗位培训制度，支持老年教育机构教师、技术和管理人员的专业发展。专职人员在薪酬福利、业务进修、职务（职称）评聘、绩效考核等方面享有同类学校工作人员的同等权利和待遇。鼓励专业社工等参与从事老年教育工作。建立老年教育师资库。加快培养一支结构合理、数量充足、素质优良，以专职人员为骨干、与兼职人员和志愿者相结合的教学和管理队伍。

（四）完善经费投入机制

各地区要采取多种方式努力增加对老年教育的投入，切实拓宽老年教育经费投入渠道，形成政府、市场、社会组织和学习者等多主体分担和筹措老年教育经费的机制。老年教育经费应主要用于老年教育公共服务。鼓励和支持行业企业、社会组织和个人设立老年教育发展基金，企业和个人对老年教育的公益性捐赠支出按照税收法律法规规定享受所得税税前扣除政策。

（五）营造良好氛围

各地区各部门要广泛宣传党和国家关于发展老年教育的方针政策，广泛宣传老年教育发展中的典型经验、案例、做法和成效，努力使全社会关心、支持和参与老年教育的氛围更加浓厚。要充分调动老年人参与学习的积极性和主动性，积极培育老年学习文化，使学习风尚融入老年人生活，使老年教育成为增进老年人福祉的重要内容。

教育部等七部门
关于推进学习型城市建设的意见

教职成〔2014〕10号

各省、自治区、直辖市教育厅（教委）、文明办、发展改革委、民政厅（局）、财政厅（局）、人社厅（局）、文化厅（局），新疆生产建设兵团教育局、文明办、发展改革委、民政局、财务局、人社局、文化局：

建设学习型社会是实现"两个一百年"奋斗目标和中华民族伟大复兴中国梦的重要内容和有力支撑。建设学习型城市是实现学习型社会的重要基石。20世纪末以来，我国已有近百个市（地）级以上城市先后提出建设学习型城市的目标并进行了实践探索，积累了宝贵的经验，取得了可喜的成绩，受到国际社会高度关注。但就全国而言，学习型城市建设刚刚起步，还存在认识不到位、任务不明确、职责不清晰等问题。建设学习型城市，对于培育和践行社会主义核心价值观，提升国家核心竞争力和社会文明程度；对于推动城市经济发展、产业结构升级，服务新型城镇化建设、促进城市建设管理创新；对于满足人民群众学有所教的终身学习需求、促进人的全面发展等具有重要意义。教育部、中央文明办、国家发展改革委、民政部、财政部、人力资源和社会保障部、文化部七部门现就推进学习型城市建设提出以下意见。

一、总体要求

（一）指导思想

全面贯彻党的十八大和十八届三中全会精神，着力培育和践行社会主义核心价值观，以服务全面建成小康社会和满足人民群众对美好生活的新期盼为宗旨，把全民终身学习作为城市发展的重要基础，以改革创新为动力，以信息技术为支撑，努力构建灵活、开放的终身教育体系，积极推进城市各类学习资源的建设与共享，创造人人皆学、时时能学、处处可学的社会环境，促进全民学习、终身学习，促进城市的包容、繁荣与可持续发展。

（二）总体目标

在全国各类城市广泛开展学习型城市创建工作，形成一大批终身教育体系基本完善、各级各类教育协调发展、学习机会开放多样、学习资源丰富共享的学习型城市，充分发挥这些城市在学习型社会建设中的引领和示范作用。到2020年，东、中、西部地区市（地）级以上城市开展创建学习型城市工作覆盖率分别达到90%、80%和70%，各区域都要有一大批县级城市开展创建工作。

（三）基本原则

坚持特大型城市和区域中心城市引领，重点向地（市）级和县级城市拓展，城乡一体，以城带乡，全面推进。坚持示范带动，分类指导，鼓励百花齐放和突出地方特色。坚持探索和总结相结合，创建与交流相促进，构建开放、有序、务实的长效机制。

二、主要任务

（一）大力培育和践行社会主义核心价值观，凝聚全社会价值共识

全面系统、分层次、有重点地开展社会主义核心价值观宣传教育，引导人们不断加深理解认同，成为精神追求和自觉行动。率先抓好党员干部特别是领导干部的教育，把社会主义核心价值观学习教育纳入地方各级党委（党组）中心组学习计划和目标考核。深化青少年思想道德建设，把核心价值观纳入国民教育总体规划，贯穿于基础教育、职业教育、高等教育、继续教育各领域，落实到教育教学和管理服务各环节，推动社会主义核心价值观进教材、进课堂、进头脑。不断巩固壮大积极健康向上的主流思想舆论，积极发挥城市各类新闻媒体作用，生动形象地宣传阐释核心价值观，使之家喻户晓，深入人心。积极开展各类先进典型学习宣传、学雷锋志愿服务、公益广告宣传以及群众性精神文明创建等涵养社会主义核心价值观的实践活动，形成弘扬核心价值理念的生活情境和社会氛围。

（二）构建终身教育体系，促进各类教育融合开放

通过深化教育综合改革，推进学历教育与非学历教育协调发展，职业教育与普通教育相互沟通，职前教育与职后教育有效衔接，有效发挥学校教育在全民终身学习中的基础作用。在基础教育阶段加强学生终身学习意识和能力的培养；发挥高等教育在人才培养、科学研究、社会服务等方面的重要作用；发挥职业教育和继续教育在提高社会成员素质以及满足终身学习需求中的核心和骨干作用。引导和支持各类学校向社会开放学习资源，与社区融合。

（三）加强企事业单位职工教育培训，提高从业人员能力素质

建立完善现代企业职工教育培训制度，全面加强人力资源开发。鼓励支持行业企业在职工教育培训中发挥主渠道作用，将职工教育培训纳入行业企业发展规划和年度工作计划。支持企业内设教育培训机构。充分发挥学校特别是职业院校在职工教育培训中的服务功能。鼓励社会力量举办各类职业培训，促进社会化培训健康发展。加大对农民工、失业者、低技能者、残疾人等弱势群体职业培训的扶持。

（四）广泛开展城乡社区教育，推动社会治理创新

总结推广社区教育实验区建设成果，发挥社区教育示范区辐射作用，建立健全以城带乡、城乡一体的社区教育协调发展机制。培育多元社区教育主体，支持社区居民自主学习、自我教育，进一步激发城乡社区教育活力。建立社区教育联席会议、社区教育理事会等制度，完善社区教育多元参与协商、合作机制，提高社区治理能力，推动社会治理创新。加快推进面向"三农"的公民教育、农村实用技术培训和社会文化生活教育。积极开展农民工教育培训，促进农民工融入城市社区。

（五）推进各类学习型组织建设，增进社会组织活力

积极推进学习型机关、企事业单位、社会团体等各类学习型组织建设，增强社会组织的学习能力，充分发挥学习对组织发展的促进作用。加强对学习型组织建设的引导支持，分类研究制定各类学习型组织的建设标准，依托社会第三方建立各类学习型组织评价机制，培育积极向上的组织文化，增强各类组织的凝聚力和创新力。鼓励发展民间学习共同体。

（六）统筹开发社会学习资源，促进学习资源开放共享

统筹区域内各类学习资源，推进学习资源的社会化。建立有效的协调机制，促进各部门、各系统的学习资源开放共享。进一步发挥公共文化设施的社会教育功能，深入推进公共图书馆、文化馆（站）、博物馆、美术馆、科技馆等各类公共设施面向社会免费开放。鼓励机关、企事业单位、社会团体等向市民开放学习场所和设施，为市民终身学习提供便利。积极利用报纸、杂志、广播、电视以及网络媒体等各类传播媒体提供多种形式的学习服务。

（七）有效应用现代信息技术，拓展学习时空

将促进全民终身学习纳入城市信息化建设，建立互联网、移动电话、数字电视、卫星等多网合一、优势互补的远程学习网络、服务平台和学习资源库，拓展优质教育资源覆盖面。加强终身学习网站、数字图书馆、数字文化馆等公共学习服务平台建设，办好开放大学，加强对农村、边远地区现代远程教育的服务与支持，缩小数字鸿沟。降低在线学习成本，优化数字学习环境，加强学习质量保障，满足广大学习者的个性化学习需求。

三、政策措施

（一）建立健全领导管理体制

各地要进一步提高对学习型城市建设重要性和紧迫性的认识，将学习型城市建设列入当地经济社会发展规划，明确和细化学习型城市建设的目标、任务、路径及步骤。要建立多部门共同参与的学习型城市建设领导协调机制，指导和推进相关工作，广泛动员社会力量，形成党委领导、政府统筹、行业部门联动、社会协同、全民参与的学习型城市建设工作格局。教育部门要积极构建终身教育体系，统筹学校教育资源服务学习型城市建设。精神文明建设指导部门要将学习型城市建设与本地区文明城市建设相结合，着力提升社会道德水平。发展改革部门要将学习型城市建设纳入相关发展规划，明确相应阶段性目标。民政部门要将学习型城市建设与社区建设相结合，把社区教育工作纳入社区服务体系建设规划，提高居民能力素质，促进社会和谐。财政部门要加大学习型城市建设的支持力度。人力资源和社会保障部门要将学习型城市建设与区域人力资源开发结合起

来，积极开展继续教育活动，不断提升劳动者素质。文化部门要将学习型城市建设同公共文化服务体系建设结合起来，积极探索公共文化资源服务社会的有效途径，不断满足人民群众多样化的精神文化需求。

（二）推进法规制度建设

推进终身学习立法进程，进一步明确政府、企事业单位和个人在终身教育方面的权利、义务和责任。推动地方政府根据实际情况，研究出台学习型城市建设和终身学习的相关地方法规与政策。推进各级各类学校（教育培训机构）实行学分制，积极开展终身学习成果积累与转换工作试点，拓宽终身学习通道。建立健全与就业准入、工作考核、岗位聘用、职业注册等制度相衔接的终身学习、继续教育激励机制。

（三）加强队伍建设

加强参与学习型城市建设相关工作的社会工作者队伍建设。培育一支结构合理、素质高的继续教育专兼职教师队伍，扩大一支热心参与终身学习服务的志愿者队伍，组建一支水平高、责任心强的咨询指导专家队伍。加强队伍培养培训，不断提高业务水平和服务能力。

（四）加大多渠道投入力度

拓宽学习型城市建设经费投入渠道。各地应根据财力状况，加大对学习型城市建设的支持力度。企业依法履行职工教育培训和足额提取教育培训经费的责任。鼓励社会资金积极投入学习型城市建设。逐步形成政府、用人单位和学习者分担学习成本、多渠道筹措经费的投入机制。

（五）营造终身学习文化氛围

积极培育终身学习文化，营造全社会关心、支持、参与学习型城市建设的浓郁氛围，使学习风尚融入城市文化，提升城市的文化特色和品位。各地要利用各种媒体及其他途径，广泛宣传终身学习理念和学习型城市建设的重要意义。积极举办"全民终身学习活动周""市民大讲堂"等群众喜闻乐见的学习活动，倡导和支持全民阅读。

（六）开展评价、监测与国际交流

加强学习型城市建设的科学研究，形成具有中国特色的学习型城市建设理论。建立健全终身学习的统计信息体系，研制监测评估指标体系，支持社会组织等第三方开展学习型城市建设与发展状况评价和监测活动。加强与国际组织及世界各国在相关领域的交流与合作，共同推进国际学习型城市建设。

教育部、中央文明办、国家发展改革委、民政部、财政部、人力资源和社会保障部、文化部

2014 年 8 月 11 日

教育部等九部门
关于进一步推进社区教育发展的意见

教职成〔2016〕4号

各省、自治区、直辖市教育厅（教委）、民政厅（局）、科技厅（局）、财政厅（局）、人力资源和社会保障厅（局）、文化厅（局）、体育局、团委、科技协会，新疆生产建设兵团教育局（体育局）、民政局、科技局、财务局、人力资源和社会保障局、文化局、团委、科技协会：

社区教育是我国教育事业的重要组成部分，是社区建设的重要内容。近年来，我国社区教育蓬勃发展，探索了具有中国特色的社区教育发展方式和路径，形成了东部沿海发达地区广泛开展、中西部地区逐步推进的发展格局，建设了一大批全国和省级社区教育实验区、示范区，社区教育参与率和满意度逐步提高。为加快实现教育规划纲要关于基本形成学习型社会的目标，服务全面建成小康社会的战略要求，现就进一步推进社区教育发展提出如下意见。

一、总体要求

（一）指导思想

全面贯彻落实党的十八大和十八届三中、四中、五中全会精神，深入学习贯彻习近平总书记系列重要讲话精神，牢固树立创新、协调、绿色、开放、共享的发展理念，按照协调推进"四个全面"战略布局的要求，以促进全民终身学习、形成学习型社会为目标，以提高国民思想道德素质、科学文化素质、健康素质和职业技能为宗旨，以建立健全社区教育制度为着力点，统筹发展城乡社区教育，加强基础能力建设，整合各类教育资源。充分发挥社区教育在弘扬社会主义核心价值观、推动社会治理体系建设、传承中华优秀传统文化、形成科学文明生活消费方式、服务人的全面发展等方面的作用。

(二) 基本原则

坚持以人为本,需求导向。以学习者为中心,以学习需求为导向,为社区内不同年龄层次、不同文化程度、不同收入水平的居民提供多样化教育服务。体现社区教育的普惠性,促进社会公平。

坚持社区为根,特色发展。立足城乡社区,面向基层,办好居民家门口的社区教育。从东中西部区域发展的实际出发,推进社区教育特色发展。鼓励各地结合当地历史、人文资源和经济发展状况,因地制宜、因势利导开展社区教育活动。

坚持统筹协调,整合资源。发挥党委政府的推动引导作用,把社区教育切实纳入区域经济社会发展总体规划。以城带乡,统筹城乡社区教育协调发展,着力补足农村社区教育短板。整合学校教育资源和其他社会资源服务社区居民学习。

坚持改革引领,创新驱动。注重顶层设计与基层创新良性互动、有机结合。培育多元主体,引导各级各类学校和社会力量积极参与社区教育。充分运用现代信息技术手段,创新服务模式。推动社区教育融入社区治理,不断丰富社区建设的内容。

(三) 总体目标

到2020年,社区教育治理体系初步形成,内容形式更加丰富,教育资源融通共享,服务能力显著提高,发展环境更加优化,居民参与率和满意度显著提高,基本形成具有中国特色的社区教育发展模式。建设全国社区教育实验区600个,建成全国社区教育示范区200个,全国开展社区教育的县(市、区)实现全覆盖。

二、主要任务

(一) 加强基础能力建设

建立健全社区教育网络。通过整合资源,建立健全城乡一体的社区教育县(市、区)、乡镇(街道)、村(社区)三级办学网络。各省、市(地)可依托开放大学、广播电视大学、农业广播电视学校、职业院校以及社区科普学校等设立社区教育指导机构,统筹指导本区域社区教育工作的开展。研究制定社区教育办学机构指导性要求。

明确社区教育机构职责定位。县(市、区)社区教育学院(中心)负责课程开发、教育示范、业务指导、理论研究等。乡镇(街道)社区学校负责组织实施社区教育活动,指导村(社区)教学站(点)的工作。村(社区)教学站(点)为居民提供灵活便捷的教育服务。

推动各类学习型组织与学习共同体建设。广泛开展学习型乡镇(街道)、学习型社区、学习型家庭等各类学习型组织创建活动,推动学习型城市建设。鼓励和引导社区居民自发组建形式多样的学习团队、活动小组等学习共同体,实现自我组织、自我教育、自我管理、自我服务,不断增强各类组织的凝聚力和创新力。

加强社区教育实验区和示范区建设。继续推动社区教育实验区、示范区建设,充分发挥社区教育示范区在体系构建、资源共享、投入机制、队伍建设、信息化应用、市民学分银行建设等方面的示范引领作用,进一步提升社区教育服务能力和水平。各地要建立和完善相应工作机制,提出建设目标。

(二) 整合社区教育资源

开放共享学校资源。鼓励各级各类学校充分利用场地设施、课程资源、师资、教学实训设备等积极筹办和参与社区教育。充分发挥县级职业教育中心、开放大学、广播电视学校、科普学校在农村社区教育中的骨干和引领作用。加快乡镇成人文化技术学校的转型发展,鼓励其成为农村社区教育的重要载体。推动普通中小学有序向社区居民提供适宜的教育服务。

统筹共享社区资源。注重社区教育机构与城乡社区综合服务中心(站)、社区文化中心等机构的资源共享,拓展社区综合服务中心(站)的社区教育功能,推动社区教育机构与社区综合服务中心(站)设施统筹、信息共享、服务联动。充分利用社区文化、科学普及、体育健身等各类资源,发掘教育内涵,组织开展社区教育活动,实现一个场所、多种功能,促进基层公共服务资源效益最大化。

充分利用社会资源。提高图书馆、科技馆、文化馆、博物馆和体育场馆等各类公共设施面向社区居民的开放水平。鼓励相关行业企业参与社区教育。引导一批培训质量高、社会效益好的社会培训机构参与社区教育。探索开放、可持续发展的资源共享模式,不断扩大社区学习资源供给。

(三) 丰富内容和形式

丰富社区教育内容。广泛开展公民素养、诚信教育、人文艺术、科学技术、职业技能、早期教育、运动健身、养生保健、生活休闲等教育活动，提升居民生活品质，推动生活方式向发展型、现代型、服务型转变。积极开展面向社区服务人员、社区志愿者、社区社会组织成员的教育培训，增强其组织和服务居民的能力。

创新社区教育形式。创新教育载体和学习形式，培育一批优质学习项目品牌。在组织课堂学习的基础上，积极开展才艺展示、参观游学、读书沙龙等多种形式的社区教育活动，探索团队学习、体验学习、远程学习等模式。通过开设学习超市、提供学习地图等形式方便社区居民灵活自主学习。推动各地建设方便快捷的居民学习服务圈。

推进社区教育信息化。结合实施"宽带中国"战略和"互联网+城市""互联网+科普"计划，充分利用现代远程教育体系，结合或依托社区公共服务综合信息平台建设，建立覆盖城乡、开放便捷的社区数字化学习公共服务平台及体系。有条件的地方，鼓励形成网上学习圈。鼓励各级各类学校和社会教育培训机构向社区开放数字化学习资源及服务，推进各地网上学习平台互联互通和社区教育数字化学习资源的建设与共享，为居民提供线上线下多种形式的学习支持服务。

(四) 提高服务重点人群的能力

大力发展老年教育。将老年教育作为社区教育的重点任务，结合多层次养老服务体系建设，改善基层社区老年人的学习环境，完善老年人社区学习网络。建设一批在本区域发挥示范作用的乡镇（街道）老年人学习场所和老年大学。努力提高老年教育的参与率和满意度。

积极开展青少年校外教育。推动实现社区教育与学校教育有效衔接和良性互动。社区教育机构要紧密联系普通中小学、青少年校外活动场所、社会组织等，充分利用社区内的各类教育、科普资源，开展校外教育及社会实践活动，为青少年健康成长提供良好的社区教育环境。开展形式多样的早期教育活动，有条件的中小学、幼儿园可派教师到社区教育机构提供志愿服务。充分发挥共青团、少先队组织在青少年校外和社区教育中的作用。

广泛开展各类教育培训。主动适应居民实际需求，有针对性地开展法治社会、科学生活、安全健康、就业再就业、创新创业、职业技能提升等教育培训活动。积极面向学生家长开展教育理念、教育方法等方面的家庭教育指导。重点面向城镇化进程中的失地农民和农民工，积极开展职业技能、思想道德、民主法治、文明礼仪、生活方式等方面的教育培训，通过社区学习与交流活动，增强社区归属感和认同感，加快其融入城镇社区生活的进程。重视弱势人群提高生存技能的培训，积极为社区各类残疾人提供学习服务。

重视农村居民的教育培训。各级各类学校教育资源要向周边农村居民开放，用好县级职教中心、乡（镇）成人文化技术学校、开放大学、广播电视学校、农村致富技术函授大学和农村社区教育教学点。结合新农村和农村社区建设，有效推进基层综合性文化服务中心、图书馆、文化馆、博物馆、农家书屋、农村中学科技馆等资源共享，提升农村社区教育服务供给水平。广泛开展农村实用技术培训和现代生活教育培训。大力开展新型职业农民培训。加强农村居民家庭教育指导，为农村留守妇女提供社会生活、权益保护、就业创业等方面的教育培训。重视开展农村留守儿童、老人和各类残疾人的培训服务。

（五）提升社区教育内涵

加强课程资源建设。国家组织编写一批社区教育通用型课程大纲。鼓励各地开发、推荐、遴选、引进优质社区教育课程资源，推动课程建设规范化、特色化发展。鼓励引导社区组织、社区居民和社会各界共同参与课程开发，建设一批具有地域特色的本土化课程。课程设计应与居民需求、科学普及、文明素养、社区发展等紧密结合，促进课程设计与社区治理和服务实践有机融合。

提高社区教育工作者队伍专业化水平。社区教育学院（中心）、社区学校应配备从事社区教育的专职管理人员与专兼职教师。省级教育行政部门应根据教育部《社区教育工作者岗位基本要求》制定实施细则，省级人社、教育行政部门共同制定社区教育专职教师职称（职务）评聘办法。加大社区教育工作者培训力度。发挥社会工作专业人才在社区教育中的作用，探索建立社区教育志愿服务制度。鼓励高等学校、职业学校开设社区教育相关专业，鼓励引导相关专业毕业生从事社区教育工作。

三、保障措施

(一) 加强组织领导

推动形成党委领导、政府统筹、教育部门主管、相关部门配合、社会积极支持、社区自主活动、市场有效介入、群众广泛参与的社区教育协同治理的体制和运行机制。教育行政部门要把开展社区教育纳入教育发展整体规划，主动联系有关部门，牵头做好社区教育发展规划、相关政策的制定和完善工作，建立目标责任和考核机制，确保社区教育改革发展目标落实到位；民政部门要把社区教育作为街道管理创新、乡镇服务型政府建设和城乡社区建设的重要内容，纳入城乡社区服务体系建设规划；财政部门要结合实际，逐步加大对社区教育的支持力度；人社部门要加大对社区教育的支持力度，并结合工作实际，充分发挥社区教育在职业技能培训中的重要作用；文化部门要通过公共文化服务体系为社区教育提供必要支撑；科技部门要将《科普法》《全民科学素质行动计划纲要》的实施及国家科普能力建设与开展社区教育工作紧密结合起来；体育部门要将《全民健身计划纲要》的实施与开展社区教育工作紧密结合起来。鼓励建立社区教育联席会、理事会或社区教育协作会等制度。在村（社区）开展的社区教育活动应主动接受社区自治组织的指导。

(二) 拓宽经费投入渠道

各地要建立健全政府投入、社会捐赠、学习者合理分担等多种渠道筹措经费的社区教育投入机制，加大对社区教育的支持力度，不断拓宽社区教育经费来源渠道。推动社区教育服务社会化，推进社区教育领域政府购买服务的试点工作，探索通过政府购买、项目外包、委托管理等形式，吸引行业性、专业性社会组织、社区社会组织和民办社会工作服务机构参与社区教育。鼓励社会资本通过兴办实体、资助项目、赞助活动、提供设施、设立社区教育基金等方式支持社区教育发展。鼓励自然人、法人或其他组织捐助社区教育或举办社区教育机构，并依法享受有关政策优惠。

(三) 完善督查评价机制

各级教育督导部门要把开展社区教育督导作为推进教育现代化的重要内容。

科学制定社区教育评价标准，建立和完善社区教育统计制度，加强对社区教育发展状况基本信息的收集和分析。逐步完善社区教育实验区、示范区进入和退出的动态管理机制。建立社会第三方对社区教育发展的评价与反馈机制，定期开展社区居民对社区教育满意度的测评。

（四）推进学习成果积累转换

鼓励有条件的省级和市（地）级教育行政部门先行先试，探索建立居民个人学习账号，开发、研制具有学时记载等功能的社区学习卡，记录学习者注册报名、培训考勤、线上线下学习学时等具体信息，形成居民终身学习电子档案，探索建设社区教育学分银行。积极探索建立和完善社区教育学习成果认证、积累和转换制度及激励机制。

（五）营造全民终身学习的社会氛围

充分利用报刊、广播、电视、网络等媒体，加大对社区教育重要意义和发展成绩的宣传，总结推广全国社区教育实验区、示范区以及各地的典型经验。重视社区教育理论研究和学科建设。坚持办好"全民终身学习活动周"，深入宣传全民学习、终身学习的理念，凝聚社会共识，形成发展合力。不断提高社区教育的认知度和参与度，提高社区居民的满意度和获得感。

教育部、民政部、科技部、财政部、人力资源和社会保障部、文化部、体育总局、共青团中央、中国科学技术协会

2016年6月28日

广东省教育厅关于大力发展社区教育推进学习型社会建设的意见

粤教职〔2016〕3号

各地级以上市及顺德区教育局，广东开放大学：

社区教育是社区建设的重要内容，是教育事业的重要组成部分，广泛开展城乡社区教育是建设学习型城市、学习型社会和构建和谐社会的基础性工作。为深入贯彻落实党的十八大和十八届三中、四中、五中全会精神，全面实施国家和省《中长期教育改革和发展规划纲要（2010—2020年）》以及《教育部等七部门关于推进学习型城市建设的意见》和《广东省人民政府关于深化教育领域综合改革的实施意见》，现就进一步发展社区教育、推进学习型社会建设提出如下意见。

一、大力发展社区教育的总体要求

（一）指导思想

以党的十八大和习近平总书记系列重要讲话精神为指导，以构建终身教育体系、建设学习型社会为目标，以加快推进社区教育公共治理体系和治理能力现代化为核心，以服务社区、促进人的全面发展为宗旨，坚持以人为本，政府主导，深化改革，分类发展，整体提升社区学习力和创新发展能力，提高社会全体成员整体素质和生活质量，促进我省经济社会又好又快发展。

（二）工作目标

今后一个时期，我省社区教育发展的总体工作目标是：到2020年，建成结构合理、内涵丰富、开放共享、服务完善、具有广东特色的社区教育办学网络体系，形成较为科学有效的社区教育管理体制和运行机制，社区教育规范化、制度化建设以及城乡一体化发展成效显著,城乡居民对社区教育满意度不断提高。

具体工作目标是:

(1) 到 2018 年,全省开展社区教育工作的地级市覆盖率达到 100%,县(市、区)覆盖率达到 70% 以上,其中珠三角地区的县(市、区)覆盖率达到 100%。

(2) 到 2018 年,全省建成 100 个省级以上社区教育实验区,其中 20% 创建成为全国社区教育实验区;10% 创建成为全国社区教育示范区。

(3) 到 2018 年,全省地级以上城市开展创建学习型城市工作覆盖率达到 90%,县(市、区)开展创建学习型城市工作覆盖率,珠三角地区达到 80%,粤东、粤西、粤北地区达到 60%。

(4) 到 2020 年,全省从业人员继续教育年参与率达 60% 以上,城乡居民社区教育活动年参与率达 50% 以上,其中珠三角地区分别达到 80% 以上和 70% 以上;全省未成年人参与社区教育活动的比例不低于 50%。

二、进一步明确社区教育工作的重点任务

(一) 深化社区教育管理制度改革

(1) 明确责任主体,创新管理体制。各级政府是社区教育工作的责任主体,对本行政区域社区教育工作负责。各地各级教育行政部门要积极联系,主动协调,建立各市、县(市、区)由党委政府统筹,教育、宣传、财政、人社、文化、科技、卫生与计划生育、农业、民政及工会、共青团、妇联等有关部门参与的社区教育工作机制。省教育厅指导全省社区教育工作。省将委托广东开放大学承担全省社区教育具体组织指导工作。支持市、县(市、区)分别建立健全地方社区教育指导组织工作机制。要明确县(市、区)、街道(乡镇)政府,教育部门和其他各有关部门在推进社区教育工作中的具体职责,进一步完善"党政统筹领导,教育部门牵头,有关部门参与,社会积极支持,社区自主活动,群众广泛参加"的社区教育管理体制和运行机制。

(2) 激发城乡社区教育活力。充分发挥政府推动和市场机制作用,探索通过政府授权、政府购买、项目外包、委托管理等形式,吸引和支持各类办学主体参与社区教育的办学、管理和评价。进一步推动城镇社区教育向农村延伸,加快县级"四位一体"(中职教育、继续教育、社区教育、社会培训)职教中心转型

发展，激活乡镇成人文化技术学校办学活力，构建"县级'四位一体'职教中心—乡镇成人文化技术学校—村居学习站（点）"师资共享、统筹推进的农村社区教育网络。建立健全以城带乡、城乡一体的社区教育协调发展机制，提升农村社区教育发展水平。鼓励和支持各地推行社区居民"终身学习卡""终身学习账户"和外来务工人员子女"积分学习卡"等，切实提高社区居民和外来务工人员对社区教育的参与率。

（3）建立社区教育协商合作机制。鼓励各社区教育机构建立社区教育联席会议、社区教育理事会、社区教育协作会等制度，开发使用基于现代信息技术的互动平台，拓展社区教育参与主体利益诉求表达途径，增强社区教育服务的针对性和实效性。

（二）提升社区教育基础能力建设水平

（1）构建覆盖城乡的社区教育办学网络体系。推动各市、县（市、区）广播电视大学（开放大学）办好社区大学、社区学院，在现有的乡镇成人文化技术学校基础上组建社区学校，大力建设居（村）社区教育学习站（点）。到2020年，全省各市、县（市、区）、乡镇（街道）、居（村）基本相应成立社区大学、社区学院、社区学校、社区教育学习站（点），形成以开放大学为龙头，以社区大学和社区学院为骨干，以社区教育学习站（点）为基础的覆盖全省各市城乡的社区教育办学网络体系，较好地满足社区成员多样化的学习需求。

（2）明确社区教育机构职责。地市社区大学要在市政府及市教育行政部门的指导下，负责具体指导全市社区教育业务发展，对县区级社区学院和其他社区教育机构的业务活动进行工作指导、协调和服务，要建设各级各类网络教学培训资源，维护好网络平台。县（市、区）社区学院作为当地开展社区教育的"服务中心"，负责课程开发、示范带动、业务指导、理论研究等；乡镇（街道）社区学校要结合实际，负责组织实施社区教育活动，指导居（村）社区教育站（点）的工作；居（村）社区教育站（点）作为就近便捷的居民学习场所，负责为居民学习提供教育服务。有条件的居（村）要推进社区教育进一步向下延伸。

（3）大力推进社区教育实验区和示范区建设。省教育厅通过调研检查、组织评审，确认公布广东省社区教育实验区，重点支持基础条件好、重视程度高、实际成效显著的地区优先创建省级实验区。积极组织开展全国社区教育实验区和示范区创建工作。各地根据实际情况，建设一批具有地域特色的市级社区教育实验区、示范区。鼓励各级社区教育实验区、示范区在省内乃至省外开展结对共建活动，探索和推广社区教育的管理模式和运行模式，充分发挥示范和辐射带动作用。

（4）支持学习型组织建设。分类研究制定各类学习型组织的建设标准，大力开展学习型企业、学习型单位、学习型街道、学习型居（村）委会、学习型楼院、学习型家庭等创建工作。鼓励和引导社区居民组建学习团队、学习活动小组等学习共同体，让社区居民实现自我组织、自我教育、自我管理、自我服务。到 2020 年，全省学习型社区创建率，珠三角地区达到 60% 以上，粤东西北地区达到 40% 以上。

（三）推进"互联网＋社区教育"

（1）推进数字化教育网络向社区覆盖。实施社区教育"区区通"工程，推进数字化网络向社区覆盖。开展数字化社区学习中心的标准化建设，建设覆盖全省的数字化社区学习中心。依托广东终身学习网及其学习资源库和国家数字化学习资源中心的学习资源，建设一批数字化精品学习资源，整合其他优质资源，建设广东社区教育数字化学习港，构建面向全省的社区教育云服务平台，建立和完善省、市、县（市、区）三级联动、资源共享、覆盖城乡的终身学习网站集群，拓展优质教育资源覆盖面。充分利用广播电视网络的网络体系和数字化高清机顶盒的到户功能，开发相应的学习资源，使数字化学习终端到每个家庭，方便市民学习。各地要加大对各级社区教育办学机构信息化基础设施投入力度，重点加强对农村、边远地区现代远程教育的服务与支持。

（2）优化居民数字化学习环境。支持社区学校建设网络学习培训平台，推广"虚拟社区大学"模式，开发在线社区教育 App，开展移动教学、远程教学、视频教学、名师教学。推广"移动个性化学习终端""电子书包"等学习工具，引导社区成员运用互联网海量信息资源开展自主式学习。以微课件为载体，充分利用社区成员的机动时间，满足个性化学习需求；打通微信等移动互联网渠道，为社区成员提供基于圈子的学习服务，提升学习黏度，让海量资讯为居民服务提供更多的空间。打造社区微课堂，开展推送服务。

（四）促进社区教育资源开放共享

（1）充分利用社区内各级各类学校教育资源。广播电视大学（开放大学）系统各级办学机构要承担牵头开展本区域内社区教育资源建设的任务，积极举办或参与各类社区教育活动。鼓励和支持职业院校开设适应居民学习需求的课程，加强面向社会的职业技能培训。加快乡镇成人文化技术学校、成人教育机构等的转型发展，充分履行社区教育实施主体的使命与功能。鼓励普通高校利用丰富的教学资源不断拓展新的继续教育项目，成为重要的社区学习中心。推动各级各类学校向居民开放学习场所和设施。

（2）整合共享社区内非教育机构教育资源。鼓励社区内机关、企事业单位、社会团体等向居民开放学习场所和设施。支持和引导社区内非教育机构与教育机构合作建立社区教育组织，通过政府扶持、市场机制等引进一批培训质量高、社会效益好的社会性培训机构参与社区教育。充分挖掘社区内非教育机构人力、物力、信息等方面的优质资源，参与社区教育教学资源开发，提供各类教育培训服务。进一步发挥公共文化设施的社会教育功能，深入推进公共图书馆、文化馆（站）、博物馆、美术馆、科技馆等各类公共设施面向社区居民免费开放。

（3）加强社区教育学习资源建设。广东开放大学牵头负责全省社区教育学习资源建设的规划、指导、协调、整合等工作。市、县（市、区）社区学院组织承担推动本区域社区教育学习资源建设和促进各级各类教育资源共享的职责。

（五）增强社区教育实效性

（1）丰富社区教育内容。坚持以满足社区居民可持续发展和幸福生活目标实现的需求为取向，广泛开展学历补偿、公民素养、人文艺术、科学技术、养生保健、生活休闲、生态环境、职业技能等领域的教育活动，大力培育和践行社会主义核心价值观，传承和弘扬中华优秀传统文化。

（2）创新社区教育形式。积极举办"全民终身学习活动周""市民大讲堂""全民读书节""430学堂"（社区为解决小学生下午4：30放学后可能出现的监管空档，开展免费辅导学生做作业活动，开辟第二课堂等活动）等群众喜闻乐见的学习活动。每周一至周五下午4：30以后，各社区居（村）委会要将文化室腾出来举办"430学堂"，解决家长的后顾之忧。推广才艺展示、参观游学、读书沙龙等生动活泼的社区教育活动形式，探索团队学习、体验学习、远程学习等社区教育学习模式，为居民提供线上线下混合式学习支持服务。鼓励和支持各地培育一批社区教育特色品牌项目，形成"一地一特、一校一品"的社区教育发展局面。

（3）增强服务重点人群能力。深入调查了解社区的自然、社会、历史、素质等构成要素，制订科学有效的社区教育计划。

广泛开展市民和"新市民"教育培训。面向城镇居民及外来务工人员开展社区教育，同时重视为社区内下岗失业人员、失地农民、外来人员、残障人员、失足人员等提供生存生活技能、思想道德、民主法制、健康指导、文明礼仪、城市生活等培训。

大力发展社区老年教育。改善基层社区老年教育机构设施设备，各市、县（市、区）建有老年大学，乡镇（街道）建有老年活动中心；探索老年人学习场所在养、医、为、教、学等方面的有机结合。

积极开展青少年校外教育。提供青春期健康知识、传统文化、环境保护、科普知识、手工创作等方面的教育培训。

重视新型职业农民的教育服务。有效整合农技站、乡村文化活动中心、图书馆、地方曲艺馆、民间民俗文化馆、农家书屋等资源，开展服务农村留守老人、妇女、儿童少年的家政培训、家庭教育等活动，特别要重视大力开展面向新型职业农民的实用技术技能、农村经济管理等培训与服务。

（4）建立健全社区教育激励制度与机制。倡导为居民建立终身学习档案，积极推进广东终身教育学分银行建设，开展社区教育学习成果认证、积累和转换工作试点，拓宽居民终身学习通道。建立健全与就业准入、工作考核、岗位聘用、职业注册等制度相衔接的社区教育激励机制。面向居民积极开展"百姓学习之星""终身学习活动品牌"等评选、表彰和奖励活动。

（5）开展社区教育工作督导、调研检查与国际交流。各地要建立社区教育发展状况统计信息库，形成统一规范的社区教育档案管理体系。要定期开展社区教育督导检查。省将逐步完善社区教育实验区、示范区准入与淘汰的动态管理机制，完善社区教育实验区、示范区调研检查制度。建立社区居民评价和反馈机制，支持社会组织等第三方开展社区教育工作状况评价和监测活动。发挥广东的地缘优势，加强与先进国家、地区在社区教育领域的交流与合作，共同推进国际学习型城市建设。

（六）提升社区教育内涵发展水平

（1）加强社区教育课程资源建设。鼓励各地开发、共建、推荐、遴选、引进各类优质社区教育课程资源，建设一批具有广东特色的本土文化课程，推动课程资源建设向系列化、规范化、特色化方向发展，逐步形成符合社区居民学习特点的社区教育课程体系和课程资源。

（2）加强社区教育队伍建设和管理。社区大学、社区学院要盘活资源，创新办法，挖掘潜力，努力建设一支有一定数量的专职管理人员与专兼职社区教育教师队伍；社区教育学校要配备好专兼职教师；社区教育学习点（站）可通过政府购买服务等形式，配备足够的专兼职管理人员。组建一支热心参与社区教育服务的志愿者队伍，建立社区教育志愿者资源库和相应的志愿者表彰奖励机制，社区教育学校志愿者人数不低于本地常住人口的2%，社区教育学习点（站）志愿者人数不低于本地常住人口的1.5%。建设一支经验丰富、结构合理的社区教育信息化师资队伍。成立全省和各市、区（市、县）的社区教育专家库，充分发挥专家在社区教育工作中的决策咨询、实践指导、业务培训等作用。加强对社区教育工作者和志愿者的培训工作，开发一批高质量的社区教育工作者培训课程。鼓励高等院校、职业院校开设社区教育相关专业，吸纳优秀毕业生从事社区教育工作。切实保障社区教育工作者在工资福利、评先奖优、进修培训、职务晋升等方面享有与其他普通教育工作者同等的待遇。结合国家成人教育培训服务三项标准的贯彻实施，加强社区教育队伍建设，积极探索社区教育专职教学人员和管理人员专业化发展的途径。

（3）重视社区教育科研工作。省级教育行政部门将社区教育科研工作纳入全省教育科研的全局进行统筹谋划、有效推进。地方教育部门要重视社区教育科研工作，将社区教育科研工作纳入中长期规划和年度工作计划中，鼓励和支持各级各类研究机构开展社区教育问题研究。各级教育行政部门重点支持一批有关社区教育热点、重点、难点的研究课题。鼓励各地推行"课题+项目+案例"的做法，组织开展社区教育理论研究和实践研究，定期开展优秀研究成果的表彰奖励活动。

三、认真做好实施保障工作

（一）强化政府职能，完善社区教育治理体系

社区教育应作为社区建设的重要内容纳入地方经济社会发展规划，要强化政府行为，加强统筹管理。各级教育部门要进一步发挥对社区教育的牵头及组织作用，制定社区教育中长期发展规划和年度工作计划，将社区教育工作纳入教育治理和教育事业整体规划，将社区教育工作成效列入各级教育部门年度绩效考核内容。各有关部门要把社区教育纳入本部门工作的重要职责范围，制订工作方案，安排具体负责人员。建立完善的社区教育工作部门沟通与协调机制，广泛组织发动单位、街道、社区、社会团体、社区居民参与社区教育，培育多元化社区教育

主体，形成目标一致、资源共享、相互合作、共同参与的新型社区教育治理体系。

（二）建立多渠道社区教育投入体系

坚持社区教育的公益性质，进一步完善"政府拨一点，社会筹一点，单位出一点，个人拿一点"的以政府投入为主，多渠道投入的社区教育经费保障机制。社区教育经费要纳入教育财政经费投入预算安排中。根据教育部《社区教育示范区评估标准（试行）》（教职成厅〔2010〕7号）要求，创建国家级社区教育示范区，区（县、市）财政按常住人口每年人均不低于2元标准设立社区教育专项培训经费，并落实到位。建立多渠道筹措经费的机制，确保"专款专用"。珠三角地区在此基础上进一步增加社区教育经费的投入。支持各地参照此标准加大社区教育经费投入力度，各有关部门要根据各自在开展社区教育工作中的职责和所承担任务，落实相应经费投入。社区内各企业单位要认真落实关于职工工资总额1.5%～2.5%的标准用于职工教育培训的规定，积极开展在职人员的继续教育。鼓励自然人、法人或者其他组织捐助终身教育事业或者举办终身教育机构。创新经费投入方式，主要以项目开展方式投入社区教育经费。合理调整经费投入结构，适当地加大对社区教育信息化的倾斜，特别要加强对粤东、粤西、粤北地区的社区教育信息化的经费支持。

（三）加大社区教育宣传工作力度

各地要充分利用报刊、广播、电视、网络等媒体及其他途径，广泛宣传全民学习、终身学习理念及社区教育的重要意义，营造全民终身学习的社会氛围，提高社区居民的知晓度和参与度，总结推广全国社区教育示范区、实验区和省社区教育实验区的典型经验和主要成效，扩大社区教育的社会影响力。

广东省教育厅
2016年2月19日

广东省人民政府办公厅关于
大力推动老年教育发展的实施意见

粤府办〔2017〕41号

各地级以上市人民政府,各县(市、区)人民政府,省政府各部门、各直属机构:

为贯彻落实《国务院办公厅关于印发老年教育发展规划(2016—2020年)的通知》(国办发〔2016〕74号),积极应对人口老龄化趋势,大力推动我省老年教育发展,经省人民政府同意,现提出如下实施意见:

一、工作目标

到2020年,基本形成布局合理、机会均等、内涵丰富、灵活多样、服务完善,覆盖省、市、县、乡、村5级的现代老年教育体系。全省建成10所省级示范性老年大学、19所市级示范性老年大学、19所以上县级示范性老年大学,培育500所老年示范校和示范站(点)。全省以各种形式经常性参与教育活动的老年人占老年人口总数的比例达到25%以上,其中珠三角地区达到30%以上。

二、构建覆盖城乡的老年教育网络体系

新建、改建、扩建一批老年教育学习场所。重点扶持原中央苏区县、少数民族县、经济欠发达县老年大学基础设施建设,鼓励和支持珠三角地区为粤东、粤西、粤北地区发展老年教育提供支援。支持各级广播电视大学和开放大学举办"老年开放大学"或"网上老年大学"。大力建设村(居委会)老年学习站(点)。到2020年,全省县级以上城市原则上至少应有1所老年大学,50%的乡镇(街道)建有老年学校,30%的村(居委会)建有老年学习站(点)。积极扶持社会力量发展养教结合产业,鼓励和支持城镇住宅小区配套建设老年养教结合

基础设施，力争到 2020 年建成 100 个养教结合试点。各市、县（市、区）老年大学负责课程开发、示范带动、业务指导、理论研究等。乡镇（街道）老年学校负责组织实施社区老年教育活动，指导村（居委会）老年学习站（点）的工作。村（居委会）老年学习站（点）负责就近提供老年教育服务。凡是有 3 名以上正式党员的老年教育机构，都要成立党支部或临时党支部，加强思想政治引领，积极推进校园文化建设，培育优良校风、教风、学风，打造在培育和践行社会主义核心价值观方面具有示范作用的老年学校、老年学习团队，进一步实现老有所学、老有所教、老有所为、老有所乐。

三、扩大老年教育资源供给

将培育和践行社会主义核心价值观作为老年教育的重要内容，研究制定老年人学习发展指南。探索建立老年教育通用课程教学大纲，编写相关读本，设计形式多样的教育活动项目。各级广播电视大学、开放大学与各地老年大学要共同承担牵头开展本区域内老年教育学习资源建设工作，并促进各级各类教育资源共享。鼓励和支持各类高等院校提供和开发老年教育学习资源。推动非教育机构参与老年教育教学资源开发。到 2020 年，初步建立起支撑全省老年教育发展并符合老年人学习特点的老年学习资源库。部门、行业企业、高校等举办的老年大学要采取多种形式，逐步从服务本单位、本系统离退休职工向服务社会老年人转变。整合利用现有的社区教育机构、乡镇成人文化技术学校等教育资源，以及群众艺术馆、文化馆、体育场、社区文化活动中心（文化室）、社区科普学校等开展老年教育活动。依托广东开放大学、广东老干部大学等机构建立若干个老年教育研究基地。支持各市、县（市、区）定期开展老年教育优秀研究成果交流活动。加强与先进国家、地区在老年教育研究领域的交流与合作。

四、丰富老年教育内容和形式

积极开展老年人政治理论、思想道德、科学文化、养生保健等方面的学习教育。鼓励各类高等院校开办老年学历教育。推广才艺展示、参观游学、志愿服务等生动活泼的老年教育活动。积极探索为失能失智及盲聋等特殊老人群体提供康复教育一体化服务。积极开展适合农村老年人需求的教育活动。鼓励和支持各地培育老年教育特色品牌项目。推动老年社会团体与大中小学校合作，发挥老年人在教育引导青少年继承优良传统、培育科学精神等方面的作用。大力推进现代远程老年教育，积极开发整合远程老年教育多媒体课程资源，重点建设一批老年教育数字化精品学习资源。到 2020 年，珠三角地区 60% 的县（市、区）和粤东西北地区 50% 的县（市、区）可通过远程教育开展老年教育工作。支持广东开放大学率先建设具有全省示范作用的老年健康艺术教育学习体验基地，推动有条件的地市老年大学、广播电视大学和开放大学建设具有地方特色的示范性老年教育学习体验基地。到 2020 年，至少建成 3 个省级、10 个地市级的示范性老年教育学习体验基地。

五、加强队伍建设

各级老年大学要努力建设一支结构合理、数量充足、素质优良、以专职人员为骨干、兼职人员和志愿者相结合的教学管理队伍；老年学校要配备好专兼职教师；老年学习站（点）要配备足够的专兼职管理人员。各级老年教育机构要广泛吸纳有所专长的老同志加入兼职教师行列。支持有条件的高等院校开展从专科到研究生层次的老年教育人才培养。鼓励老年教育机构的专任教师和管理人员在职进修和学历提升。鼓励专业对口毕业生从事老年教育。各级各类学校要鼓励和支持教师到老年教育机构兼职任教或从事志愿服务。建立老年教育教师岗位培训制度。专职人员在薪酬福利、业务进修、职务（职称）评聘、绩效考核等方面享有同类学校工作人员的同等权利和待遇。成立省、市、县（市、区）老年教育专家库和老年教育专家咨询委员会。

六、加强组织保障

各地要认真组织统筹教育、组织、民政、文化、老龄等部门，全力开展老年教育工作，确保按时实现目标。支持有条件的地区通过制定相关地方性法规促进老年教育事业规范健康发展。要采取多种方式努力增加对老年教育的投入，进一步完善政府、市场、社会组织和学习者等多主体分担和筹措的老年教育经费投入机制，鼓励自然人、法人或者其他组织捐助老年教育事业或者举办老年教育机构，共同推动老年教育发展。

广东省人民政府办公厅
2017 年 6 月 9 日

广州市教育局关于印发《广州市推进老年教育发展实施方案（2018—2020年）》的通知

穗教发〔2018〕25号

各区人民政府，市委老干部局、市发展改革委、市民政局、市财政局、市人社局、市文广新局、市外办、市体育局、市老龄委、市残联、市关工委，市广播电视大学，有关高校、有关单位：

经市人民政府同意，现将《广州市推进老年教育发展实施方案（2018—2020年）》印发给你们，请遵照执行。

广州市教育局
2018年3月6日

广州市推进老年教育发展实施方案（2018—2020年）

为全面贯彻党的十九大对老年工作和终身学习体系建设的精神，落实《国务院办公厅关于印发老年教育发展规划（2016—2020年）的通知》（国办发〔2016〕74号）、《广东省人民政府办公厅关于大力推动老年教育发展的实施意见》（粤府办〔2017〕41号），积极应对人口老龄化，进一步推进全民终身学习，推动我市老年教育全面、可持续发展，促进形成全市文化养老良好氛围，结合我市老年教育实际，制定本实施方案。

一、指导思想

全面贯彻党的十九大精神，以习近平新时代中国特色社会主义思想为指导，深入贯彻习近平总书记对广东重要指示批示精神。落实"加快建设学习型社会，大力提升国民素质"的目标，落实国家、省、市关于大力发展老年教育的决策部署，从我市老年教育工作实际出发，立足老年人继续接受教育的意愿与需求，研究老年教育发展的趋势和需求，整合教育资源，拓展教育内涵，创新教育模式，提升教育质量，努力为满足老年群体对美好生活的需要提供更平衡、更充分的教育资源，让老年人享受到更加丰富、便利、优质的老年教育。

二、主要目标

到2020年，基本形成政策制度健全、管理职责明确、规划布局合理、参与主体多元、教学形式灵活、教育资源丰富、受益群众普遍的老年教育新格局，市—区—街（镇）—居（村）四级老年教育体系进一步完善，各类老年教育机构服务能力进一步加强，全社会参与举办、关注支持老年教育的意识进一步提升。

到2020年，各区至少建立一所老年大学，50%以上的街（镇）建有老年学校，30%以上的居（村）建有老年学习站（点），力争建成11个养教结合试点。促进示范性老年大学建设，建成省级示范性老年大学、市级示范性老年大学各1所，创建2所以上区级示范性老年大学、1个市级示范性老年教育学习体验基地，培育22所老年示范学校和示范站（点）。不断完善老年教育课程体系，初步建立起支撑全市老年教育发展并符合老年人学习特点的老年学习资源库。进一步扩大老年教育参与率，以各种形式经常性参与教育活动的老年人占全市老年人口总数的比例达到30%以上。

三、重点任务及分工

（一）制定我市老年教育工作规范化标准

（1）编制我市老年教育网点规划布局，制定老年学校和老年教育站点规范

化建设标准。(牵头单位：市教育局，配合单位：市发展改革委、市老龄办、市委老干部局、市民政局、各区政府)

(2) 建立我市老年教育通用课程教学大纲、课程资源开设和师资准入基本标准，编写相关读本，建立线上线下老年教育资源库，设计形式多样的教育活动项目。(牵头单位：市教育局，配合单位：市委老干部局、市老龄办、市民政局、市文化广电新闻出版局、市体育局)

(3) 编制我市"网上老年大学"的建设方案和服务布局。(牵头单位：市教育局)

(二) 扩大老年教育资源供给

(1) 支持市广播电视大学举办"老年开放大学"(或"网上老年大学")，依托其分校网络和数字化学习办学系统，建设延伸至区、街(镇)、城乡社区的老年教育办学体系。(牵头单位：市教育局，配合单位：市广播电视大学)

(2) 大力建设居(村)老年学习站(点)，30%的居(村)建有老年学习站(点)，就近提供老年教育服务。(牵头单位：各区政府，配合单位：市民政局、市教育局)

(3) 加强示范性老年大学和基层老年学校及教学站点建设，创建1所省级示范性老年大学、1所市级示范性老年大学和2所以上区级示范性老年大学，培育22所老年示范学校和示范站(点)，在办学模式示范、教学业务指导、课程资源开发等方面对区域内老年教育发挥带动和引领作用，50%的街(镇)建有老年学校。(牵头单位：市教育局、各区政府，配合单位：市委老干部局、市民政局)

(4) 各类老年大学逐步面向社会办学，将服务对象扩大到社会老年人。(牵头单位：市教育局、市委老干部局，配合单位：各区政府、市民政局、市文化广电新闻出版局)

(5) 依托市广播电视大学、市老年干部大学等机构建立若干个老年教育研究基地，积极开发整合远程老年教育多媒体课程资源，重点建设一批老年教育数字化精品学习资源。加强老年教育学术期刊建设。(牵头单位：市教育局、市委老干部局，配合单位：市广播电视大学)

(6) 推动市、区老年大学和广播电视大学、区社区教育学院统筹建设具有地方特色的示范性老年教育学习体验基地，建成1个市级示范性老年教育学习体验基地。(牵头单位：市教育局、各区政府，配合单位：市民政局、市委老干部局)

（7）发挥高校优势，积极支持高校办好老年大学，高校教师在老年大学任教可计算教学工作量。积极扶持企业、社会团体等社会力量办好老年大学、老年学校及老年教育点。（牵头单位：市教育局，配合单位：各高校、市民政局、市老龄办、各区政府）

（8）充分发挥社会组织作用，依托老年文艺团队、老年体育团队、老年体协、基层老年协会等社会组织开展寓教于乐的老年教育活动。（牵头单位：市民政局，配合单位：市文化广电新闻出版局、市体育局）

（9）整合利用现有的社区教育机构、成人文化技术学校等教育资源，加挂相关镇街（村、居）老年学校、学习站（点）牌子并开展老年教育活动。（牵头单位：市教育局，配合单位：市民政局）

（10）充分利用文化馆（站）、图书馆、体育场馆、社区文化活动中心（文化室）等场地资源，就近开展老年教育活动。（牵头单位：市文化广电新闻出版局、市体育局）

（11）优化功能设施，加强家庭综合服务中心、星光老年之家、居家养老服务机构、养老机构等场地的老年教育功能，强化养教结合试点建设。扶持社会力量利用各类养老服务资源，发展养教结合产业，力争建成11个养教结合试点。（牵头单位：市民政局、各区政府）

（12）鼓励、支持为街（镇）、社区综合服务设施、为养老服务机构和组织因地制宜配备适合老年人的文体器材，引导有条件的公共图书馆开设老年阅览区域，提供适合老年人阅读的设备。（牵头单位：各区政府、市体育局、市文化广电新闻出版局，配合单位：市民政局）

（三）丰富老年教育内容和形式

（1）积极开展老年人政治理论、思想道德、科学文化、养生保健等方面的学习教育，推广才艺展示、参观游学、志愿服务等老年教育活动。（牵头单位：各区政府，配合单位：市委老干部局、市教育局、市民政局、市文化广电新闻出版局、市体育局）

（2）探索为失能失智及盲聋等特殊老人群体提供康复教育一体化服务。（牵头单位：市民政局，配合单位：市老龄办、市残联）

（3）推动老年社会团体与大中小学合作，发挥老年人在教育引导青少年继承优良传统、培育科学精神等方面的作用。（牵头单位：市民政局、市教育局，配合单位：市委老干部局、市文化广电新闻出版局、市体育局、市关工委）

（4）开展老年教育国内、国际交流工作，借鉴并引入先进经验和做法，丰富我市老年教育资源。（牵头单位：市教育局，配合单位：市委老干部局、市外办）

（四）加强队伍建设

（1）积极搭建服务平台，建立由离退休干部、专业技术人员及其他有专长的老同志组成的老年教育兼职教师队伍。（牵头单位：市教育局、各区政府、市委老干部局，配合单位：市文化广电新闻出版局、市体育局、市残联）

（2）建立老年教育教师岗位培训制度。（牵头单位：各区政府，配合单位：市教育局、市委老干部局）

（3）成立市老年教育专家库和老年教育专家咨询委员会。（牵头单位：市教育局，配合单位：市委老干部局、市民政局、市文化广电新闻出版局、市体育局、市残联）

（4）老年教育专职人员按常住老年人口每1万人配备1名，随着队伍的建设完善，不断探索符合我市实际的老年教育专职人员薪酬待遇指导办法。（牵头单位：市教育局、各区政府，配合单位：市人社局、市委老干部局）

四、工作要求

（一）健全管理机制，加强组织保障

市直部门按工作分工，各司其职，落实各项任务指标，市教育局不定期牵头召集相关部门研究督促相关任务进度。各区要建立由党委领导、政府统筹，教育部门牵头，组织（老干）、民政、文化、体育等主要部门密切配合，其他相关部门共同参与的老年教育管理体制，并制定区级专项工作方案。

各区政府要按照全国、省、市关于发展老年教育的政策文件要求，将任务分解到本区相关部门并积极推进工作，确保责任主体落实到位、任务指标执行到位。各有关部门要按照职责分工认真履职，共同研究解决老年教育发展中的重大问题；加强调查论证工作，研究完善涉及老年教育的相关制度。

（二）拓宽投入渠道，加强经费保障

各级财政在保持现有经费投入渠道不变的基础上，逐步加大老年教育投入，按照办学场地、规模、质量等要素条件对老年教育机构给予适当的教育经费补助,让老年教育事业获得教育经费的支持保障。

(三) 加大宣传发动,鼓励多元参与

各区政府、各有关部门要广泛宣传涉及老年教育发展的方针政策,大力推广全市老年教育工作中的典型经验、经典案例、工作成效等,在全社会形成多方关心、支持老年教育的良好氛围。鼓励社会各界通过捐助老年教育事业、参与举办老年教育机构等形式共同推动老年教育发展。

(四) 注重统筹协调,加强督促检查

各区政府、各有关部门要加大资源整合力度,主动挖掘本区、本系统资源潜力,提高本区、本系统所辖服务场地的综合利用率,丰富老年教学形式,增加老年教育资源,促进老年人积极参与老年教育活动。各区政府、各有关部门要注重收集、汇总本区、本系统有关拓展老年教育内涵、加强文化养老的典型做法及数据资料,并及时报送市教育局,由市教育局汇总后报送市政府。

广州市教育局办公室
2018 年 3 月 6 日印发

关于印发《"十三五"期间珠海进一步推进学习型城市建设的若干措施（2016—2020年）》的通知

珠教高职〔2018〕1号

横琴新区管委会、各区政府（管委会）、市府直属各单位：

《"十三五"期间珠海进一步推进学习型城市建设的若干措施（2016—2020年）》已经市人民政府同意，现印发给你们，请认真组织实施。

珠海市教育局、珠海市民政局、珠海市科技和工业信息化局、珠海市财政局、珠海市人力资源和社会保障局、珠海市文化体育旅游局、共青团珠海市委、珠海市科学技术协会

2018年1月3日

"十三五"期间珠海进一步推进学习型城市建设的若干措施（2016—2020年）

为进一步推进学习型城市建设，全面落实经济建设、政治建设、文化建设、社会建设、生态文明建设五位一体总体布局，贯彻"创新、协调、绿色、开放、共享"五大发展理念，全面实施《教育部等七部门关于推进学习型城市建设的意见》（教职成〔2014〕10号）、《广东省教育厅关于大力发展社区教育 推进学习型社会建设的意见》（粤教职〔2016〕3号）以及珠海市人民政府办公室印发《关于建设学习型城市的若干意见的通知》（珠府办〔2013〕49号）文件精

神,现结合珠海实际,就珠海社区教育和学习型城市建设工作提出以下具体措施:

一、大力发展社区教育的总体目标

我市社区教育发展的总体工作目标是:到2020年,建成结构合理、内涵丰富、开放共享、服务完善、具有珠海特色的社区教育办学网络体系,形成科学有效的社区教育管理体制和运行机制,社区教育规范化、制度化建设以及城乡一体化发展成效显著,城乡居民对社区教育满意度不断提高。

二、进一步明确社区教育的主要任务

(一) 加强基础能力建设

(1) 建立健全社区教育网络。通过整合资源,建立健全城乡一体的社区教育市、区、乡镇(街道)、村(社区)四级办学网络,加强社区学院、社区学校、社区教学中心(点)的建设。依托开放大学、广播电视大学、职业院校以及社区学校等设立社区教育指导机构,统筹指导本区域社区教育工作的开展,研究制定社区教育办学机构指导性要求。

(2) 明确社区教育机构职责定位。社区大学负责全市社区教育学习资源建设的规划、指导、协调、整合等职能,组织社区学院、社区学校、社区教学中心推动社区教育学习资源建设和促进各级各类教育资源的整合与共享。社区学院负责课程开发、教育示范、业务指导、理论研究等。乡镇(街道)社区学校负责组织实施社区教育活动,指导社区教学点的工作。社区教学点为居民提供灵活便捷的教育服务。

(3) 推动各类学习型组织与学习共同体建设。广泛开展学习型乡镇(街道)、学习型社区、学习型家庭等各类学习型组织创建活动,推动学习型城市建设。鼓励和引导社区居民自发组建形式多样的学习团队、活动小组等学习共同体,实现自我组织、自我教育、自我管理、自我服务,不断增强各类组织的凝聚力和创新力。

(4) 加强社区教育实验区和示范区建设。继续推动社区教育实验区、示范区建设,充分发挥社区教育示范区在体系构建、资源共享、投入机制、队伍建设、信息化应用、市民学分银行建设等方面的示范引领作用，进一步提升社区教育服务能力和水平。各地要建立和完善相应工作机制，提出建设目标。

（5）根据广东省"十、百、千"计划，2018年年底前完成创建省级重点市（区）社区学院6个、示范性街道（乡、镇）社区学校10个、特色居（村）社区教育学习点50个的目标，在2018年创建1～3个国家级或省级社区教育实验区和社区教育先进单位，创建一批市级社区教育实验区和社区教育先进单位。到2020年香洲区争取创建成为全国社区教育示范区。

（二）整合社区教育资源

（1）开放共享学校资源。鼓励各级各类学校充分利用场地设施、课程资源、师资、教学实训设备等积极筹办和参与社区教育。充分发挥区级社区教育机构在农村社区教育中的骨干和引领作用，使其成为农村社区教育的重要载体。推动普通中小学有序向社区居民提供适宜的教育服务。

（2）统筹共享社区资源。注重社区教育机构与社区文化中心等机构的资源共享，拓展社区综合服务中心（站）的社区教育功能，推动社区教育机构与社区文化中心（站）设施统筹、信息共享、服务联动。充分利用社区文化、科学普及、体育健身等各类资源，发掘教育内涵，组织开展社区教育活动，实现一个场所、多种功能，促进基层公共服务资源效益最大化。

（3）充分利用社会资源。提高图书馆、科技馆、文化馆、博物馆和体育场馆等各类公共设施面向社区居民的开放水平。鼓励相关行业企业参与社区教育。引导一批培训质量高、社会效益好的社会培训机构参与社区教育。鼓励相关行业企业离退休科学技术与教育工作者、知识分子等人群参与社区教育。探索开放、可持续发展的资源共享模式，不断扩大社区学习资源供给。

（4）争取2018年内"珠海市民终身学习大厦"工程动工，到2020年力争建成"珠海市民终身学习大厦"，为推进建设社区大学、建设学习型城市提供足够的硬件设施。

（三）丰富内容和形式

（1）丰富社区教育内容。广泛开展公民素养、诚信教育、人文艺术、传统文化、科学技术、职业技能、早期教育、运动健身、养生保健、生活休闲等教育活动，提升居民生活品质，推动生活方式向发展型、现代型、服务型转变。结合珠海的实际情况，开展具有本地特色的社区教育内容，并积极开展面向社区服务人员、社区志愿者、社区社会组织成员的教育培训,增强其组织和服务居民的能力。

(2) 创新社区教育形式。创新教育载体和学习形式,培育一批优质学习项目品牌。积极举办"全民终身学习活动周""市民大讲堂""全民读书节""430学堂""百姓大舞台""市民艺术节""市民体育节"等群众喜闻乐见的社区教育学习活动。积极推广才艺展示、参观游学、读书沙龙等生动活泼的社区教育活动形式,探索团队学习、体验学习、远程学习等社区教育学习模式,为居民提供线上线下混合式学习支持服务。

(3) 推进社区教育信息化。建成"珠海学习网"基础门户网、集成丰富的数字资源库和系列专项在线学习平台,构建"1库1网N平台"网络学习新模式(1+1+N模式),推进数字化网络向社区覆盖,办好开放大学,实现珠海广播电视大学向珠海开放大学转型。推动各类学习资源开放共享,发展在线教育和远程教育,整合各类数字教育资源向全社会提供服务。办好开放大学,实现珠海广播电视大学向珠海开放大学转型。推动各类学习资源开放共享,发展在线教育和远程教育,整合各类数字教育资源向全社会提供服务。

(四) 提高服务重点人群的能力

(1) 统筹并大力发展老年教育。将老年教育作为社区教育的重点任务,结合多层次养老服务体系建设,改善基层社区老年人的学习环境,完善老年人社区学习网络。大力发展社区老年教育,改善基层社区老年教育机构设施设备,利用"老年大学—老年活动中心"的办学机制,大力开展老年教育。统筹老年教育资源,将老年大学教育资源整合到社区教育资源中来,努力提高老年教育的参与率和满意度。

(2) 积极开展青少年校外教育。推动实现社区教育与学校教育、家庭教育的有效衔接和良性互动。社区教育机构要紧密联系普通中小学、青少年校外活动场所、社会组织等,充分利用社区内的各类教育、科普资源,开展校外教育及社会实践活动,为青少年健康成长提供良好的社区教育环境。开展形式多样的早期教育活动,有条件的中小学、幼儿园可派教师到社区教育机构提供志愿服务。充分发挥共青团、少先队组织在青少年校外和社区教育中的作用。

(3) 广泛开展各类教育培训。主动适应居民实际需求,有针对性地开展法治社会、科学生活、安全健康、就业再就业、创新创业、职业技能提升等教育培训活动。积极面向学生家长开展教育理念、教育方法等方面的家庭教育指导。重点面向城镇化进程中的失地农民和农民工,积极开展职业技能、思想道德、民主法治、文明礼仪、生活方式等方面的教育培训,通过社区学习与交流活动,增强社区归属感和认同感,加快其融入城镇社区生活的进程。重视弱势人群提高生存技能的培训,积极为社区各类残疾人提供学习服务。

(4) 重视农村居民的教育培训。各级各类学校教育资源要向周边农村居民开放,结合新农村和农村社区建设,有效推进基层综合性文化服务中心、图书馆、文化馆、博物馆、农家书屋、农村中学科技馆等资源共享,提升农村社区教育服务供给水平。广泛开展农村实用技术培训和现代生活教育培训。大力开展新型职业农民培训。加强农村居民家庭教育指导,为农村留守妇女提供社会生活、权益保护、就业创业等方面的教育培训。重视开展农村留守儿童、老人和各类残疾人的培训服务。

(五) 提升社区教育内涵

(1) 加强课程资源建设。珠海社区大学牵头负责全市社区教育学习资源的规划、指导、协调、整合等工作,市(区)社区组织承担本区域社区教育学习资源建设和促进各级各类教育资源共享的职责。鼓励开发、共建、推荐、遴选、引进各类优质社区教育课程资源,建设一批具有珠海特色的本土文化课程,推动课程资源建设向系列化、规范化、特色化方向发展,逐步形成符合社区居民特点的社区教育课程体系和课程资源。

(2) 提高社区教育工作者队伍专业化水平。加强师资队伍建设,努力建设高素质的社区教育队伍。依托珠海高校包括珠海城市职业技术学院的专业教师,形成以珠海城市职业技术学院专职教师为骨干,社会兼职教师和志愿者为主体的教师结构。加强管理队伍建设,区、镇(街)、居(村)三级办学形成专职教师与社区教育志愿者相结合的教师结构。加强技术队伍建设,促进全民终身学习,有效应用现代信息技术推进教育信息化、现代化,加强终身学习网站、数字化资源中心等公共学习服务平台的建设,打造一支信息技术能力强的社区教育队伍。

(3) 制定社区教育队伍建设时间表。

①2017年年底前,完成《珠海社区大学队伍建设方案》的制定及出台。

②2017年年底前,研究、组建珠海市社区教育专家库。

③2018年年底前,选拔500名研究水平高、教学能力强、教学经验丰富的社区教师,打造一支工作责任感强、团结协作精神好、有合理的知识结构、年龄结构、专兼职相结合、人员较为稳定的社区教育师资队伍,并完善社区教育教师培

养制度。

④2017年3—9月,选拔珠海城市职业技术学院30名教师,派往社区教育先进地区及高等学校进行专业培训。

⑤2018年年底前,由市社区教育指导委员会牵头,珠海城市职业技术学院协助,在全市选拔500名社区教育兼职教师。

⑥2017年3—12月,在各镇街协助下,选拔、培养100名社区教育兼职教师及管理人员。

⑦加强社区教育工作者和志愿者的培训工作,2018年年底前组建10个社区教育志愿者组织。

三、进一步推进社区教育的保障措施

(一) 强化政府职能,完善社区教育治理体系

(1) 建立珠海市推进学习城市领导小组联席会议制度。由珠海市推进学习型城市建设领导小组统筹协调,建立联席会议制度,定期交流情况、分析问题、部署工作。负责制定出台年度创建工作计划,确保学习型城市创建工作的有序推进。领导小组办公室设在珠海社区大学(珠海广播电视大学),具体负责日常工作。

(2) 明确相关部门职责。教育行政部门要把开展社区教育纳入教育发展整体规划,主动联系有关部门,牵头做好社区教育发展规划、相关政策的制定和完善工作,建立目标责任和考核机制,确保社区教育改革发展目标落实到位,协调做好社区教育开展的统计工作;民政部门要把社区教育作为街道管理创新、乡镇服务型政府建设和城乡社区建设的重要内容,纳入城乡社区服务体系建设规划;财政部门要结合实际,逐步加大对社区教育的支持力度;人社部门要加大对社区教育的支持力度,并结合工作实际,充分发挥社区教育在职业技能培训中的重要作用;文体旅游部门要通过公共文化服务体系为社区教育提供必要支撑,要将《全民健身计划纲要》的实施与开展社区教育工作紧密结合起来;科技部门要将《科普法》《全民科学素质行动计划纲要》的实施及国家科普能力建设与开展社区教育工作紧密结合起来。

(3) 制定出台《珠海学习型城市建设评估指标体系》。加强学习型城市建设的科学研究,将社区教育科研工作纳入全市教育科研的全局统筹规划、有效推

进。在此基础上建立科学规范与具体社区教育评估指标体系和学习型组织的评价指标体系，推进学习型城市的建设。

（4）充分调研论证，制定出台《珠海终身教育促进条例》。坚持以政府主导、社会参与、统筹协调、资源共享的原则，力争在"十三五"期间研究、出台学习型城市建设和促进终身教育的相关法规与政策。利用珠海市立法权出台《珠海市终身教育促进条例》，为满足市民终身学习需求，发展终身教育事业，创新发展社区教育，推进学习型社会建设，促进人的全面发展提供切实的制度保障。

（5）构建高职教育与社区教育协同创新的联动机制。《国务院关于加快发展现代职业教育的决定》（国发〔2014〕19号文）将"加强社区教育和终身学习服务"作为创新发展高等职业教育，加快构建现代职业教育体系的有效途径之一。《现代职业教育体系建设规划（2014—2020年）》（教发〔2014〕6号文）将"建立职业教育服务社区机制"作为构建现代职业教育体系的制度保障和机制创新的重要举措之一。地域性社区教育与高职教育的对接成为高技能人才培育的必然要求，经济社会的发展要求职业教育与社区教育对接，协同创新。到2018年构建高职教育与社区教育联动发展机制，创新实现学历教育与非学历教育、正规教育与非正规教育的互动互助、联动发展。

（二）拓宽经费投入渠道

（1）各地要建立健全政府投入、社会捐赠、学习者合理分担等多种渠道筹措经费的社区教育投入机制，加大对社区教育的支持力度，不断拓宽社区教育经费来源渠道。推动社区教育服务社会化，推进社区教育领域政府购买服务的试点工作，探索通过政府购买、项目外包、委托管理等形式，吸引行业性、专业性社会组织、社区社会组织和民办社会工作服务机构参与社区教育。鼓励社会资本通过兴办实体、资助项目、赞助活动、提供设施、设立社区教育基金等方式支持社区教育发展。鼓励自然人、法人或其他组织捐助社区教育或举办社区教育机构，并依法享受有关政策优惠。

（2）2018年内实现"珠海市民终身学习大厦"工程动工，到2020年力争建成"珠海市民终身学习大厦"，市财政部门应根据建设进度，将建设经费和配套经费纳入当年市级财政预算。

（3）建立多渠道社区教育投入体系，进一步完善"政府拨一点，社会筹一点，单位出一点，个人拿一点"的以政府投入为主、多渠道投入的社区教育经费保障机制。政府投入的社区教育经费纳入各级财政预算，并按常住人口每年人均不低于3元的标准安排。专项经费主要用于全民终身学习线上平台开发；数字电视点播学习系统建设；社区教育课程资源建设；社区教育师资队伍建设；社区教育培训基地建设；社区大学、社区学院、社区学校、社区教学中心（点）的建设与运行；开展社区大型教育活动；终身学习宣传活动周；国家级（省、市级）社区教育实验区及示范区创建；社区教育先进表彰等。社区内各企业单位要认真落实关于职工工资总额1.5%～2.5%的标准用于职工教育培训的规定，积极开展在职人员的继续教育。

（三）完善督查评价机制

各级教育督导部门要把开展社区教育督导作为推进教育现代化的重要内容。科学制定社区教育评价标准，建立和完善社区教育统计制度，加强对社区教育发展状况基本信息的收集和分析。逐步完善社区教育实验区、示范区进入和退出的动态管理机制。建立社会第三方对社区教育发展的评价与反馈机制，定期开展社区居民对社区教育满意度的测评。

（四）推进学习成果积累转换

建设珠海市民终身学习学分银行，为居民建立终身学习档案，积极开展社区教育学习成果认证、积累和转换工作试点。针对学习者的个性需求，实施以学分制为基础的学历教育与非学历教育相融合的教育模式，搭建起不同层次的学历教育之间以及学历教育与非学历教育之间相互沟通的立交桥，从而实现各类学习成果的积累、转换与应用。

（五）营造全民终身学习的社会氛围

积极营造全民终身学习的社会氛围。通过多种渠道，采取多种形式，广泛宣传社区教育在社区建设中的先导性、基础性和战略性地位，扩大社区教育的影响。坚持举办"全国终身学习活动周"活动，加大宣传力度，营造浓厚的终身学习氛围。通过多种渠道，采取多种形式，广泛宣传社区教育在社区建设中的先导性、基础性和战略性地位，扩大社区教育的影响。具体任务：①设立镇街、村居"社区教育专栏"。定期刊出社区教育宣传板报，扩大社区教育影响。②利用珠海"两报一台"开展宣传。通过"两报一台"介绍社区大学以及各级社区学院、社区学校、社区学习站基本情况，介绍社区大学各类线上线下学习资源以及学习平台，介绍社区大学各种办学项目，介绍国内外开展社区教育的经验，发布各社区举办社区教育活动的信息及来稿。③利用主题网站开展具有网络特色的社区教育宣传报道。④利用"全国终身学习活动周"开展宣传。每年的10月利用"全国终身学习活动周"加大宣传力度，营造浓厚的终身学习氛围。⑤2～3年内承办"全省终身学习活动周"，全面展示珠海社区教育的成就。

东莞市人民政府办公室关于印发《东莞市大力推动老年教育发展的实施方案》的通知

东府办〔2018〕43号

各镇人民政府（街道办事处），市府直属各单位：

《东莞市大力推动老年教育发展的实施方案》已经市人民政府同意，现印发给你们，请认真贯彻执行。

东莞市人民政府办公室
2018年5月9日

东莞市大力推动老年教育发展的实施方案

为贯彻落实《国务院办公厅关于印发老年教育发展规划（2016—2020年）的通知》（国办发〔2016〕74号）、《广东省人民政府办公厅关于大力推动老年教育发展的实施意见》（粤府办〔2017〕41号）等文件精神，积极应对人口老龄化趋势，大力推动我市老年教育发展，加快建设学习型社会，现结合我市实际，提出如下实施方案：

一、工作目标

到2020年，基本形成布局合理、机会均等、内涵丰富、灵活多样、服务完善、覆盖市、镇（街道、园区）、村（社区）三级的现代老年教育体系。全市建设好1所国家级示范性老年大学,培育30所老年示范校和示范站(点)。全市以各种形式经常性参与教育活动的老年人占老年人口总数的比例达到30%以上。

二、构建覆盖城乡的老年教育网络体系

新建、改建、扩建一批老年教育学习场所。市老年大学、市开放大学举办"网上老年大学",各镇街成人文化技术学校(社区学院)举办"老年学校",大力建设村(社区)老年学习站(点)。到2020年,全市各园区、镇(街)至少应有1所老年学校,30%的村(社区)建有老年学习站(点)。积极扶持社会力量发展养教结合产业,鼓励和支持城镇住宅小区配套建设老年养教结合基础设施,力争到2020年建成30个养教结合试点。市老年大学、市开放大学负责课程开发、示范带动、业务指导、理论研究等。园区、镇(街)老年学校负责组织实施社区老年教育活动,指导村(社区)老年学习站(点)的工作。村(社区)老年学习站(点)负责就近提供老年教育服务。凡是有3名以上正式党员的老年教育机构,都要成立党支部或临时党支部,加强思想政治引领,积极推进校园文化建设,培育优良的校风、教风、学风,打造在培育和践行社会主义核心价值观方面具有示范作用的老年学校、老年学习团队,进一步实现老有所学、老有所教、老有所为、老有所乐。(责任单位:市委组织部、市老干局、市教育局、市民政局、市文广新局、镇街人民政府)

三、扩大老年教育资源供给

将培育和践行社会主义核心价值观作为老年教育的重要内容,贯彻落实国家、省编制的老年人学习发展指南和老年教育通用课程教学大纲,构建具有东莞特色的老年教育课程体系,编写地方老年教育读本,设计形式多样的教育活动项目。市开放大学与市老年大学要共同承担牵头开展全市老年教育学习资源建设工作,并促进各级各类教育资源共享。鼓励和支持市内各类高等院校提供和开发老年教育学习资源。推动非教育机构参与老年教育教学资源开发。到2020年,初步建立起支撑全市老年教育发展并符合老年人学习特点的老年学习资源库。行政部门、行业企业、高校等举办的老年大学要采取多种形式,逐步从服务本单位、本系统离退休职工向服务社会老年人转变。整合利用现有的社区教育机构、园区、镇(街)成人文化技术学校(社区学院)等教育资源,各级各类群众艺术

馆、图书馆、展览馆、科技馆、博物馆、文化馆、体育场馆、社区文化活动中心（文化室）、社区科普学校等场馆要发挥自身设施优势开展老年教育活动。市开放大学、市老年大学等机构建立若干个老年教育研究基地。支持各园区、镇（街）定期开展老年教育优秀研究成果交流活动。加强与先进国家、地区在老年教育研究领域的交流与合作。（责任单位：市教育局、市科技局、市体育局、市老干局、市文广新局、市民政局、镇街人民政府、在莞各高校）

四、丰富老年教育内容和形式

积极开展老年人政治理论、思想道德、科学文化、养生保健等方面的学习教育。鼓励各级各类高等院校开办学分制老年高等教育。推广才艺展示、参观游学、体育运动、音乐舞蹈、志愿服务等生动活泼的老年教育活动。积极探索为失能失智及盲聋等特殊老人群体提供康复教育一体化服务。积极开展适合村（社区）老年人需求的教育活动。鼓励和支持各园区、镇（街）培育老年教育特色品牌项目。推动老年社会团体与大中小学校合作，发挥老年人在教育引导青少年继承优良传统、培育科学精神等方面的作用。大力推进现代远程老年教育，积极开发整合远程老年教育多媒体课程资源，重点建设一批老年教育数字化精品学习资源。到2020年，全市范围内可通过远程教育开展老年教育工作。支持市开放大学、市老年大学率先建设具有地方特色的全市示范作用的老年健康艺术教育学习体验基地，力争到2020年，建成1所省级示范性老年教育学习体验基地。（责任单位：市教育局、市老干局、市民政局、市卫计局、市体育局、在莞各高校、镇街人民政府）

五、加强队伍建设

市老年大学要努力建设一支结构合理、数量充足、素质优良，以专职人员为骨干、兼职人员和志愿者相结合的教学管理队伍；老年学校要配备好专兼职教师；老年学习站（点）要配备足够的专兼职管理人员。各级老年教育机构要广泛吸纳有所专长的老同志加入兼职教师行列，支持有条件的高等院校开展老年教育专业人才培养。鼓励老年教育机构的专任教师和管理人员在职进修和学历提升。鼓励专业对口毕业生从事老年教育。各级各类学校要鼓励和支持教师到老年教育机构兼职任教或从事志愿服务，医疗卫生、文化艺术、体育等相关单位要支持专业技术人员到老年教育机构兼职任教或从事志愿服务。建立老年教育教师岗位培训制度。专职人员在业务进修、职务（职称）评聘、绩效考核等方面享有同类学校工作人员的同等权利和待遇。成立市、镇（街道、园区）老年教育专家库和老年教育专家咨询委员会。（责任单位：市老干局、市教育局、市民政局、市卫计局、市体育局、市人力资源局、在莞各高校、镇街人民政府）

六、加强组织保障

党委政府统筹协调教育、组织、民政、文化、卫计、体育、人力资源等部门，大力开展老年教育工作，确保按时实现目标。要采取多种方式努力增加对老年教育的投入，进一步完善政府、市场、社会组织和学习者等多主体分担和筹措的老年教育经费投入机制，鼓励自然人、法人或者其他组织捐助老年教育事业或者举办老年教育机构，共同推动老年教育发展。

附件：东莞市老年教育发展实施任务分解表

东莞市老年教育发展实施任务分解表

序号	目标任务	进度安排	实施单位	责任部门
1	继续建设好国家级示范性老年大学	贯穿全年	市老年大学	市老干局
2	示范性老年教育学习体验基地	2020年前建成一个省级体验基地	市开放大学、市老年大学	市教育局、市老干局
3	各镇街以各种形式经常性参与教育活动的老年人占本镇街老年人口的总数的比例达到30%	到2020年实现30%的目标	镇街宣传教育文体部门、镇街社会事务（办）局	镇街人民政府
4	举办"网上老年大学"	2019年前完成	市老年大学、市开放大学	市教育局、市老干局

续上表

序号	目标任务	进度安排	实施单位	责任部门
5	创建老年学校，培育老年示范校，培育老年教育特色品牌项目	2018年启动各镇街老年学校创建，2020年实现一镇一校目标；2019年启动示范校、特色品牌项目评选	镇街成人文化技术学校	市教育局、镇街人民政府
6	建设老年学习站（点），培育老年示范站	到2020年，30%的村（社区）建有学习站（点），培育30所示范校（站）	镇街成人文化技术学校、镇街社会事务（办）局、村（社区）居委会	市教育局、市民政局、镇街人民政府
7	老年教育课程开发、示范带动、业务指导、理论研究	贯穿全年	市开放大学、市老年大学、在莞各高校	市老干局、市教育局
8	开展社区老年教育活动	贯穿全年	镇街老年学校、村（社区）老年学习站（点）、社区文化活动中心（文化室）、社区科普学校等	镇街人民政府
9	老年教育优秀研究成果交流活动	2019年起每年定期开展	市老年大学、市开放大学、镇街成人文化技术学校	市老干局、市教育局、镇街人民政府
10	成立市老年教育专家库，成立老年教育专家咨询委员会	2018年成立专家库，2019年成立咨询委员会	市开放大学、市老年大学	市教育局、市老干局

续上表

序号	目标任务	进度安排	实施单位	责任部门
11	队伍建设（教学管理、志愿服务）	贯穿全年	市老年大学、市开放大学、在莞各高校、镇街老年学校	市老干局、市教育局、市人力资源局、市卫计局、市体育局、镇街人民政府
12	成立党支部或临时党支部	贯穿全年	各镇街组织部门	市委组织部
13	扶持社会力量发展养教结合产业	2020年建成30个养教结合试点	市民政局、镇街社会事务（办）局	市民政局、镇街人民政府
14	开放所属场馆并定期举办老年教育活动	贯穿全年	群众艺术馆、图书馆、展览馆、各类博物馆、文化馆、科技馆、体育场馆	市文广新局、市科技局、市体育局

南沙区教育局关于印发《广州市南沙区推进老年教育发展实施方案（2018—2020年）》的通知

穗南教〔2019〕95号

区委编办、区委老干部局、区发改局、区财政局、区人社局、区民政局、区文化广电旅游体育局、区卫生健康局、区外办、区老龄委、区残联、区关工委、广州电大南沙分校（南沙社区学院）、各镇街：

经区政府同意，现将《广州市南沙区推进老年教育发展实施方案（2018—2020年）》印发给你们，请遵照执行。

广州市南沙区教育局党政办
2019年5月10日印发

广州市南沙区推进老年教育发展实施方案（2018—2020年）

为全面贯彻党的十九大对老年工作和终身学习体系建设的精神，落实《国务院办公厅关于印发老年教育发展规划（2016—2020年）的通知》（国办发〔2016〕74号）、《广东省人民政府办公厅关于大力推动老年教育发展的实施意见》（粤府办〔2017〕41号）、《广州市教育局关于印发〈广州市推进老年教育发展实施方案（2018—2020年）〉的通知》（穗教发〔2018〕25号），积极应对人口老龄化，进一步推进全民终身学习，推动我区老年教育全面、可持续发展，促进形成全区文化养老的良好氛围，结合我区老年教育实际，制定本实施方案。

一、指导思想

全面贯彻党的十九大精神,以习近平新时代中国特色社会主义思想为指导,深入贯彻习近平总书记对广东重要指示批示精神。落实"加快建设学习型社会,大力提升国民素质"的目标,落实国家、省、市关于大力发展老年教育的决策部署,以"适合的教育"为引领,从我区老年教育工作实际出发,立足老年人继续接受教育的意愿与需求,研究老年教育发展的趋势和需求,整合教育资源,拓展教育内涵,创新教育模式,提升教育质量,努力为满足老年群体对美好生活的需要提供更平衡、更充分的教育资源,让老年人享受到更加丰富、便利、优质的老年教育。

二、主要目标

到 2020 年,基本形成政策制度健全、管理职责明确、规划布局合理、参与主体多元、教学形式灵活、教育资源丰富、受益群众普遍、充满活力的老年教育新格局,各类老年教育机构服务能力进一步加强,全社会参与举办、关注支持老年教育的意识进一步提升。

到 2020 年,我区建立 1 所老年大学,50% 以上的镇(街)建有老年学校,30% 以上的居(村)建有老年学习站(点),探索建立养教结合试点。争创老年示范性学校和示范站(点);进一步扩大老年教育参与率,以各种形式经常性参与教育活动的老年人占全区老年人口总数的比例达到 30% 以上。

三、重点任务及分工

(一)配合市做好我区老年教育网点规划布局

根据市的要求,充分利用市线上线下老年教育资源库,设计形式多样的教育活动项目。(牵头单位:区教育局,配合单位:区委老干部局、区老龄办、区民政局、区文化广电旅游体育局)

(二) 扩大老年教育资源供给

(1) 依托市广播电视大学南沙分校（南沙社区学院）网络和数字化学习办学系统，建设延伸至镇（街）、城乡社区的老年教育办学体系。[牵头单位：区教育局，配合单位：市广播电视大学南沙分校（南沙社区学院）]

(2) 大力建设居（村）老年学习站（点），30%的居（村）建有老年学习站（点），就近提供老年教育服务。[牵头单位：区教育局，配合单位：区卫生健康局、各镇（街）]

(3) 争创示范性老年大学、老年示范学校和示范站（点），在办学模式示范、教学业务指导、课程资源开发等方面对区域内老年教育发挥带动和引领作用，50%的街（镇）建有老年学校。[牵头单位：区教育局、各镇（街），配合单位：区委老干部局、区卫生健康局]

(4) 南沙区老年大学逐步面向社会办学，将服务对象扩大到社会老年人。[牵头单位：区教育局、区委老干部局，配合单位：各镇（街）、区卫生健康局、区文化广电旅游体育局]

(5) 推动区老年大学和广播电视大学南沙分校、区社区学院统筹建设具有地方特色的示范性老年教育学习体验基地。[牵头单位：区教育局、各镇（街），配合单位：区卫生健康局、区委老干部局]

(6) 积极扶持企业、社会团体等社会力量办好老年大学、老年学校及老年教育点。[牵头单位：区教育局，配合单位：区卫生健康局、区老龄办、各镇（街）]

(7) 充分发挥社会组织作用，依托老年文艺团队、老年体育团队、老年体协、基层老年协会等社会组织开展寓教于乐的老年教育活动。（牵头单位：区卫生健康局，配合单位：区文化广电旅游体育局）

(8) 整合利用现有的社区教育机构、成人文化技术学校等教育资源，加挂相关镇街（村、居）老年学校、学习站（点）牌子并开展老年教育活动。（牵头单位：区教育局，配合单位：区卫生健康局）

(9) 充分利用文化馆（站）、图书馆、体育场馆、社区文化活动中心（文化室）等场地资源，就近开展老年教育活动。（牵头单位：区文化广电旅游体育局）

(10) 优化功能设施，加强家庭综合服务中心、星光老年之家、居家养老服务机构、养老机构等场地的老年教育功能，强化养教结合试点建设。扶持社会力

量利用各类养老服务资源,发展养教结合产业。[牵头单位:区卫生健康局、各镇(街)]

(11) 鼓励、支持为镇(街)、社区综合服务设施、为养老服务机构和组织因地制宜配备适合老年人的文体器材,引导有条件的公共图书馆开设老年阅览区域,提供适合老年人阅读的设备。[牵头单位:各镇(街)、区文化广电旅游体育局,配合单位:区卫生健康局]

(三) 丰富老年教育内容和形式

(1) 积极开展老年人政治理论、思想道德、科学文化、养生保健等方面的学习教育,推广才艺展示、参观游学、志愿服务等老年教育活动。[牵头单位:各镇(街),配合单位:区委老干部局、区教育局、区卫生健康局、区文化广电旅游体育局]

(2) 探索为失能失智及盲聋等特殊老人群体提供康复教育一体化服务。(牵头单位:区卫生健康局,配合单位:区老龄办、区残联)

(3) 推动老年社会团体与学校合作,发挥老年人在教育引导青少年继承优良传统、培育科学精神等方面的作用。(牵头单位:区卫生健康局、区教育局,配合单位:区委老干部局、区文化广电旅游体育局、区关工委)

(4) 开展老年教育国内、国际交流工作,借鉴并引入先进经验和做法,丰富我区老年教育资源。(牵头单位:区教育局,配合单位:区委老干部局、区外办)

(四) 加强队伍建设

(1) 积极搭建服务平台,建立由离退休干部、专业技术人员及其他有专长的老同志组成的老年教育兼职教师队伍。[牵头单位:区教育局、各镇(街)、区委老干部局,配合单位:区文化广电旅游体育局、区残联]

(2) 建立老年教育教师岗位培训制度。[牵头单位:各镇(街),配合单位:区教育局、区委老干部局]

(3) 成立区老年教育专家库。(牵头单位:区教育局,配合单位:区委老干部局、区卫生健康局、区文化广电旅游体育局、区残联)

(4) 老年教育专职人员按常住老年人口每1万人配备1名,随队伍的建设完善,不断探索符合我区实际的老年教育专职人员薪酬待遇指导办法。[牵头单位:区教育局、各镇(街),配合单位:区人社局、区委老干部局]

四、工作要求

（一）健全管理机制，加强组织保障

区各部门按工作分工，各司其职，落实各项任务指标，区教育局不定期牵头召集相关部门研究督促相关任务进度。镇（街）要建立由党委领导、政府统筹，组织（老干）、卫健、文化、体育等主要部门密切配合，其他相关部门共同参与的老年教育管理体制，并制定专项工作方案。

各镇（街）要按照全国、省、市、区关于发展老年教育的政策文件要求，将任务分解到相关部门并积极推进工作，确保责任主体落实到位、任务指标执行到位。各有关部门要按照职责分工、认真履职，共同研究解决老年教育发展中的重大问题；加强调查论证工作，研究完善涉及老年教育的相关制度。

（二）拓宽投入渠道，加强经费保障

区、镇（街）财政在保持现有经费投入渠道不变的基础上，逐步加大老年教育投入，按照办学场地、规模、质量等要素条件对老年教育机构给予适当的教育经费补助，让老年教育事业获得教育经费的支持保障。

（三）加大宣传发动，鼓励多元参与

各镇（街）、各有关部门要广泛宣传涉及老年教育发展的方针政策，大力推广老年教育工作中的典型经验、经典案例、工作成效等，在全社会形成多方关心、支持老年教育的良好氛围。鼓励社会各界通过捐助老年教育事业、参与举办老年教育机构等形式共同推动老年教育发展。

（四）注重统筹协调，加强督促检查

各镇（街）、各有关部门要加大资源整合力度，主动挖掘本辖区、本系统资源潜力，提高所辖服务场地的综合利用率，丰富老年教学形式，增加老年教育资源，促进老年人积极参与老年教育活动。

各镇（街）、各有关部门要注重收集、汇总本辖区、本系统有关拓展老年教育内涵、加强文化养老的典型做法及数据资料，并及时报送区教育局，由区教育局汇总后报送区政府。

广州市天河区教育局关于印发《广州市天河区推进老年教育发展实施方案（2018—2020年）》的通知

穗天教〔2018〕47号

天河区各相关部门，各街道办事处：

根据《广州市教育局关于印发〈广州市推进老年教育发展实施方案〉（2018—2020年）》（穗教发〔2018〕25号）的要求，我局起草了《广州市天河区推进老年教育发展实施方案（2018—2020年）》，经区政府同意，现印发给你们，请认真贯彻执行。

专此通知。

广州市天河区教育局
2018年6月14日

广州市天河区推进老年教育发展实施方案（2018—2020年）

为全面贯彻党的十九大精神，推进老年教育发展工作和终身学习体系建设的精神，落实《国务院办公厅关于印发老年教育发展规划（2016—2020年）的通知》（国办发〔2016〕74号）、《广东省人民政府办公厅关于大力推动老年教育发展的实施意见》（粤府办〔2017〕41号），积极应对人口老龄化，进一步推进全民终身学习，推动我区老年教育全面、可持续发展，促进形成全区文化养老良好氛围，结合我区老年教育实际，制定本实施方案。

一、主要目标

到 2020 年，基本形成政策制度健全、管理职责明确、规划布局合理、参与主体多元、教学形式灵活、教育资源丰富、受益群众普遍的老年教育新格局，区—街—居进一步加强联系，全社会参与举办、关注支持老年教育的意识进一步提升。

到 2020 年，天河区至少建 1 所老年大学，50% 以上的街道建有老年学校，30% 以上的居委建有老年学习站（点），力争建成 1 个养教结合点试点。促进示范性老年大学建设，创建 1 所区级以上示范性老年大学，培育 2 所老年示范性学校和示范站（点）。不断完善老年课程体系，初步建立支撑全区老年教育发展并符合老年人学习特点的老年学习资源库。进一步扩大老年教育参与率，以各种形式经常性参与教育活动的老年人占全区老年人口总数的比例达到 30% 以上。

二、重点任务及分工

（一）重视老年教育基础性工作

（1）各部门要把老年大学（学校）建设作为养老工程、民心工程和德政工程，予以高度重视、大力推进。进一步改善现有区老年大学（在区老干部活动中心挂牌）的办学条件，提升教学场所规范化和设施现代化水平，发挥好办学模式示范、课程资源开发等方面的带动和引领作用。支持广州市广播电视大学天河分校（以下简称"区电大"）发挥远程教育和系统办学的优势，举办老年开放大学，参与老年教育，逐步面向社会办学，将服务对象扩大到社会老年人。（牵头单位：区教育局，配合单位：区委老干部局、区电大）

（2）各街道要将老年学校建设纳入公益类文化事业发展总体规划，整合利用现有的社区教育机构、校外培训机构等教育资源，加挂老年学校、老年学习站（点）牌子并开展老年教育活动。积极扶持企业、社会团体等社会力量办好老年大学、老年学校及老年学习站（点）。（牵头单位：区教育局、各街道办事处，配合单位：区民政局）

(二) 扩大老年教育资源供给

(1) 加强教育网络学习交流平台建设。依托区电大网络和数字化学习办学系统，建立起优质、开放、兼容、共享的全区远程老年教育网络体系，打造老年学习数字化公共服务平台，开发整合远程老年教育多媒体课程资源。（牵头单位：区教育局，配合单位：区委老干部局、电大）

(2) 大力推进老年示范校（点）的建设。积极组织区老年大学开展省、市示范校创建工作。引导各街老年学校努力实现教学管理制度化、课程设置科学化、教学方法灵活化、教师管理正规化、教材选用多元化、教学活动多样化，建设一批环境优美、设施良好、制度完善、教学水平高、社会效益好的老年学校示范校，发挥示范校的引领、示范和带动作用。（牵头单位：区教育局、各街道办事处，配合单位：区委老干部局、区民政局）

(3) 积极争取社会组织支持老年教育。充分发挥社会组织在老年教育中的作用，鼓励其通过提供师资、开发课程等方式支持开展老年教育。区老年大学、区电大、区退管办等机构统筹协调，联合有关高校、科研院所、老年教育机构等建立若干个老年教育研究基地。通过开发整合远程老年教育多媒体课程，重点建设一批老年教育数字化精品学习资源，为更好地指导和推动全区老年教育事业科学发展发挥积极作用。（牵头单位：区教育局、区委老干部局、区人力资源和社会保障局，配合单位：区老年大学、区电大、区退管办）

(4) 推动各级各类学校共享教育资源。鼓励支持中小学校、校外培训机构等利用自身教育资源举办老年大学、老年学校、老年课堂，或开设老年教育相关专业。鼓励各类学校与老年教育机构结对开展支教活动，为其选送教师、开设讲座、共享课程资源。有条件的中小学可充分利用假期及课余时间，与区老年大学（学校）实现场地、师资等资源共享。充分利用文化馆（站）、图书馆、体育场馆、社区文化活动中心（文化室）等场地资源，就近开展老年人读书和群众广场文化等教育活动，为老年人创造终身学习的机会和展示自己的平台，让老年人继续发光发热，体现社会价值。充分发挥社会组织作用，依托老年文艺团队、老年体育团队、老年体协、基层老年协会等社会组织开展寓教于乐的老年教育活动。依托文化、教育、体育、科技等设施资源，建设一批具有区域特色的老年教育学习体验基地，定期组织老年人开展体验式教育活动。（牵头单位：区教育局、各街道办事处，配合单位：区委老干部局、区民政局、区人力资源和社会保障局）

（5）不断优化老年教育设施服务功能。加强家庭综合服务中心、星光老年之家、居家养老服务机构等场地的老年教育功能，强化养教结合试点建设。深入推进美术馆、图书馆、文化馆、科技馆、博物馆、纪念馆、公共体育设施、爱国主义示范基地、科普教育基地等向老年人免费开放。推动工人文化宫、妇女儿童活动中心、青少年校外活动场所等免费提供文化服务项目，为老年教育提供便利。扶持社会力量利用各类养老服务资源，发展养教结合产业，力争建成多个养教结合试点。（牵头单位：区民政局、各街道办事处，配合单位：区文广新局）

（6）鼓励各类社会力量参与老年教育。支持和鼓励各类社会力量为街、社区综合服务中心，为老年服务机构和组织因地制宜配备适合老年人的文体器材，引导有条件的公共图书馆开设老年阅览区域，进一步完善老年人服务基本设施设备，提高使用功能，不断满足老年人的教育需求。（牵头单位：区文广新局、各街道办，配合单位：区委老干部局、区民政局、区退管办）

（三）丰富老年教育内容和形式

（1）积极开展老年人政治思想教育。将学习宣传党的十九大精神和社会主义核心价值观融入学习和文体活动中，创新老干部活动载体。充分发挥党员的先锋模范作用，调动老年学员自我管理、自我教育、自我服务的积极性。（牵头单位：各街道办事处，配合单位：区委老干部局、区民政局、区文广新局）

（2）进一步完善老年教育服务体系。积极探索为失能失智及盲聋等特殊老人群体提供康复教育一体化服务。（牵头单位：区民政局，配合单位：区退管办、区残联）

（3）不断积累和总结老年教育经验。通过开展老年教育国内、国际交流工作，借鉴并引入先进经验和做法，丰富我区老年教育资源。（牵头单位：区教育局，配合单位：区委老干部局、区侨外办）

（四）加强老年教育队伍建设

（1）积极搭建老年教育服务平台。组织引导老同志讲好中国故事、弘扬中国精神。广泛开展老年志愿服务活动，鼓励老年学员利用所学所长，在关心下一代、科学普及、环境保护、社区服务、治安维稳等方面积极服务社会。到2020年，力争区老年大学培育1~2支老年志愿者队伍，老年学校普遍建有志愿者服务组织，努力使老年大学（学校）成为引领老年人精神文化和传播正能量的主阵地。（牵头单位：区教育局、各街道办事处、区委老干部局，配合单位：区文

广新局、区残联）

（2）建立老年教育教师岗位培训制度。（牵头单位：各街道办事处，配合单位：区教育局、区委老干部局）

（3）成立老年教育专家库（咨询委员会）。（牵头单位：区教育局，配合单位：区委老干部局、区民政局、区文广新局、区残联、区电大）

（4）创造条件配备老年教育专职人员。在国家政策允许的情况下，老年教育专职人员按常住老年人口每1万人配备1名，随队伍的建设完善，不断探索符合我区实际的老年教育专职人员薪酬待遇指导办法。（牵头单位：区教育局、各街道办事处，配合单位：区人力资源和社会保障局、区财政局、区委老干部局）

三、工作要求

（一）健全管理机制，加强组织保障

把老年教育作为我国教育发展的重要内容纳入本地区经济社会发展规划和教育事业发展规划，要强化政府行为，加强统筹管理，建立健全党委领导、政府统筹，教育部门牵头，组织（老干）、民政、文化等部门密切配合，其他相关部门共同参与的老年教育管理体制。区教育局要进一步发挥对老年教育的牵头及组织作用，将老年教育纳入教育治理和教育事业整体规划。各有关部门要把老年教育纳入本部门工作的重要职责范围，制定工作方案，按照职责分工、认真履职，共同研究解决老年教育发展中的重大问题；加强调查论证工作，研究完善涉及老年教育的相关制度。各街道要按照全国、省、市关于发展老年教育的政策文件要求，将任务分解到岗、到人并积极推进工作，确保责任主体落实到位、任务指标执行到位。

（二）拓宽投入渠道，加强经费保障

各街道在保持现有经费投入渠道不变的基础上，逐步加大老年教育投入，按照办学场地、规模、质量等要素条件对老年教育机构给予适当的教育经费补助，让老年教育事业获得教育经费的支持保障。

（三）加大宣传发动，鼓励多元参与

各有关部门、各街道要广泛宣传涉及老年教育发展的方针政策，大力推广全区老年教育工作中的典型经验、经典案例、工作成效等，在全社会形成多方关心、支持老年教育的良好氛围。鼓励社会各界通过捐助老年教育事业、参与举办老年教育机构等形式共同推动老年教育发展。

（四）注重统筹协调，加强督促检查

各有关部门、各街道要加大资源整合力度，主动挖掘本辖区、本系统资源潜力，提高本辖区、本系统所辖服务场地的综合利用率，丰富老年教学形式，增加老年教育资源，促进老年人积极参与老年教育活动。各有关部门、各街道要注重收集、汇总本辖区、本系统有关拓展老年教育内涵、加强文化养老的典型做法及数据资料，并及时报送区教育局。

广州市天河区教育局办公室
2018 年 6 月 21 日印发